[3STEPシリーズ 7]

技術哲学

金光秀和
吉永明弘
編

Series: 3STEP
-
Volume: 7
-
Philosophy of Technology

Edited by:
KANEMITSU Hidekazu
YOSHINAGA Akihiro

昭和堂

はじめに

　本書は，技術哲学（philosophy of technology）の大学生向けテキストとして作成されました。技術哲学は，現在の私たちの生活にとって不可欠な技術という存在を対象として，それが人間や社会に対してもつ意味を哲学的に考察する分野です。

　この分野における日本語による本格的な教科書は本書が初だといえるでしょう。本書では，技術哲学のこれまでの議論と，技術に関するトピックを解説するとともに，環境問題と技術との関係について論じました。この点は，欧米の他の研究書でも未開拓の領域であり，本書の大きな特色といえます。

　技術の問題は，たとえばテクネーの概念に見られるように，古代から哲学的に探求されてきたと考えることもできます。しかし，古代における技術と現代の技術とでは人間社会に及ぼす影響に大きな違いがあり，現代では，技術が私たちの経験の基盤そのものを変える力をもっています。

　本書では，現代の技術が人間社会に及ぼす影響を具体的に考察するために，現代の技術哲学をテーマとして扱います。また，哲学者の提示した概念を通史的に解説するというよりは，読者の方々が自分で技術という対象をつきつめて考えて，具体的な問題と対峙するための材料を提供することを目指します。

　第Ⅰ部（第1章から第4章）は，技術哲学の理論を扱います。第Ⅱ部（第5章から第9章）は，AIやロボットなど，社会に導入されつつある技術を具体的に取り上げて考察します。各章は独立しているので，興味のあるテーマから読むことができます。第Ⅱ部の具体的なテーマを読んでから，第Ⅰ部の理論的考察に立ち返ることもできるでしょう。ただし，序章と第1章は，技術哲学がどのような分野であるかを解説しているので，それらから読むことをお勧めします。

　第Ⅲ部（第10章から第14章）は，環境問題と技術との関係について考察します。上述のとおり，本書の特色といえる点の一つです。具体的には，環境問題を技術によって解決しようとする「エコモダニズム」を取り上げて，そこで注

目されている気候工学や遺伝子工学などについて，技術哲学の観点をふまえながら検討します。

　本書で述べるとおり，単に学説を学ぶだけでなく，自分で技術という対象をつきつめて考えて，具体的な問題と取り組むことに技術哲学の醍醐味があります。本書のケーススタディやアクティブラーニングは，そのような考察を進めるためにうってつけです。ぜひ活用してください。

　なお，本書を出版するにあたり，企画の段階から編集に至るまで昭和堂の松井久見子さんに大変お世話になりました。同じく昭和堂の永田大樹さんには，原稿整理や校正において大変お世話になりました。どうもありがとうございました。

　最後に，技術哲学は，他の哲学の分野に比べて，まだまだ歴史の浅い分野です。しかし，この分野には検討すべきトピックが数多く存在します。私たちが技術なしでは生きていけないことを考えれば，技術哲学は，文系であるか理系であるかを問わず，現代を生きる上で教養として学ぶべき分野の一つだといえるはずです。

　本書によって，技術哲学という分野に興味をもつ方が少しでも増えれば，編者として望外の喜びです。

　　2024年6月

　　　　　　　　　　　　　　　　　　　　　　　金光秀和・吉永明弘

目 次

はじめに……………………………………………………………………… i

序章 技術哲学とは何か——技術哲学の問題圏 ……………… 金光秀和 001
  1 技術哲学の定義 002
  2 技術哲学の歴史 003
  3 本書の構成と目指すべきところ 006

第Ⅰ部 技術哲学の理論

第1章 技術と哲学——技術を哲学的に問うことを考える ……… 金光秀和 011
  1 技術を哲学的に考察することの必要性 012
  2 技術と科学 014
  3 技術哲学の問題圏の概観 017
  ケーススタディ1 インターネット
      ——デジタル社会における人間存在の考察 023
  アクティブラーニング1 025

第2章 技術と政治——人工物と人間との関わりを考える ……… 直江清隆 027
  1 人工物に政治性はあるか 028
  2 人工物の機能とは何だろうか 031
  3 設計の倫理 035
  ケーススタディ2 AIにおける政治性——AIははたして中立だろうか 039
  アクティブラーニング2 042

第3章 技術と歴史——福島原発事故はなぜ起きたのか………本田康二郎　043
　1　理化学研究所という出来事　044
　2　技術院から科学技術庁へ　049
　3　福島原発事故の思想的背景　052
　ケーススタディ3　国策民営
　　　　　　　　——電力事業と原子力損害賠償法に息づく手法　057
　アクティブラーニング3　060

第4章 技術とデザイン
　　　——デザインの論理・不完全性・可能性………………上杉　繁　061
　1　デザインの意味　062
　2　デザインの論理　065
　3　デザインの拡張　069
　ケーススタディ4　技術の分析とデザイン——人間の能力拡張と減退　075
　アクティブラーニング4　077

第Ⅱ部　技術哲学と社会

第5章 AI——夢と現実………………………………………久木田水生　081
　1　AIの発展　082
　2　AIの問題　084
　3　AIのガバナンス　087
　ケーススタディ5　予測的警察活動
　　　　　　　　——リスクマネージメントの行きつくところ　093
　アクティブラーニング5　095

第6章 ロボット
　　　——責任ある仕事をどこまで機械に任せるべきか………岡本慎平　097
　1　医療・介護ロボット　098
　2　自動運転車　100

3　自律兵器　105

　　ケーススタディ6　ソーシャルロボットは人間関係をどう変えるか　108

　　アクティブラーニング6　110

第7章　テレプレゼンス
　　――コミュニケーションメディアは人間関係をどう変えるか
　　　………………………………………………………… 呉羽　真　111

　　1　「テレプレゼンス」とは何か　112

　　2　テレプレゼンス技術と社会――コロナ禍を経て　114

　　3　テレプレゼンス技術の倫理　117

　　ケーススタディ7　メタバースとジェンダー問題
　　　　　　――男性が女性型アバターを使用することに問題はあるか　122

　　アクティブラーニング7　124

第8章　農業技術――スマート農業は何を目指すのか ………… 鈴木俊洋　125

　　1　農業技術と人間・社会の関係　126

　　2　スマート農業の倫理学　130

　　3　善い農業技術の発展のために　133

　　ケーススタディ8　スマートな（賢い）水管理システム
　　　　　　――判断を補助する技術の具体的姿　136

　　アクティブラーニング8　138

第9章　宇宙開発
　　――月が生活圏・商業圏になるときのために ……………… 立花幸司　139

　　1　これまでの宇宙開発　140

　　2　これからの宇宙開発　142

　　3　宇宙開発の哲学　145

　　ケーススタディ9　宇宙開発のELSI
　　　　　　――NASAのワークショップを見てみよう　149

　　アクティブラーニング9　152

第Ⅲ部　技術哲学と環境

第10章　気候工学
　　——環境問題の技術的解決に関する倫理問題 …………… 吉永明弘　155
　　1　「エコモダニズム」の登場　156
　　2　気候工学の思想と現状　159
　　3　気候工学の倫理問題　162
　　ケーススタディ10　ソフトな気候工学の可能性
　　　　　　　　　　——都市の気温を下げる取り組み　168
　　アクティブラーニング10　170

第11章　都市——三つの「技術」から考える ……………… 青田麻未　171
　　1　アートとしての技術と都市　172
　　2　テクノロジーとしての技術と都市　174
　　3　スキルとしての技術と都市　178
　　ケーススタディ11　都市を住みこなすとは——タクティカル・アーバニズム　182
　　アクティブラーニング11　184

第12章　遺伝子ドライブ——生物と生態系を操作する技術 …… 藤木　篤　185
　　1　害虫防除をめぐる技術と思想　186
　　2　遺伝子ドライブと不妊虫放飼法　189
　　3　遺伝子ドライブの技術的洗練とガバナンス　193
　　ケーススタディ12　不妊虫放飼法による害虫の根絶
　　　　　　　　　　——南西諸島におけるミバエ類の根絶事業　202
　　アクティブラーニング12　205

第13章　ゲノム編集作物
　　——自然における突然変異と同じなのか ……………… 犬塚　悠　207
　　1　ゲノム編集作物・動物をめぐる現状　208
　　2　ゲノム編集作物・動物をめぐる諸議論　210

3　ゲノム編集作物・動物のある風景　214

　　ケーススタディ 13　ゲノム編集マダイはサステナブル？
　　　　　　　　　　――技術的解決の力と限界　218

　　アクティブラーニング 13　220

第14章 原子力発電――どのように発電すべきか……………寺本　剛　221
        1　社会正義　222
        2　賢慮　225
        3　民主化　228

　　ケーススタディ 14　高レベル放射性廃棄物の厄介さ
　　　　　　　　　　――処分政策の再検討の必要性　232

　　アクティブラーニング 14　234

　　索　　引……………………………………………………………………235

序章

技術哲学とは何か
技術哲学の問題圏

金光秀和

　技術が私たちの生活に広く浸透している現在，技術哲学（philosophy of technology）という学問領域が存在する。本章では，まず，技術哲学がどのような学問領域なのか，なぜそれが必要なのかを論じる。

　次に，技術哲学の歴史を概観する。技術哲学は19世紀後半以降に生じたが，1980年代に大きな展開を見せたと考えられている。本章では，技術哲学の歴史について，古典的な技術哲学と現代の技術哲学を区別しながら概説する。

　最後に，本書の構成を具体的に説明することによって，本書が対象とする技術哲学の問題圏を提示し，また技術哲学が目指すべきところを論じる。技術哲学の探求は，技術をめぐる哲学的議論や視点を検証することに尽きるものではない。技術に対して継続的に関心をもち，発展し続ける技術についてそれが含意する社会的・倫理的・政治的意味を理解し，さらにはそれに対して自律的な意思決定の態度をとることが期待される。

KEYWORDS　#技術哲学の定義　#技術哲学の歴史　#技術哲学の問題圏

1 | 技術哲学の定義

　技術は私たちの生活のあらゆる側面に浸透している。手元にあるスマートフォンからSNSの背後で機能しているアルゴリズムに至るまで，技術は人間の経験に不可欠なものとなっている。現在，そうした技術を対象として技術哲学（philosophy of technology）という学問領域が存在する。技術哲学とは，いったい何なのか。なぜそれが必要なのだろうか。

　技術哲学とは何かを説明するには，そもそも哲学とは何かを説明する必要があるかもしれない。それを論じることは大仕事であるが，哲学的考察の特徴の一つとして，論理的につきつめて問題を考えること，現実の具体的な問題に原理的な視点から切り込むことが挙げられる。技術哲学は，技術という対象を論理的につきつめて考察し，技術がもたらす問題に原理的な視点から切り込もうとするものである。技術哲学の醍醐味は，単に学説を知識として学ぶだけでなく，自らが技術という対象をつきつめて考えて，具体的な問題と対峙することにある。

　具体的には，技術哲学は哲学の一分野として，技術的な人工物やプロセスの性質，意義，倫理的な意味などを探求する。技術がどのように機能するかだけでなく，技術が人間の社会や文化にどのような影響を与え，また影響を受けているかを理解しようとするのである。たとえば，カール・ミッチャムは，技術哲学が考察すべき技術の本質として，人工物としての技術，知識としての技術，活動としての技術，意思としての技術という四つの区分を提示している（Mitcham 1994: 14-15）。

　隣接する分野として，科学哲学（philosophy of science）を思い浮かべる人もいるかもしれない。科学哲学が，科学的探求の理論的側面や方法論的側面に焦点を当てるのに対して，技術哲学は，技術とは何かを問いながら，技術的発展の実践的な側面，またそれが人間存在に与える影響にまで踏み込んで考察する（科学と技術の関係については第1章を参照）。

　技術哲学が扱う問題の一つが，人間と人間が作った物との関係である。われわれ人間は技術の主人なのだろうか。それとも，ますます技術の奴隷になりつ

つあるのだろうか。この問いは，技術決定論（technological determinism）をめぐる議論の中心にあり，技術哲学では，技術が社会構造や社会的・倫理的・政治的価値を決定するのかどうか，またわれわれが技術をコントロールできるのかどうかといった問いが議論されてきた。

もう一つ，技術的媒介（technological mediation）を技術哲学における重要な概念として指摘することができる。技術は私たちと世界との相互作用を媒介する。技術は私たちの知覚や行動のあり方に時にあまり目立たない形で，しかし重大な変化をもたらすのである（第1章・第2章を参照）。

また，技術哲学の議論は，倫理的な考察とも結びつく。技術がこれまで以上に社会に浸透し，その影響力が強大になるにつれて，プライバシー，セキュリティ，平等，正義の問題が新しい形で前面に出てくる。誰が技術的発展の恩恵を受けて，誰が取り残されるのか。技術が既存の不平等や不正義を悪化させるのではないか。技術的発展が公益に資するようにするにはどうすればいいのか。技術哲学ではこうした問いも議論されている（第Ⅱ部・第Ⅲ部の各章を参照）。

技術哲学はこれらの問題を探求することによって，われわれの生活における技術の役割について批判的に考え，われわれが技術を発展させることの社会的・倫理的・政治的意味を考察するように促す。技術哲学は善き生や善き社会を考えることにもつながっており，技術が人間の繁栄を損なうのではなく，むしろそれを高めるような世界を目指して探求を進める。

2｜技術哲学の歴史

技術哲学は，哲学において新興の領域である。というのは，現在のテクノロジーという意味での技術が社会に出現したのはせいぜい18世紀以降のことで，それを考察の主題とする哲学もそれ以前には生じえなかったからである。とはいえ，それ以降も，技術がただちに哲学の中心的主題になったわけではなく，科学哲学が19世紀以降盛んに論じられるようになったのに比べて，むしろあまり哲学者の関心を引いてこなかったといえる。しばしば指摘されるように，ギリシャ以来哲学では理論的知識が伝統的に重視されてきたこと，および技術はあくまで理論的知識の応用だと見なされたことなどをその理由として挙げるこ

とができるだろう。しかし、技術がますますわれわれの生活に浸透した現在、技術哲学の重要性は高まっている。以下では、古典的な技術哲学と現代の技術哲学を区別しながら、技術哲学の歴史を概説する（金光 2017：93-95）。

古典的な技術哲学

技術哲学という用語が初めて用いられた著作は、1877年に出版されたエルンスト・カップの著作『技術哲学の基礎』(*Grundlinien einer Philosophie der Technik*) であるとされる。カップは技術について「器官投影説」を論じて、たとえば斧が手の打つという機能の延長であり、フックが指のひっかけるという機能の延長であるように、道具とは人間の器官を投影したものであると見なした。

カップ以降、技術哲学はまず「工学的な技術哲学」(Mitcham 1994: 19-38) と呼べる方向で展開した。すわなち、実際の技術者や技術畑出身の哲学者らによって技術の本質が考察されたのである。たとえば、その代表者の一人であるフリードリッヒ・デッサウアーは、『技術の哲学』(*Philosophie der Technik: Das Problem der Realisierung*, 1927) において、カントの三つの帝国（自然科学・現象の帝国、理想的な当為の帝国、感性的なもの・合目的なものの帝国）には含まれない第四の帝国として技術を捉え、技術はプラトン的なイデアを具体化するものだと論じている（デッサウエル 1941）。工学的な技術哲学の流れにおいては、総じて技術は肯定的に評価される。

これに対して、特に第二次世界大戦以降、「人文学的な技術哲学」(Mitcham 1994: 39-61) と呼べる方向での考察が展開された。技術が深く社会に浸透してさまざまな形で人間に影響を及ぼし始めたこと、および、二度の世界大戦で技術が果たした役割を目の当たりにしたことなどに起因して、技術の否定的側面にも考察の目が向けられるようになったのである。具体的には、現象学、実存主義、解釈学、批判理論などの立場から、技術が人間や社会に与える影響という観点から文明批評的な技術批判が展開された。マルティン・ハイデガー「技術への問い」(Die Frage nach der Technik) (1953年)、ジャック・エリュール『技術社会』(*La technique ou l'enjeu du siècle*) (1954年)、ヘルベルト・マルクーゼ『一次元的人間』(*One-Dimensional Man: Studies in the Ideology of Advanced Industrial Society*) (1964年)、ルイス・マンフォード『機械の神話』(*The Myth of the Machine: Technics* and Human Development）（1967年）などを代表的論考として挙げることができるだろう。たとえば，20世紀を代表する哲学者の一人であるハイデガーは，彼がゲシュテル（Ge-stell）と呼ぶものに現代技術の本質を見て取る。ハイデガーの見た近代技術社会では，あらゆる物事が「……立てる（……stellen）」という強制，利用，要求の関係で成り立っているが，それを一つにまとめるのがゲシュテルである（加藤 2003: 18）。この見方によれば，技術は自然を徹底的に搾取する不気味なものと捉えられる。人文学的な技術哲学においては，技術が社会を決定するという本質主義的・決定論的な見方，また技術に対する悲観的な見方が主流であったといえる。

日本でも三木清『技術哲学』（1942年），三枝博音『技術の哲学』（1951年）などの論考が知られているほか，唯物論研究会の技術論論争など，前者の傾向をもつ議論が存在したし，他方，公害問題などを背景にしながら1970年代以降は後者の文明批評的な技術批判も展開された。また，『技術と人間』誌上などで現場の技術者を巻き込んだ議論が展開されたことも特徴として指摘できるだろう。

現代の技術哲学

1980年代以降，技術の哲学は大きな展開を見せる。その背景として，人々が技術に対して抱く感情に変化があったことを指摘できる。1960年代や70年代とは異なり，80年代以降は技術がもたらす恩恵にも目が向けられ，技術はいわば善でもあり悪でもあるという相反する感情をもって捉えられるようになる。その結果，否定と肯定，あるいは悲観と楽観という二項対立によって技術を捉えるような見方は刷新を求められたと考えることができる。

しかし何よりもその展開を後押ししたのは，科学技術社会論（Science and Technology Studies: STS）の出現であった。STSの議論は，技術が社会的に構成されるものであることを具体的な事例をもとに描き出す。その結果，技術決定論的な見方は改変を迫られ，さらに技術「一般」を論じるだけの古典的な技術哲学は厳しく批判されることになった。

こうして1980年代，まずは北米で技術の哲学の「経験論的転回（empirical turn）」が生じた（Achterhuis 2001）。ハイデガー哲学を背景にもちながら人工知能の問題を具体的に論じたヒューバート・L・ドレイファス，技術が人間と世界

を媒介するあり方を具体的に記述したポスト現象学者のドン・アイディ，批判理論の伝統に根ざしながらSTSの概念を用いて議論を展開したアンドリュー・フィーンバーグなど，古典的な技術哲学の伝統を引き継ぎながらも，より具体的に技術を論じる哲学者が登場し始めたのである。またこの時期，ラリー・ヒックマン，ダナ・ハラウェイ，ブルーノ・ラトゥールなど，プラグマティズムやポスト構造主義，あるいはSTS的な立場から技術を論じる哲学者も登場した。

　さらに1990年代に入ると，「第二の経験論的転回」（Brey 2010）とも呼べる事態が生じた。この転回を進めた立場からすれば，これまでの技術哲学は，古典的なものであれ現代的なものであれ，結局は社会に定位したアプローチ（society-oriented approach）をとっており，真の意味で技術そのものを考察していない。したがって技術哲学は，工学に定位したアプローチ（engineering-oriented approach）をとって，より経験に即して技術を記述しなければならないというのである。いわば新たな「工学的な技術の哲学」の立場である。技術一般ではなく具体的な技術を射程に収めようとする点，価値評価ではなく哲学的記述を重視する点が以前の工学的な技術哲学との違いである。ピット（Pitt 1995）やクロースとメイヤース（Kroes & Meijers 2000）などの論考を代表として挙げることができる。

　こうした技術哲学の流れに，いわゆる大陸哲学と分析哲学との区分を見て取ることもできる。ともかく，経験論的転回といっても，哲学的議論を経験科学に還元しようとするのではなく，その議論が経験に裏打ちされていること，より具体的な実践や技術的な人工物に焦点を当てていること，適切な記述に基づいていることを求めるのである。

3 | 本書の構成と目指すべきところ

　本書では，経験論的転回以降の技術哲学をテーマとして扱う。また，技術哲学の歴史について順を追って検証したり，技術哲学者の提示した主要な概念を網羅的に説明したりすることはしない。先述のとおり，技術哲学の醍醐味は，単に学説を知識として学ぶだけでなく，自らが技術という対象をつきつめて考えて，具体的な問題と対峙することにあると考えてのことである。

第Ⅰ部（第1章から第4章）では，具体的な問題を考えるために必要だと考えられる視座を得ることを目的として，技術哲学の理論を扱う。ここでは，技術を考察する必要性，技術と科学との関係，技術の政治性，人工物と政治の関係，技術と歴史，人工物をデザインすることの意味と課題，技術を具現化するためのデザイン・設計などがテーマとなる。

　第Ⅱ部（第5章から第9章）では，技術哲学が社会的問題とどのように関わるのか，社会に導入されつつある技術を具体的に取り上げて考察する。AI（人工知能），ロボット（介護，交通，軍事），テレプレゼンス，スマート農業，宇宙開発といった話題が論じられる。

　ところで，技術は環境の問題にどのように対処しうるのだろうか。技術は環境問題をもたらす要因の一つでもあり，また，環境問題を解決する手段の一つでもある。第Ⅲ部（第10章から第14章）では，技術哲学と環境をテーマとして考察する。具体的には，環境問題の技術的な解決を図ろうとする「エコモダニズム」の流れを紹介し，そこで注目されている気候工学，都市，遺伝子工学，原子力発電について技術のあり方という観点から検討される。

　技術哲学の探求では，技術をめぐる哲学的議論や視点を検証することだけでなく，自らが技術という対象をつきつめて考えて，具体的な問題と対峙することが求められる。換言すれば，技術の根底にある仮定や社会的・倫理的・政治的意味を明らかにするために，技術を批判的に検討することが目指されるのである。技術哲学における歴史的，現代的な議論を掘り下げ，技術哲学における重要な概念や問題の考察を手がかりとして，現代社会において複雑なあり方をしている技術を自ら省察することが求められる。

　技術が人間社会に与える影響を考察する上で，技術の本質を理解することが技術哲学の探求の中心となる。本書では，人間と技術の相互作用の分析を通して，技術が知覚，行動，アイデンティティの形成にどのように関与するのか，またこうした形成がどのような社会的・倫理的・政治的意味を有するのかを検討する。それと同時に，現代社会に大きな影響を与えつつある技術を具体的に取り上げて，それらの意味を考察する。また，環境という具体的テーマに即して技術の問題を考察する。その際，技術の影響力を多面的に検討するために，社会学や政治学などの分野も視野に入れ，学際的な視点から考察することが期

待される。

　技術哲学における究極の目標は，技術に対する反省的なまなざしを現実世界に適用することである。本書のケーススタディやアクティブラーニングをきっかけとして，技術に対して継続的に関心をもち，発展し続ける技術についてそれが含意する社会的・倫理的・政治的意味を理解し，さらにはそれに対して自律的な意思決定の態度をとることが期待される。

参考文献

加藤尚武　2003「技術は人間を引っ立て，現実のものを取り立てて発掘するように仕向ける」加藤尚武編『ハイデガーの技術論』理想社，11-30頁。
金光秀和　2017「技術の哲学」人工知能学会編『人工知能学大事典』共立出版，93-95頁。
デッサウエル，F　1941『技術の哲學』永田広志訳，科学主義工業社。
Achterhuis, H. (ed.) 2001. *American Philosophy of Technology: The Empirical Turn*. Trans. by R. P. Crease, Indiana University Press.
Brey, P. 2010. Philosophy of Technology after the Empirical Turn. *Techné: Research in Philosophy and Technology* 14 (1): 36-48.
Pitt, J. C. (ed.) 1995. *New Directions in the Philosophy of Technology (Philosophy of Technology, Vol. 11)*. Springer.
Mitcham, C. 1994. *Thinking through Technology: The Path between Engineering and Philosophy*. University of Chicago Press.
Kroes, P. A. & A. Meijers (eds.) 2000. *The Empirical Turn in the Philosophy of Technology (Research in Philosophy and Technology, Vol. 20)*. JAI Press.

第Ⅰ部
技術哲学の理論

第1章

技術と哲学
技術を哲学的に問うことを考える

金光秀和

　高度技術社会とも呼ばれる現代，技術はわれわれの生活になくてはならない存在である。それにもかかわらず，技術という存在が問いの対象となることはほとんどない。しかし，そもそもなぜ技術を哲学的に問う必要があるのだろうか。本章では，まず，オルテガの「文明社会における野蛮人」という概念を取り上げながら，技術を哲学的に考察することの必要性を論じる。
　次に，技術への問いに取り組むための予備的考察として，技術と科学の関係をテーマとして取り上げる。その際，技術と科学という語の歴史を概観しながら，日本特有の歴史的事情について確認し，さらに，技術は科学の応用であるかという技術哲学上の問題を紹介する。
　最後に，技術哲学で議論されてきた問題として，三つの問いを取り上げて考察する。すなわち，技術は価値中立的か，技術的人工物とは何か，技術はどのような媒介的役割を果たすかという三つの問いである。第一の問いは技術とは何かをめぐる議論，第二の問いは技術そのものを対象とした議論，第三の問いは技術と人間の関係を考察する議論における代表的問題として取り上げる。技術哲学の問題圏のほんの一部に過ぎないが，自らが技術を哲学的に問うための手がかりとしてもらいたい。

KEYWORDS　#技術への問い　#技術と科学　#技術の価値中立性　#人工物　#技術と人間

1 │ 技術を哲学的に考察することの必要性

技術への問い

　私たちが生活を送る上で，技術はなくてはならない存在である。たとえば，現在の大学の講義は，パソコン，プロジェクタ，エアコン，照明など，技術なしには成立しえない。さらには，放課後に音楽を視聴したり，映画を見たり，友達と待ち合わせしたりするためにもスマートフォンなどの技術は不可欠である。事情は，大学のなかだけにとどまらず，社会全体でも同じである。仕事をする上でも，また余暇の時間を過ごす上でも，今や技術が関与しない生活はありえない。

　技術は現代社会にとって不可欠な存在であるが，普段の生活でその存在を意識することはほとんどない。技術は現代社会において，いわば空気のように当たり前に存在し，私たちは技術の恩恵を受けて生活しながら，それを問いの対象とすることはほとんどないのである。

　もちろん，技術が意識され，考察の対象となることもある。空気が薄くなったり汚くなったり，何か問題が生じたときにそれが意識されるのと同じように，技術に関して何か問題が生じたとき，それは考察の対象となる。たとえば，公害の問題が生じたり，新しい技術が社会に与える影響に懸念が生じたりするときがそうである。そのような場合，技術は社会的に関心の的となる。

　しかし，特に問題が生じていない場合，私たちは技術の恩恵に与りながら，特にそれを考察の対象とすることなく日常生活を送っている。スペインの哲学者ホセ・オルテガ・イ・ガセットは，その著『大衆の反逆』（原著1929年）において，そうした人々を「文明社会の野蛮人（原始人）」と呼び，批判的に論じている。すなわち，オルテガは，文明をあたかも自然物であるかのように利用してはばからない人々が，今日の支配的人間像になったことを指摘する。「新しい人間は自動車を欲し，それを楽しむ。しかし彼は，自動車がエデンの園の木から自然に生じた果実だと信じている」というのである（オルテガ 2020：162）。

文明社会の賢人となるために

　オルテガがその時代の支配的人間像を論じたのはあくまで20世紀初頭であり，現在とは状況が異なると考える人もいるかもしれない。たしかに，現在，技術文明はますます人々の生活に身近なものになり，技術的な人工物を自然物と混同する人などまずいないだろう。しかし，技術の恩恵に与りながら，その背後にあるものに何も気づいていないという意味では，むしろ現在の方が文明社会の野蛮人は増えているかもしれない。というのは，20世紀初頭に比べて，ますます技術が高度化，複雑化し，それゆえ一般の人々がそれを理解することは困難になっているからである。オルテガの挙げた自動車を例にすれば，どのような原理で前進したり停止したりするのか，どのような意図でそのように設計されているのか，誰のどのような努力がその背後にあるのかといったことをまったく知らないまま，私たちは自動車を使用し，自分たちの命をその技術に委ねている。高度化・複雑化した技術，それゆえにブラックボックス化した技術に取り囲まれ，それに依存した生活を送りながら，その背後にあるものについて何も知ろうともしないさまは，まさに文明社会の野蛮人と呼ぶにふさわしいものである。それゆえ，技術を問いの対象とし，それが人間や社会に対して有する意味を原理的な視点から考察することは，現代社会を自律的な個人として生きるために必要なことだと考えられる。いってみれば，文明社会の賢人となることが現代社会を生きる私たちにとって教養の一つだと考えられるのである。

　では，文明社会の賢人は技術について何を知る必要があるのだろうか。現代の高度技術社会において，一人の人間が技術の全貌を把握することはほぼ不可能である。かといって，すべてを専門家に任せるしかないという態度をとることは，まさに野蛮人として生きることである。福島第一原子力発電所事故の例が示すように，専門家によって運用されていた技術システムが破綻し，一般市民に大きな被害がもたらされることもありうる（同事故については第3章を参照）。文明社会の賢人には，自分の生活を支える技術に関心をもち，必要に応じて専門的なことを学びながら，自分の意見を主張できるようになることが求められる。自らの生活が依って立つ技術の進む先を専門家とともに主体的に決定していけるようになることが求められるのである。

さらに，技術は時として惨事をもたらすだけでなく，つねに私たちに変様をもたらす。自動車が社会にもたらされることにより，私たちが日常的に手にできる食材が変わり，住む場所が変わり，レジャーの形が変わる。あるいは，インターネットによって，仕事の仕方が変わり，買い物の仕方が変わり，コミュニケーションの取り方が変わる。本書で明らかにするように，さまざまな技術が次々と社会にもたらされ，それによって人間や社会は大きな変様をこうむる。文明社会の賢人は，技術が人間や社会に対して有する意味を考察するために，このような変様に自覚的である必要があるだろう。さらに，それがどのような変様を人間社会にもたらしうるのか，新しい技術が社会に実装される前に考察できることも求められるはずである。

2｜技術と科学

技術，科学，科学技術

技術を考察しようとするとき，技術という語そのものが問題となるかもしれない。とりわけ，日本語で考察しようとするときにそうかもしれない。というのは，技術，科学という語と並び，科学技術という語も存在するからである。

本書が考察するのは，英語のtechnology（テクノロジー）に対応する語としての技術である。英語のtechnologyの語は，古典ギリシャ語の，τέχνη（テクネー）に由来する。テクネーは「わざ」的なもの全般を指す語（ラテン語ではars）であったが，19世紀半ば以降に現在の意味でtechnologyの語が使用されるようになった。日本で用いられる「技術」という語は中国に起源をもち，『史記』にも見られるそうで，明治期以前は「芸術」のような意味で用いられていた。それが明治初頭に，芸術とは区別された今日的な「技術」の意味で用いられるようになったとされる（21世紀の社会と科学技術を考える懇談会 2024）。

一方の科学は，英語のscience（サイエンス）に対応する。scienceはラテン語のscientia（スキエンティア）に由来する。scientiaは動詞のscio（知る）から派生した語であり，もともとは知識を意味したが，やはり19世紀半ば以降に現在のscienceの意味に近い用いられ方をするようになってきたとされる。日本語でscienceの訳語として用いられる「科学」は，元来は，前近代の中国の「科挙之

学」の略語に由来し，幕末から明治初頭にかけてはもっぱら「分科の学」つまり個別科学の意味で用いられていた。そして1880年（明治10年）頃に，改めてscienceの訳語として用いられるようになったとされる（21世紀の社会と科学技術を考える懇談会 2024）。

　このような歴史的背景をもちながら，現在では，科学が世界を対象とした合理的な認識を指すのに対して，技術は単に「知る」ことではなく，自然の事物を改変したり加工したりして利用する「わざ」を指すと理解されるのが一般的であろう。

　ところで，科学と技術について，日本には特殊な歴史的事情がある。日本では明治維新後，「富国強兵」を掲げて，西洋の科学と技術を積極的に取り入れようとしたが，その際，科学と技術が区別されることなく，柔軟にそれらをともに受け入れたのである。そのことをよく示す例の一つが大学における工学部の設置である。西洋の科学や技術を取り入れるために1873年に工学寮（1877年に工部大学校），1877年に東京大学が設置され，これらが1886年に統合されて帝国大学となった。これにより帝国大学に工学部が設置されることになり，これが世界初の大学における工学部の設置であった（21世紀の社会と科学技術を考える懇談会 2024）。当時の西洋では，一般に大学は科学研究を進める場であり，工学教育に当たるものは大学とは別の教育機関で行われていた。日本が世界で初めて大学に工学部を設置したことは，科学と技術を区別せずに，柔軟にそれらを受け入れたことを示す例だといえる（技術と歴史については第3章も参照）。

　日本が科学と技術を区別せずにそれらを受け入れたことを示すもう一つの例が，科学技術という言葉である。実は，日本語の科学技術に完全に対応する英語は存在しない。technoscience（テクノサイエンス）という語があるが，これは科学の技術的・社会的文脈を指す語であり，厳密な意味で日本語の科学技術に対応する語ではない。科学技術という日本語が存在し，また，かつては科学技術庁（英語ではScience and Technology Agency）という行政機関も存在していたことは，科学と技術を区別せずにそれらを受け入れた日本の歴史的事情を示す例であろう。なお，ここでいう「科学技術」ではなく，technologyの訳語として科学技術が用いられる場合もあるので，注意されたい。

技術は科学の応用か

　技術と科学の関係については，用語の問題だけでなく，哲学的な問題も存在する。技術は科学の応用であるのかという問題である。この問いは，マリオ・ブンゲが「応用科学としての技術」（Bunge 1966）という論文において，技術が科学の応用であると主張して以来，盛んに議論された問題である。

　技術が科学の応用であるという考えは，たしかに技術の理論的側面を評価するものだろう。その考えは現在でも流布しており，たとえば手元の辞書でも，技術に関して「科学を実地に応用して自然の事物を改変・加工し，人間生活に利用するわざ」（『広辞苑』より。傍点筆者）という説明がなされている。しかし，技術哲学の領域で現在この見解を支持する論者は少数である。現在では多くの技術哲学者が「応用科学としての技術」とは異なる見解を示している。特に，知識という側面から科学と技術が異なる性格を有したものであることが指摘されている。

　知識とは「正当化された真なる信念（justified true belief）」だという伝統的な見解がある。ある人がPであることを知っているとは，ある人がPと信じていて，そのことが正当化されており，Pが真であるときであるという見解である。この見解をめぐっては，正当化された真なる信念をもっていても，それが知識をもつとはいえないような例が指摘されたりして，不十分な定義であることが議論されてきた。技術哲学者の多くは，さらに，この定義にどんな条件が付け加えられたとしても技術的知識の定義には適合しないと考える。

　第一に，技術的知識には，命題の形では適切に表現できないものがあるからである。たとえば，熟練した大工は，木にまっすぐ打ち込むために釘のどこを打てばよいか知っているはずだが，それは暗黙知のようなもので，命題の形で表現できるわけではない。科学的知識は基本的に命題の形で表現できる知識であるのに対して，技術的知識にはそうでない知識が含まれるのである。

　第二に，技術的知識には，エンジニアがスケッチやドローイングで表現するような知識があるからである。熟練したエンジニアによるスケッチやドローイングは，命題の形では決して十分に表現できないような豊かな知識を含んでいる。

　第三に，技術的知識には，規範に関する知識も含まれているからである。エ

ンジニアが「これはハンマーだと知っている」というとき，それが木に釘を打ちつけるのによい器具であることを知っていることも含まれる。こうした規範は，効果や効率性に関わるものであり，科学が重視するような真偽ではない。

第四に，技術的知識の探求にとって，真理が唯一の関心事ではないからである。たとえば，材料や力に関して，量子力学が正しい理論だと知っていても，それを利用することはあまり有益ではない場合もあるだろうし，経験則に従う場合も多いだろう。技術的知識を探求する際に重要なのは，真理よりも効率性や有効性などである。

このような相違に基づき，現在，技術哲学者の多くは，少なくとも部分的には技術的知識が科学的知識とは異なるということに賛同している（de Vries 2005: 31-33）。

3 │ 技術哲学の問題圏の概観

技術は価値中立的か

本節では技術哲学で議論されてきた代表的な問題を取り上げて紹介する。まず，技術とは何かという問題に関連して盛んに議論されてきた問いの一つを紹介する。それは，技術が価値中立的であるかどうかという問いである。たとえば，銃を用いた殺人という事例を考えるとき，銃が悪いのではなく，それを悪用する人が悪いのだと考えることができる。このように，技術自体はよくも悪くもない，つまり価値中立的であるという主張は，「価値中立性テーゼ（Value Neutrality Thesis: VNT）」と呼ばれ，その是非が盛んに議論されてきた。

技術哲学者のなかには，価値中立性テーゼに賛成の立場の論者もいる。たとえば，ジョセフ・C・ピットをその例として挙げることができる（Pitt 2014）。この立場によれば，技術は単に道具に過ぎず，人間によってコントロール可能である。

他方，価値中立性テーゼに反対する技術哲学者も存在する。たとえば，ピーター・P・フェルベークを例に挙げることができる。フェルベークはさまざまな事例を用いながら技術が単なる道具ではないことを論じており，その一つとして，ブルーノ・ラトゥールの銃をめぐる議論を取り上げている（フェルベー

2015：第3章）。

　ラトゥールは哲学者・人類学者で，その著作のなかで全米ライフル協会（NRA）とその批判者の間の論争を取り上げている（ラトゥール 2007：第6章）。この論争において，銃の規制を求める人々は「銃が人を殺す」というスローガンを掲げ，それに対して全米ライフル協会は「銃が人を殺すのではない。人が人を殺すのだ」という別のスローガンを掲げて反論した。ラトゥールの考えによれば，この論争の問題点は，銃（gun）と人間（man），つまり技術（非人間）と人間を分離していることにある。近代的思考によれば，人間という主体がある意図をもって技術（非人間）を作ると考えられるが，ラトゥールはこの分離自体を問題視する。銃と人間の関係についていえば，ガンマン（gunman）という非人間的要素と人間的要素のハイブリッド，つまり銃と人間が結合した新しい存在者が形成されるのである。

　フェルベークは，こうしたラトゥールの議論などを取り上げながら，技術が単なる道具ではないことを指摘し，さらに技術が道徳的な行為者性をもつことを論じる。たとえば，産科における超音波診断は，胎児についてのわれわれの知覚を拡張するだけでなく，胎児の先天的な障害を発見することによって中絶をするか否かという道徳的選択を時にわれわれに迫る。すなわち，この技術は，われわれと胎児との間の道徳的関係に大きな影響を与えるものであり，価値中立的な存在ではないのである（第2章および第8章参照）。

　さらに，価値中立性テーゼに反対する技術哲学者として，もう一人，ラングドン・ウィナーを挙げることができる。ウィナーは，さまざまな具体例を取り上げながら，技術が私たちの生活の形式を変化させることを指摘する（ウィナー 2000）。ウィナーによれば，生活の形式は社会における権力関係を内包しており，したがって，それを変化させる技術は政治的な力を有するといえる。技術は，政治同様に，私たちの世界に秩序を作る方法であり，とうてい価値中立的とはいえないのである（技術の政治性については第2章を参照）。

　こうして，価値中立性テーゼに関してはさまざまな議論があるものの，少なくとも，あらゆる技術が価値中立的であるわけではないことが現代の技術哲学における共通認識となっている。

技術的人工物とは何か

　次に，技術そのものを対象とする哲学的考察の一つとして「技術的な人工物とは何か」という問いを紹介する。人工物とはどのような存在だろうか。それは自然物とどのように異なるのだろうか。

　たとえば，森を歩いているときに木の枝を支えとして使うという場面を考えてみよう。この木の枝を技術と呼ぶことはできるだろうか。一方で，技術はある対象を実用的な目的のために使用するものだと考えることができる。その意味では，木の枝を支えとして使うことも技術だといえるように思われる。他方で，この木の枝と店で売られている杖を同一視することはないだろう。というのも，杖ははじめから人を支えるという目的を果たすために作られたのに対して，木の枝はそうではないからである。いってみれば木の枝と杖は異なった歴史をもっているのである。

　この木の枝のような対象を説明するためにランドール・R・ディパートによる区分を用いることができる。ディパートは，自然物（natural objects）と人工物（artifacts）に加えて，手段物（instruments）と道具（tools）という区分を導入している（Dipert 1993: Chapter 2）。ディパートの区分によれば，道具は，人間がある実用的な目的に適応させるために変様させた物であるのに対して，手段物は，変様させることなくある実用的な目的のために使用する自然物である。先の例でいえば，杖が道具であるのに対して，人を支えるために用いられる木の枝は手段物である。

　では，人工物はどのようなものだろうか。ディパートは，ある目的のために変様させるだけでなく，それが何であるかがわかるような形で変様されたものが人工物だと考える。たとえば，椅子は人が座るという目的のために変様されただけでなく，それが座るという目的を果たせることがわかる物であるというのである。しかし，このディパートの定義には曖昧さも残る。というのは，見た目に椅子とはわからない椅子も存在しうるからである。そうだとすれば，同じ椅子でも人工物と呼べるものとそう呼べないものが存在することになってしまう。そこで，道具と人工物の区別はせずに，ともかくある目的のために変様された物が人工物であると考える論者もいる。

また、物のもつ機能 (function) という観点から人工物を分析することもできる。たとえば、先の木の枝も杖も、支えるという同じ機能をもつといえる。この機能は人間の意図 (intention) と関係している。たとえば、支えを得ながら歩行したいという意図を実現するために杖という人工物が作られる。ここで意図という場合、設計者の意図と使用者の意図が存在する。設計者は、ある目的を果たす人工物を作り出そうという意図をもっている。またその際、使用者の意図を考慮することにもなるだろう。しかし、使用者の意図が設計者の意図と異なることがありうる。使用者は、設計者の意図とはまったく異なる目的で当該の人工物を用いることもある。たとえば、杖を孫の手として用いる場合などがそうである。こうして、設計者が意図した人工物の機能（固有機能）とそれがたまたま果たす機能（偶然的機能）を区別することができる（機能に関するより詳しい考察は第2章、設計という営みの考察については第4章を参照）。

・・・
技術はどのような媒介的役割を果たすか

最後に、技術が人間に及ぼす影響についての哲学的議論を紹介する。ここでは、現在の技術哲学における潮流の一つであるポスト現象学の考えを紹介する。

ドン・アイディは、ハイデガーの伝統を引き継ぎながら、サイエンス・スタディーズの経験的転回に影響を受けて、ポスト現象学と呼ばれる立場を打ち立てた。ポスト現象学は、従来の現象学と同様に、人間の経験は相関的 (relational) であると考えるが、しかし古典的現象学とは異なり、この相関関係 (relation) が人間自身を構成し、形成すると考える。アイディは、技術がわれわれを形成する仕方、特に人工物がわれわれの知覚に果たす役割を分析し、技術がわれわれと世界を媒介するあり方を四つに分類して論じている (Ihde 1999: 97-112)。

第一に、身体化関係 (embodiment relations) である。この関係において、技術と人間との間に一体感や透明感が成立している。たとえば、問題なくハンマーを使用しているときやメガネを使用しているときに成り立つ関係である。私たちはハンマーやメガネの存在を意識することなく、それらを使用している。

第二に、解釈学的関係 (hermeneutic relations) である。この関係においては、技術そのものが経験の焦点となり、その意味や状態の検討がなされる。たとえば、使用しているハンマーが壊れたときや赤外線カメラを用いて検査をすると

きに成り立つ関係である。その技術そのものを解釈することによって、何らかの世界のあり方を理解することができる。

　第三に、他者関係（alterity relations）である。この関係では、世界が背景に退き、技術そのものが、私が知覚する「他者」として出現する。たとえば、私たちがATMを使うときやロボットと接するときにこの関係が成立する。

　第四に、背景関係（background relations）である。この関係においては、前景を有効に作動させる背景のようなものとして技術が存在している。たとえば、暖房や照明は、そうとは気づかないが、われわれの知覚の背景として機能している。

　アイディはこうした分析を通して、技術が果たす媒介的な役割を指摘し、それがもたらす増幅（amplification）と縮減（reduction）への注目を促す。たとえば、赤外線カメラで木を見るとき、肉眼で見ることのできる外観は失われるが、同時に、新たな外観が視覚可能になる。アイディの分析は、ただ技術のあり様を中立的に分析したものではなく、技術がもたらす増幅や縮減に慣れてしまうことへの懸念を示すものだと考えられる。先述のフェルベークは、アイディの考えを継承しながらさまざまな媒介の形式を考察すると同時に、媒介の理論から倫理的帰結を導き、技術に同行する倫理学の必要性を主張している（技術に同行する倫理学については第8章を参照）。

　理論を知識として学ぶだけでなく、自らが技術の本質を深く追求しながら、具体的な問題に立ち向かうことに技術哲学の真髄がある。ここで紹介した問いを手がかりとして、技術哲学の問題圏を自ら探求されたい。

参考文献

ウィナー，L　2000『鯨と原子炉――技術の限界を求めて』吉岡斉・若松征男訳，紀伊國屋書店．

オルテガ，G　2020『大衆の反逆』佐々木孝訳，岩波書店．

21世紀の社会と科学技術を考える懇談会　2024「『科学』と『技術』，『科学技術』について」https://www.mext.go.jp/b_menu/shingi/kagaku/kondan21/document/doc03/doc36.htm（2024年2月19日閲覧）．

フェルベーク，P・P　2015『技術の道徳化』鈴木俊洋訳，法政大学出版局。

ラトゥール，B　2007『科学論の実在——パンドラの希望』川崎勝・平川秀幸訳，産業図書。

Bunge, M. 1966. Technology as Applied Science. *Technology and Culture* 7 (3): 329-347.

Dipert, R. R. 1993. *Artifacts, Art Works, and Agency*. Temple University Press.

Ihde, D. 1999. *Technology and the Lifeworld: From Garden to Earth*. Indiana University Press.

Pitt, J. C. 2014. "Guns Don't Kill, People Kill": Values in and/or around Technologies. In P. Kroes & P. P. Verbeek (eds.), *The Moral Status of Technical Artifacts*. Springer, pp. 89-101.

de Vries, M. J. 2005. *Teaching about Technology: An Introduction to the Philosophy of Technology for Non-Philosophers*. Springer.

Case Study | ケーススタディ 1

インターネット
デジタル社会における人間存在の考察

インターネットと身体

　デジタル化の進む現代社会において，インターネットはもはや古典的な技術だといえるかもしれない。本章でも述べたとおり，技術は私たちの生活になくてはならない存在であるが，インターネットはまさにそのような技術の代表例だろう。仕事をする上でも余暇を過ごす上でも，今やインターネットは不可欠である。

　インターネットに関する哲学的考察について，もはや古典ともいえるような著作がある。ヒューバート・L・ドレイファスによる『インターネットについて──哲学的考察』（原著2001年）である。このケーススタディでは，ドレイファスの議論を参照しながら，ますますデジタル化が進む現代社会における人間存在のあり方を考察することにしよう。

　『コンピュータには何ができないか──哲学的人工知能批判』（原著1979年）の著作でも知られるドレイファスは，現象学の視点から人工知能などの技術が身体性あるいは身体知を欠いていることを批判的に論じる。このことは，インターネットについても当てはまる。ドレイファスによれば，身体性を欠いたインターネットが人間の専門的知識を完全に把握したり，個人がもつ具体的な状況知（embodied, situated knowledge）に取って代わったりすることはできない。本章で確認したとおり，卓越した大工がもつ暗黙知のように，方法を知ること（knowing-how）を，内容を知ること（knowing-that）へと変換できない場合が存在し，そうした知識は身体なしにはありえないと考えられるのである。

インターネットと人間存在

　では，身体を伴わないオンライン生活は人間にとってどのような意味をもつのだろうか。ここでは，より広い文脈から探求すべき問いを提示してみる。ド

レイファスの著作などを参照しながら考えてみよう。

　第一に，オンラインコミュニティの特徴は何だろうか。インターネットは，地理的制約を超えて人々を結びつけ，さまざまなオンラインコミュニティを形成している。こうしたコミュニティと既存のコミュニティの共通点や相違点は何だろうか。また，オンラインコミュニティによって得られるもの，あるいは失われるものはあるだろうか。

　第二に，デジタルな世界でのアイデンティティはどのようなものだろうか。インターネットの世界では，個人はデジタル上で独自のアイデンティティを形成している。たとえば，オンラインプロフィール，ニックネーム，アバターなどを通じての自己表現は，現実世界でのアイデンティティやコミュニケーションにどのような影響を与えるだろうか。

　第三に，オンラインコミュニケーションにおける人間関係はどのようなものだろうか。たとえば，オンラインコミュニケーションにおける対人関係の信頼性や親密さは，リアルタイムでの対面コミュニケーションとどのように同じでどのように異なるだろうか。

参考文献
──
ドレイファス，H・L　1992『コンピュータには何ができないか──哲学的人工知能批判』黒崎政男・村若修訳，産業図書。
　──　2002『インターネットについて──哲学的考察』石原孝二訳，産業図書。

Active Learning | アクティブラーニング 1

Q.1

本書を手に取るまでに,どのような技術が関与しているかを考えてみよう

技術は現代社会にとって不可欠な存在であるが,普段の生活でその存在を意識することはほとんどない。ここでは,その存在を意識してみよう。また,それぞれの技術がなかった時代のことを考えたり調べたりしてみよう。

Q.2

座るという使い方以外の椅子の使い方を考えてみよう

椅子の固有機能は座る人を支えるという機能であろう。それ以外に椅子が果たしうる機能,椅子の偶然的機能を考えてみよう。また,設計者は偶然的機能を事前にどこまで考慮する必要があるだろうか。話し合ってみよう。

Q.3

アイデンティティをデジタル化してみよう

スマートフォンやスマートウォッチを使って,一定期間,日々の活動,交流,行動をデジタル的に記録してみよう。その後,プライバシー,自律性,自分をモニタリングすることについて話し合ってみよう。

Q.4

デジタルデトックスを実践してみよう

一定期間,スマートフォンなどのデジタル機器の使用を控えてみよう。その間に感じたこと,気づいたこと,考えたことなどを記録して,それをもとに,デジタルテクノロジーの影響やデジタル依存の問題を話し合ってみよう。

第 2 章

技術と政治
人工物と人間との関わりを考える

直江清隆

　私たちは技術的につくられた人工物とさまざまな仕方で関わりをもっている。本章では，こうした人間と人工物との関係のあり方を政治という視点から捉えることにする。技術と政治というと，軍事技術や原子力など，政策決定の場で論争になるような技術のことが思い浮かぶかもしれない。もちろんそれらでも政治が問われている。しかし，ここでいう「技術と政治」はより微細なレベルで，より一般的に見られるものである。ラングドン・ウィナーはこうした技術のあり方を「技術の政治性」と名づけている。たとえば，人と対面で話をするときと，手紙や電話，あるいはメールやラインを通してやり取りするときとを比べてみよう。どのような人工物が介在するかで，相手との会話の仕方や内容も変わってくるであろう。このように，人と人，人と自然の間に人工物が介在することで，関係のあり方は変容しうる。重要なのは，この関係に価値や政治性が入り込みうることである。本章ではいくつかの例を挙げながら，技術と政治のつながりについて考察を進める。

　さらに，人間と対象との関係に対して人工物がもつ機能とはいったい何かを確認していく。人工物は人々の行動や社会によかれ悪しかれ影響を与える。それゆえ，人工物をデザインすることは，人々の行動や社会を形作るという意味で，倫理的，政治的な側面ももちそうである。本章では，この点を念頭において，人工物をデザインすることの意味と課題に分け入っていくことになる。

KEYWORDS　#人工物の政治性　#人工物の機能　#設計の倫理　#価値に配慮したデザイン

1 | 人工物に政治性はあるか

人工物は単なる道具だろうか

　技術とは何かと問われたとき、どう答えるだろうか。人間に奉仕する道具であるという答えがまず浮かぶ人も多いであろう。たとえばナイフは、果物の皮をむくのに使うこともできれば、人を殺傷するのに使うことだってできる。AIやIoTにしても事情は同じだ。つまり、技術やその産物である人工物は単なる手段であって、使用者がそれを何に使用するかという目的を定めるのに従って、価値や後にいう意味での政治との結びつきが生じる、というのである。

　また、技術は価値や政治とは独立に発展するのだから、技術に合わせて私たちの行動や社会制度は変化するし、またそうするべきだと答える人もいよう。インターネットやAIの登場によって私たちの生活や個人情報の考え方が激変したことなどが例に挙げられるだろうし、前頁で取り上げたように通信メディアによるコミュニケーションのあり方の変化についても、技術からの一方向的な決定という解釈がなされうる。この見方では、技術は単に人間に奉仕する道具ではなく、人間や社会のあり方を決定するものと見なされる（cf. フィーンバーグ 2004：13）。

　力点を、技術を用いる人間におくか、技術や人工物におくかの違いはあるが、これらの見方は、技術や人工物が価値や政治から独立しているとする点では共通している。こうした人工物の「価値中立性テーゼ」に対して、ここでいう「人工物の政治性」という考えはその対極に位置する（表2-1）。対極とはいえ、後者を主張する側も、人工物が道具として使われうることや、技術が人間や社会に影響を及ぼすことを認めないわけではない。だが、よく見てみると、技術は

表2-1　人工物の中立性と政治性

人工物の中立性 （価値や政治から中立）	人工物は人間に奉仕する単なる道具。善悪を決めるのは人間。	人工物は自律的に発展し、人間や社会のあり方を決定。
人工物の政治性 （価値や政治が関与）	人工物は人の活動に関わり、人と世界の関係を変化させる。関係に価値や政治が内蔵。	

中立ではなくて，それ自体が政治的な重要さをもっているのではないか，というのがその主張となる。次に，それがどのような考えなのかを見ていくことにしよう。

・
人工物の政治性とは

「人工物の政治性」という言葉は，技術哲学者のラングドン・ウィナーが「人工物に政治はあるか」という論文で使い始め，広く用いられるようになったものである。ここでの「政治」は，特定の形をもった力や権威を生み出す傾向というほどの意味である。ウィナーは「技術は人間の活動と意味とを再構成するようにはたらく強い力でもある」（ウィナー 2000：26）とし，ある技術がつくられ，使われることによって，人間の活動パターンや制度は変化を被ることをまず指摘する。ここで彼は哲学者ルートヴィヒ・ウィトゲンシュタインが言語について用いた「生活形式」という概念を引き合いに出す。人間の言語活動は規則に従って秩序づけられると同時に，文化的・社会的コンテキストと一体のものになっているが，技術も同様だというのである。それゆえ，技術は文化的・社会的コンテキストのなかで活動や意味を再構成するという点で，単なる道具を超えている。技術は日常的な生活に編み込まれ，権力や排除といった価値や政治的関係を内蔵させているというわけである。

ところで，技術の場合には，私たちはできあいのものとして技術を「受け取る」のではなく，ものが働くようにすることを通じて技術を「つくる」のであり，さらには世界をつくるのである。そこで，「私たちが技術と呼ぶものは，世界の内に秩序をつくる方法である」（ウィナー 2000：59）ということになる。世界の秩序の枠組みをつくるという意味では，技術は議会における「立法行為」と似ているとも考えられる。技術も法律も，ある社会状況における問題解決のためにつくられ，持続的に枠組みとしてはたらくのである。こうして「私たちはどんな世界をつくるのか」という問いが登場することになるが，ここでウィナーは技術の場合にも，権力や権威，自由，公正といったものが埋め込まれていると主張する。こうして人工物の政治性という問題が浮かび上がることになる。

ウィナーが例に挙げるのは，ロバート・モーゼスの設計によるニューヨークのロングアイランドに架かる陸橋の例である。モーゼスは都市建設者・政治家

で，特に20世紀中葉にニューヨーク市の大改造に携わったことで知られている。彼が設計したジョンズ・ビーチへと続く道路には，異様な"低さ"の立体交差橋がいくつも見られる。これは，バスが通れないようにすることにより，自家用車をもたない人種的マイノリティや低所得層の人々がビーチに入れないようにするという差別が組み込まれている，とウィナーはいう。

・

その他の人工物の政治性の例

「モーゼスの橋」はかなり強烈な印象を与える例であるが，私たちの身近にある似た例をいくつか紹介し，順を追って議論を進めていくことにしよう。

まず単純な例として「排除ベンチ」がある。最近，鉄道の駅前や公園で，真ん中に花壇が設えられたベンチを見かけることがある（写真2-1）。一見きれいでよさそうな感じがするが，実はホームレスの人が横になって寝泊まりできないようにすることを意図したものである（五十嵐 2022：9）。この例は，人工物の構造に排除という政治性が埋め込まれているものと見ることができる。

第二の例はバリアフリー設計である。床を低くして車椅子などでも乗りやすい設計をしたバスや路面電車や，車いす用のスロープがつけられた建築物などが，今日では当たり前になっている。しかし，かつては床が高い車両や，出入口の階段を上らなければならない建築物が一般的だった。構造上の必要もあったし，健常者を念頭におくかぎりではそれで十分であった。しかし，そうした設計が障害者や高齢者の社会参加の妨げとなり，結果的に彼らを排除していることがしだいに理解されるようになった。その結果，床を低くしたりスロープをつけたりして車椅子などでも移動しやすい設計になってきたのである。こちらの例は，人工物に意図的でない形で排除が埋め込まれていたのが，社会参加の権利の実現が社会課題になるのに伴い，意図的にこの価値が人工物に組み込ま

写真2-1　中央に花壇が埋め込まれたベンチ（金光秀和撮影）

れるようになったものと理解することができる。

　第三の例は胎児の超音波診断である。これは産婦人科でごく普通に見られるもので，新しい命が育っていくことが実感でき，これから親になる人たちに喜ばれている。この装置の第一の目的は胎児の生育状態のチェックなのであるが，検査の際にダウン症や二分脊髄の診断がなされることがある。超音波診断装置が胎児との間に介在することで，胎児は新しい独立した生命として捉えられると同時に，病気や障害をもつかもしれない存在という意味をもつことになるのだ。そして，こうした診断がされた場合，胎児治療は考えづらいので，実際のところ，人工妊娠中絶をするかどうかという，生命倫理的に重大な課題が生じることになる（フェルベーク 2015: 1-2）。こちらは，装置の導入が倫理的な問題をもたらす典型的な例といえるであろう。

　これらのことから，人工物は技術的に機能を果たすだけではなく，さまざまな仕方で価値が埋め込まれ，その意味で政治性を帯びたものであることが理解されるであろう。ただし注意すべきなのは，問題解決がもっぱら技術によってなされうるというわけではないことである。そうした解決法は揶揄を込めて「技術的解決」と呼ばれる。たとえば，バリアフリーのための施策としてエレベーターを設置したとしても，人々の行動が伴わなければ，健常者に占拠されてしまって障害者や高齢者が使えないことになり，意味が薄くなってしまうであろう。ウィナーもいうように，文化的・社会的コンテキストと技術とが一体となって初めて解決方法となりうるのである。

2 │ 人工物の機能とは何だろうか

人工物の機能

　前節の議論で人工物が政治や価値と無関係でないことが理解されたであろう。しかし，人工物が政治や価値と関係をもつのは，特別な場合に限られるのではないか，という疑問をもつ人もいるであろう。そこで一般に，人工物が〈機能〉をもつというとき，「政治性」や「価値」とはどう関係するのかや，人工物が介在することで人間と世界の関係がどのように変わるのかということについて，より立ち入って検討しておくことにしよう。議論を見えやすくするために，ご

くシンプルな人工物ではあるが，テーブルや椅子を例に取り上げてみよう。

いうまでもなく，テーブルは脚が3本か4本あって，ものを置くための台となるものである。では，テーブルの機能とはものを置くための台となることだといってよいだろうか。テーブルにはいろいろな形のものがあるが，丸いテーブルを見かけたこともあるだろう。小洒落た中華料理店での会食や結婚披露宴，多くの国の代表が集まる国際会議で使われたりする。また，四角い長テーブルもよく見かけるが，こちらは真ん中にまとめ役の上司がいたり，それぞれの国の代表が向かい合って座ったりする（Verbeek 2005: 207）。

丸いテーブルには中心がなく，互いに対等な立場でものを食べたり協議したりすることに向いているので「平等主義的」ということができるであろう。これに対して長テーブルは，真ん中に誰かが座るにせよ，互いに向き合って座るにせよ，中心となる人物と席次があるという意味で「ヒエラルヒー的」だということができる。つまり，テーブルは，単に〈ものを置く〉という機能を超えて，人々に一定の関係を指示しているのである。

考えてみると，人工物（テーブル）は人間の行為や文化（食べる，交渉するという実践）の一部となっていて，そのなかで一定の社会的な機能を果たしているわけである。改めていうならば，人工物は，こうした社会関係から独立したものではなく，社会関係のなかにあって人に何かの行動や態度を促す性質があるものといってよい。一般にテーブルの機能というとき，私たちは〈ものを置く〉というような機能にばかり目を向けがちである。しかし，「〜用の机」というように，人々に特定の行動や態度を促したり，人と人との関係を指示したりする部分まで含めて「機能」と考えることも可能であるように思われる。

こうした機能と並んで「シンボル的」な機能も考えることができる。次は椅子を取り上げて，テーブルのときと同じように，椅子の機能は〈座る〉ことにあるのかという問いを立ててみることにしよう。もちろん座ることができないような椅子は椅子とは呼べないわけであるが，椅子にも単に座る機能に優れているだけとはいえない面がある。目の前にある椅子は，たしかに座るということを指示しているものの，教室にあるような椅子や病院の待合スペースの椅子，あるいは重役用の椅子，車中用の椅子などというように，椅子は座るという行動がなされる状況や座る人のステータスも指示している。同じように，自動車

は移動や輸送の手段であるだけではなく、社会的ステータスのシンボルであったり、過去には男らしさの象徴だったりもした。これは人工物の〈シンボル的〉な機能といってもよいであろう（直江 2013: 264）。

人工物の機能の豊かさ

人工物の機能というと、〈ものを置く〉や〈座る〉といったことだけが考えられがちである。これを技術的機能あるいは物理的機能と呼ぶことができるであろう。ここにだけ注目すると、人工物は価値や政治とは関係がないという印象をもつことになる。しかし、テーブルに「平等主義的」や「ヒエラルヒー的」があったように、人工物は人間と世界の関係に対し、何らかの指示を出すこともする。こちらを社会的機能、あるいは文脈に応じて、文化的機能、政治的機能などと呼ぶことができる。ここに権力、排除、幸福、持続可能性などの価値が関与することになる。また、これとともに、人工物は「学生用」や「社会的ステータス」といったシンボル的機能ももちうる。翻ってみれば、人工物を設計ないしデザインするときには、人々はこうしたことも「機能」として考えに入れていたわけである。

人工物の機能というと、私たちはどうしても技術的機能を果たしうるかどうか、その安定性や安全性はどうかといったことにばかり目を向けがちである。もちろんそれらはきわめて重要であり、技術者倫理でも重視される。しかし同時に、人工物の機能には「政治」や「価値」が含まれていることにも目を向ける必要がある。人工物には、権力、排除、持続可能性、人間中心など、さまざまな価値が組み込まれていることを、これまでに挙げた例は示している。人工物の機能はもっと豊かなのである。こうして、人工物を単なる道具と見なす見方や、技術が価値や政治から独立して発展すると考える見方とは違ったパースペクティブが開けてくることになる。ここで人工物をいかなるものとして設計するかが重要になってくるように思われる。次にこの点について検討することにしよう。

「設計者の誤謬」

人工物が何かの「ため」に設計され製作されたモノであることは、疑いを容

れない。テーブルや椅子にしても，特定の機能を果たすよう設計，製作されたものである。たまたま自然にある石や倒木をそのために使うことができたとしても，それをテーブルや椅子とは呼ばない。オランダの技術哲学者ピーター・クロースが指摘するように，人工物は，設計者の意図によって何らかの特性（＝機能）を負わされている点で，単なる自然物から区別される（Kroes 2012: 35）。しかし，本節のなかでも示唆したように，人工物が機能を遂行するといっても，それは適切な使い方をしたときであろう。そうでなければ，まったく機能しないか，適切に機能しないか，ということになるかもしれない。すると，人工物が機能するのは，設計者が想定したとおりの仕方で人工物が使用される場合に限るということになるであろう。しかし，ここには問題がある。

　設計者が人工物をデザインするとはいえ，その使われ方や機能の仕方をどの程度コントロールできるかは疑問である。当初は意図していなかった効果や副作用（社会的なものも含む）が生じることもあるし，環境の変化や予期しなかった使い方が一般化したことに伴って人工物が当初備えていた機能やその意味が変化することもある。技術哲学者のドン・アイディは，技術的人工物と文学作品との類似性に注目して，人工物の使用や機能，影響が設計の意図に還元されないことを「設計者の誤謬」と呼んでいる（アイディ 2001: 150）。えてして作者や設計者が意図しなかった受容の仕方をされ，そうした解釈が安定化してしまうからである。これに関してはさまざまな事例を挙げることができるが，ここでは歴史的な例として蓄音機を取り上げることにしよう。

　今日ではレコード盤を目にすることは少ないかもしれない（一部で復活しているといわれるが）。しかし，その起源がエジソンの蓄音機にあることは広く知られていよう。意外なことに，エジソンが当初目指していたのは音声の記録媒体であって，音楽媒体ではなかった。蓄音機（フォノグラフ）という言葉が当時の速記術（フォノグラフィ）からとられているように，人間の声の録音・再生のための機械（トーキングマシン）というのが主たる用途であった（秋吉 2017: 8）。後にベルリナーがディスク式蓄音機を実用化し，安価に音楽を頒布できるようになると，エジソンはその波に乗り遅れてしまう。かくして，蓄音機は音楽の再生装置という方向で発展していくことになる。

　このように，蓄音機はエジソンの意図とは異なった形で受容されている。蓄

音機は音声の速記媒体としてではなく，音楽媒体としてその意味が定義され直しているのである。記録媒体としての技術的機能に基づいて音楽媒体としての蓄音機の機能が成立するのであるが，明らかにそれは上で見た社会的な価値が組み込まれた豊かな意味における機能である。それとともに重要なのは，蓄音機がその後，音楽媒体という方向で技術開発され，新たな技術革新や新たな技術的機能がそこに組み込まれていくことである。技術が一方的に人間や社会に変化を与えるのではなく，逆に人間や社会も技術を変化させていくのである。ここには相互関係がある。このように技術が人間や社会に深く根ざしていることに私たちは注意しなければならない。

3 │ 設計の倫理

設計と倫理

ここまで，人工物に価値や政治が組み込まれていることを見てきた。この組み込まれ方には，モーゼスの橋のように意図的な場合もあれば，文化的・社会的コンテキストのなかでそれと意識することなく組み込まれている場合もある（ケーススタディを参照）。いずれにしても人工物は，人間や社会との相互関係を通して，人々の行動に影響を与えることになる。設計するという営みの側から見てみると，ここにある種の倫理を見いだすことができるであろう。

一般に倫理というと，人と人の間の秩序や決まりを指すものと考えられている。たとえば技術者倫理は専門職としての技術者がもつべき倫理だとされる。それゆえ，人工物に倫理を見いだすというと，奇妙に感じる人もいよう。しかし，人工物に価値や政治が関与しており，その設計が人々の行動に影響を与えるとすれば，技術者はもう一つの仕方で倫理に携わっているということもできる。これを「モノを介した倫理」と呼ぶことができるかもしれない。

これと関係して，最近，「価値に配慮したデザイン（Value Sensitive Design: VSD）」ということがいわれるようになってきている。安全性や持続性だけでなく，意識的に「人工物のデザインに価値を埋め込む」という主張である。技術的に可能なことを実現し社会に実装するという，従来からありがちなやり方に代えて，技術の設計（デザイン）や開発の段階からユーザーや，政治や価値に配

慮し，倫理を考慮に入れるという考え方である。この「設計の倫理」は，善き生ないし善き社会のビジョンに基づいて，私たちが（ともに）いかに生きるかをデザインする前向きの倫理だともいえるだろう。とはいえ，現実にはさまざまな課題がある。そのいくつかを見ていくことにしよう。

・・・
三つの課題

　第一に，どの価値を優先するかという課題がある。たとえば，街でよく見かける監視カメラや，病院や福祉施設に導入されている離床センサーは，犯罪を防止したり，入院患者や入所者がベッドから転落したりするのを防ぐという意味で「安全」に関わっている。しかし，これを「監視」と感じる人も少なくない。監視が社会中に行きわたり，行きすぎてしまうと，人々の行動が細かいところまで逐一監視される監視社会になってしまう。かといって，自由とプライバシーを重視してこれらをなくしてしまうと，犯罪が多くて危険な社会になったり，利用者の安全が損なわれたりすることも危惧される。安全も自由もどちらも重要な価値であるが，互いに葛藤を起こしてしまうことがありうるのである。

　一つの技術が複数の価値と関係することは個別の技術においてもよくあるが，どの価値にどの程度の比重をおくかは難しい問題である。また，社会的な視点からいえば，善き社会をデザインするに当たって，人権，持続可能性，公正さ，安全保障などを同時に満たす技術はどうしたら可能か，どのように妥協点を見いだすかの検討が，今日では重い課題になってきている。

　また，第二の課題として，意図的に行動変容を促すことが適切かどうかという問題がある。近年，強制ではなく，人々の自発的な選択によりながら，一定の望ましい方向に行動を誘導する仕掛けや手法として，「ナッジ」ということがよくいわれる。この言葉は，もともと，そっと背中を押すことを意味するものである。先に挙げた排除ベンチの変形として，丸い構造をしたベンチで，表面がカーブしているため，腰掛けても長居しづらいように作られているものも例となろう（写真2-2）。多くの人が集まる場所で，なるべく多くの人が利用できるよう，自発的に短時間で席を立つように工夫したものである。同じように，環境に配慮した省エネ行動を促す事例もある。これらは，他人のための行動変容を狙いとしたものである。また，学食のビュッフェで陳列方法を工夫して野菜

やサラダなど健康的なメニューの選択を促すといった，行為者自身にとってよりよい選択を狙いにした行動変容の例もある。

ナッジは，選択の自由に基づいて望ましい行動を促すものである。しかしそうだとしても，選択アーキテクチャを設計し実装するのは，選択する本人ではなく，デザイナーや設置者である。いかによいこと

写真2-2　座面がカーブしていて長居しづらいベンチ（直江清隆撮影）

に向けてとはいえ，本人の意思を問わずに特定の方向へ向けて行動に介入するわけだから，知らない間にそう仕掛けられた，と感じることも出てくる。企業の利益のための行動変容ではないかという疑念も生じうる。ナッジに見られるように，行動変容を意図した人工物を導入する場合，透明性や説明責任についての議論が必要となる。

　第三の課題は，技術に関する意思決定を誰が行うべきかということである。人工物が価値や政治をもつとすれば，どのような人工物を作るかは社会的，政治的な問題でもあるはずである。しかし，立法に関しては曲がりなりにも民主主義が成り立っているのに，事物をめぐる政治に関しては議会のような場がもたれることは，ごくまれである。人工物が政治性をもつにしても，その政治性を政治的にどう扱うかは，さらに検討されなければならない。

　そもそも，人工物にどのような価値を持ち込めば人々に善き生や善き社会をもたらすかは，たいへん難しい問題である。「設計者の誤謬」で見たように，技術は設計者の意図を超えた結果（作用・副作用）をもたらすことがある。つまり，新しい技術ができて社会に導入されたとしても，それがどのような効果や副作用をもたらすかについて厳密な予測はできないのである。そうすると，コントロールできない結果に対して技術者がどこまで権限と責任をもちうるかも，大きな問題となろう。あるいは，そうした結果は，もっぱら技術を受け入れた人々の自己責任と見なされることになるのであろうか。また，文化的・社会的コンテキストのなかで，意識しないうちに人工物にバイアスが組み込まれてい

る可能性もある。バイアスをバイアスとして意識するには，異なる視点が必要となろう。こうして，技術的観点に限らない，より多くの観点から，どのような人工物を作るかを開かれた場で決めることが必要だということになる。

　最近，日本でも「責任あるイノベーション」ということがいわれるようになった。「責任」を表す英語はresponsibilityであるが，この場合のresponseには応答という意味が含まれている。技術者の側で一方的に決定することが難しいのであれば，むしろ使用する人や影響を受ける人の話を開発の早い段階から聞き，それらに応答した方が，何に価値があり，何が問題なのかがよくわかるというわけである。このように，人工物の政治性は，技術が将来どのような影響をもたらすかについて，いかに政治的な想像力をはたらかせ，またいかに広い視野をもって関わっていくのか，という技術者や市民のあり方につながっているのである。

参考文献

アイディ，D　2001「技術と予測が陥る困難」中村雅之訳『思想』926：145-156。

秋吉康晴　2017「フォノグラフ，あるいは「音を書くこと」の来歴」『京都精華大学研究紀要』51：3-30。

五十嵐太郎　2022『誰のための排除アート？――不寛容と自己責任論』岩波書店。

ウィナー，L　2000『鯨と原子炉――技術の限界を求めて』吉岡斉・若松征男訳，紀伊國屋書店。

直江清隆　2013「技術の哲学と〈人間中心的〉デザイン」『知の生態学的転回2　技術――身体を取り囲む人工環境』東京大学出版会，259-285頁。

フィーンバーグ，A　2004『技術への問い』直江清隆訳，岩波書店。

フェルベーク，P・P　2015『技術の道徳化』鈴木俊洋訳，法政大学出版局。

Kroes, P. 2012. *Technical Artifacts: Creation of Mind and Matters*. Springer.

Verbeek, P. 2005. *What Things Do: Philosophical Reflections on Technology, Agency, and Design*. Trans. by R. P. Crease, Pennsylvania State U. P.

Case Study | ケーススタディ 2

AIにおける政治性
AIははたして中立だろうか

　私たちはAIが導き出した推論結果を客観的で信頼できるもののように受け取ることが多い。圧倒的な量のデータとアルゴリズムとに支えられているからであろう。他方，AIの判定に権威や権力を感じたり，AIに基づくレコメンデーションに支配を感じたりすることもある。さらに生成AIになるとその信頼性も問題になってくる。AIのバイアスや権力性について考えることにしよう。

再犯予測システムCOMPAS

　AIについては，データの収集から処理に至る実にさまざまな箇所で，AIがバイアスを帯びうることが知られている。どのような訓練データやデータセットを選択するか，データセット自体にバイアスがあるかどうか，どのようなアルゴリズムを組むか，どのような集団がアルゴリズムを作成するかなどである。
　わかりやすいバイアスの例として，再犯予測システムCOMPASがある（クーケルバーク 2020）。これは受刑者をいつ仮釈放するかについて判断する際にアメリカのいくつかの州の裁判所で使用されているシステムである。このシステムは，被告に137の質問（犯罪，保釈の履歴や年齢，雇用状況，暮らしぶり，教育レベル，地域とのつながり，薬物使用，信条，家族の犯罪歴や薬物使用歴など）を答えさせ，過去の犯罪データとの照合により，再び犯罪を犯す危険性を10段階の点数として割り出すものである。
　しかし，追跡調査によってアルゴリズムの判定に人種による偏りがあるという問題が明らかになった。COMPASによって再犯すると予測されたが実際にそうではなかった偽陽性の人は黒人に多く，再犯しないと予測されたが実際に再犯した偽陰性の人は白人に偏っていたのである。AIに特定の意図があるわけでないにしても，AIに基づくシステムが人種的なバイアスを帯び，公正さを欠いてしまう可能性があるのである。さらに，裁判官が過度にCOMPASに依存し

てしまう傾向も指摘されているので，その政治的な影響は重大である。

コンテンツ・モデレーション
　学習におけるバイアスの問題はAIを用いたコンテンツ・モデレーション（投稿監視）においても懸念されている。ソーシャルネットワーク上には膨大な量の偽情報や，性差別や人種差別，暴力や悪意を含んだコンテンツ，児童ポルノや過激な暴力画像などが存在している。不適切なコンテンツの拡散を防止し，プラットフォームの信頼性を確保するために，AIを用いて問題となりうるコンテンツを検出し，そのコンテンツを削除ないしラベリングするコンテンツ・モデレーションが行われ始めている。人間のモデレーターを使用すると過度な精神的ストレスを与える恐れがあるのが，AI導入理由の一端である。

　コンテンツ・モデレーションにおいては，公正さ，公平さのほかに，自由の制限という問題がある。偽情報やフェイクニュースによる政治的操作や暴力を排除することは，たしかに人々の自由の確保につながりうる。それらのコンテンツはまた，言論の自由を掘り崩すものでもある。他方，ヘイトスピーチや人種差別思想，偽情報をはじめ特定の言論を規制し，あるいは逆にその拡散を容認することは，言論の自由に制限を加えるものである。そうした検閲は意見の多様性を失わせる恐れがある。AIによるモデレーションそのものが一個の権力となり，また政治の場となるのである（クーケルバーク 2023）。

　こうしたAIによるコンテンツ・モデレーションは，説明責任に関する問題を生じさせることになる。モデレーションと検閲を「なぜ」「どのように」「誰が」行うのか，またその判断がどのように正当化され，それはどんな手続きに拠るのかが透明になっている必要があるからである。このように，AIにおける政治性は私たちがまさに直面しつつある問題なのである。

参考文献

クーケルバーク，M　2020『AIの倫理学』直江清隆訳者代表，丸善出版。
── 2023『AIの政治哲学』直江清隆訳者代表，丸善出版。

Active Learning | アクティブラーニング 2

Q.1

技術の影響により私たちの行動が変化した身近な具体例を挙げてみよう

人工物が本章でいうような意味での政治性や価値を帯びている例は身近にたくさんある。身近な人工物を取り上げて，それがどのような価値をもち，私たちの行動を変化させているのかについて話し合ってみよう。

Q.2

バリアフリーデザインの起源を調べてみよう

バリアフリーは高齢者や障害者に対する優しさだと考えられがちである。欧米におけるバリアフリーの歴史を調べて，弱者の権利をめぐってどのような政治的な事情がその起源にあったのかを確認してみよう。

Q.3

自動車の規制の歴史を調べ，人工物の政治性について考えてみよう

人工物には，当初は規制に対する対処であったが，現在では当たり前のコードとなっているもの（シートベルトなど）がたくさんある。自動車の歴史を調べ，どのような政治性が埋め込まれているのか話し合ってみよう。

Q.4

「価値に配慮したデザイン（VSD）」の課題は何だろうか，まとめてみよう

技術中心の設計から人間中心の設計ということがいわれる。私たちが積極的に価値を人工物に埋め込もうとするときの課題はさまざまある。本章で取り上げた以外のものも含めて，どのような課題があるかについてまとめてみよう。

第3章

技術と歴史
福島原発事故はなぜ起きたのか

本田康二郎

　東日本大震災（2011年）に伴って発生した「福島第一原子力発電所事故」はなぜ起きたのだろうか。技術的問題の解明とともに重要なのは，その人災に関わる側面の解明である。全世界の地震の20％が日本列島に集中して発生するといわれるなかで原子力発電所を運用するためには，世界に類例のないほどの対策を必要としたはずである。

　しかし，ふたを開けて見れば，他国から購入した原子力発電プラントを他国の基準のまま運用してきたことがわかった。いや，正確にいえば他国の規制基準を緩めて運用していた（本文参照）。なぜこのような杜撰な運用がまかり通ってきたのだろうか。

　本章では，その考え方が生まれ出た経緯を考察する。日本は科学技術をどのように捉え，どのような考え方でそれを発展させようとしてきたのだろうか。実は，原子力発電分野のような官僚主導で実施される科学技術経営の手法は，その起源を遠く満州国にまで遡ることができる。

　結論を先どりすると，あの事故が起きた理由は，日本の科学力が低かったからではなく，それを活かすことができなかったからである。このことが技術の歴史を探ることで見えてくるはずだ。われわれは，原発事故という現代史の大事件から教訓を引き出し，それを次の世代に発信していかなければならない。

KEYWORDS　#原発事故　#自由と統制　#科学技術政策　#理化学研究所
　　　　　　　#技術院（科学技術庁）

1 | 理化学研究所という出来事

基礎研究の重要性

「福島原発事故はなぜ起きたのか」という問いは，さまざまなレベルでその「答え」を呼び起こす。最も表層的な答えは，東日本大震災が発生し，それに伴って津波による被害が発生したため，ということになるだろう。この答えは，あの事故は天災という不可抗力によって引き起こされたのだから，誰にも責任がないとする考え方につながる。しかし，ここに「津波の発生を想定していなかったのか」という批判的思考を加えると，答え方は変わってくるだろう。実際のところ，島崎邦彦（東京大学名誉教授）や石橋克彦（神戸大学名誉教授）らの長年にわたる指摘にもかかわらず，国も企業も抜本的な対策をとらずにあの事故を迎えた。事故が予期されていたとすると，対策をとらなかったことに倫理的な問題があったことになる。（詳しくは島崎 2023参照）

さらにいうと，原子力発電所を国内に建設する際の安全基準は適切だったのかという問題にまで遡ることもできる。原発導入期に議論した1950年代の科学者たちには十分な科学的知識がなくて，万が一の事故の際の避難対策や，放射線障害が発生した際の補償の枠組みなどを作る能力がなかったのだろうか。そんなことはない。日本学術会議第26回総会（1958年）にて物理学者・坂田昌一（名古屋大学教授・当時）が指摘した原発導入の問題点を要約してみよう（坂田 1963：154）。

- 許容量の問題：通常の毒物の場合には，それを体内に摂取しても障害が生じないぎりぎりの量を許容量として定めて安全基準を定める。しかし，放射線にこの方法を適用することはできない。どんなに少なくとも，照射時間に比例して，それなりの障害が発生してしまうものだからである。

- 安全性の問題：原子力開発においては，経済性以上に安全性の保証が重視されなければならない。特に，安全性は社会的概念でもあるので，単に科学的データを提供するだけでは不十分で，地域住民の不安を払拭するための説明や心理的ケアが不可欠である。また，原子力発電所を運営するのは人間であるから，人為的ミスを予想して，それを幾重にも予防するしくみ

を作らなければならない。
- 設置条件の問題：事業者が総理大臣に申請をして，許可が下りれば日本国内のどこでも原発を建設することが可能になっているのは問題である。原発が地震や津波によって大きなダメージを被る可能性がある以上，リスクの少ない建設地域の条件を国が定めて提示する必要がある。
- 放射線障害の補償問題：「放射性同位元素等による放射線障害防止に関する法律」では，管理区域の内側のことしか問題にしていないが，万が一の事故の際には管理区域の外側に放射性同位元素が漏洩する可能性がある。したがって，事故の際の補償の枠組みを作っておく必要がある。

どうだろうか。すでにこれだけの指摘が1950年代になされていたのである。しかし，これらの指摘は無視された。それどころか，アメリカから軽水炉を購入するに当たり，安全指針マニュアルに定められていた「低人口地帯への立地」と「住民避難対策の策定」の項目を，国は意図的に削除してしまったのである。こうして見ると，福島原発事故が発生した原因は，日本の科学力の低さにあったのではなかったようである。

坂田は，日本の学者のなかには，断片的な知識や末梢的なテクニックだけを学問だと思い込み，それらの知識やテクニックが依って立つ基盤を明確にすることの重要性を理解していない者が多いと言って嘆いた。基礎研究を重視して，たとえば原子力発電技術ならば，その基盤ともいえる核物理学まで掘り下げて技術の全体像を理解することで，初めてその安全性を確保することができると，彼は訴えた。外国のできあがった技術を移入することに追われ，自ら創造することを怠っていては，その技術をしっかりマネジメントできないというのが，彼の考えであった。

では，坂田のように物事を基盤から考えることのできる人材はどういった環境で育ったのであろうか。実は，坂田はノーベル物理学賞を受賞した湯川秀樹や朝永振一郎を輩出した，戦前の理化学研究所の仁科芳雄研究室の出身であった。この研究室では，日夜活発な議論が行われ，研究の自由が保証されていたという。

自由による科学技術のマネジメント

　戦前の財団法人理化学研究所（現在の国立研究開発法人理化学研究所とは別組織）は，高峰譲吉がアメリカから帰国した際に行った「国民科学研究所の設立について」と題する講演を機に，渋沢栄一らが金策に奔走して設立された（1917年）。これを実際に率いたのは第3代所長の大河内正敏であった。

　大河内は，1878年に生まれ，学習院で大正天皇の学友となり，後に東京帝国大学工科大学造兵学科を首席で卒業。やがて同大学の教授となった。彼は軍事研究の専門家であり，どうすれば日本の軍事力を増強させることができるのかを日夜考えていた。そして，オーストリアへの留学の際に，欧州の大都市の物質的な豊かさに目を奪われ，真の「強兵」（軍事力の増強のこと）を実行するためには「富国」（産業を興して国内の経済を豊かにすること）を実現することが先決であると悟った。さらに，これを実現させるための駆動力になるのが自然科学であることを見抜いたのであった。

　1921年に東大教授のまま理化学研究所第3代所長となり，その研究体制を整えていく。彼が定めた「主任研究員制度」は画期的であった。主任研究員となれば，自分の研究テーマを自由に決め，それに沿って必要な数の研究員を集める権限が与えられたのだ。現場の研究者に大幅な権限が与えられたことになる。

　大河内は1925年に東大を辞して所長に専心し，理化学研究所の研究成果を事業化する取り組みに邁進した。当初は，研究成果で特許を得て，特許料や特許の売却によって利益を上げる目論見であったが，せっかく特許を売却しても，それが事業として発展する例はほとんどなかった。大河内は，資本家が特許を買っても，科学力がなければ事業化に失敗し，結局世の中を豊かにすることができないのだと悟り，理化学研究所が自ら事業化に取り組む方向に舵をきった。欧州留学でその重要性を悟った「富国」をいよいよ実現させることにしたのだ。

　理化学研究所内でなされた科学的発見を，まずは「中間試験」と呼ばれるテストにかけ，事業化の可能性を探る。合格となればベンチャー企業を立ち上げ，「一工場一品主義」の合言葉のもとで，他社の真似できない商品を開発して，それを専売し収益を上げていく。商品開発の段階では理研の一級の科学者に直接アドバイスを乞うことが可能で，見返りに企業からは理化学研究所に研究費が

還流されるしくみをつくった。この方法で，1939年までに実に63社の企業を興し，工場数は121に達した（大河内 1936：第3章参照）。

　大河内は，理研の研究者たちには研究の自由を保証した。物理学者が化学を研究してもよいし，化学者が物理学を研究しても問題にならなかった。若い研究者が自分の研究は役に立たないかもしれないと謙遜すると，大河内はそれを考えるのは自分の仕事であって，研究者がわざわざ自分が役に立つか立たないかを考える必要はないと諭したという。仁科研出身の朝永振一郎によれば，当時の理研の運用体制には次に挙げるような特徴があったという（朝永 2000：240）。

① 研究の自由：研究所から課される義務は存在しなかった。研究テーマは自由に選ぶことができた。
② 研究費の上限が実質存在しない：研究室単位の予算で赤字が出ても，翌年に持ち越されることはなかった。
③ 主任研究員システム：主任研究員に研究室運営の権限が託され，研究員，研究助手，研究生を何人雇うのかについて，研究テーマに即して自由に決めることが許された。また，研究内容に即した予算配分がなされた。
④ 知の横断性：分野の違う研究室間につねに交流があり，研究課題についての意見交換が行われ，裁量労働制のなかで必要とあれば別の研究室に手伝いにいくことも可能であった。異分野間の交流が自発的に生まれていた。
⑤ 学閥なし：出身大学による差別がなく，大学出身者も高等専門学校出身者も一緒に研究した。
⑥ 大学との連携：一部の大学の研究室が理研の研究室を兼ねた。そうした研究室は大学からの予算の他に，理研からの予算ももらうことができ，なおかつ使い道を指定されることがなかった。
⑦ 人材のプール：各大学にある理研の研究室と理研本部の研究室とは密な交流があり，理研を中心として異なる大学の若手研究者同士の出会いの場が生まれていた。

研究費の心配をせずに，自ら選んだテーマをとことん研究できる環境を，後に朝永らは「科学者の自由の楽園」と懐かしんだ。しかし，大河内には考えがあったのであって，ただ闇雲に科学者に投資していたわけではなかった。科学者に自由を保証したのは，世界記録を打ち破るためであったという。最先端の

研究を突破して，世界のトップに躍り出る者が現れると，不思議なことに二番手三番手の人間たちも勇気を得て，たちまちそれまでの最先端を打ち破っていく。大河内が狙っていたのはそこであった。研究者には，とにかく世界一の研究成果を出してもらう。それだけで，周囲の人間は勇気を得て，自分たちの仕事に自信をもつようになるというわけであった。

そして，科学的発見をした者に「中間試験」の負担を負わせず，それをまた別の人物に任せるというやり方も大河内の発案であった。事業化の可否の判定は経営的な才能も必要であるため，科学者には向かない場合が多い。基礎研究と経営の分離によって，科学者に余計な心配をさせないことで，組織としては最大限の成果を上げることができたわけである。大河内のやり方は研究の自由を最大化する科学技術経営であったといえるだろう。

基礎研究と危機管理の共通性

さて，基礎研究と危機管理の共通性を挙げるとすれば何であろうか。かたや，自然界の原理の追求であり，かたや，事故や天災への予防対策である。一見すると似ても似つかない両者ではあるが，「前例のないこと」に取り組むという点が共通している。

基礎研究を進めるに当たって最も重要なことは研究テーマを自ら選ぶことであり，そのためには自分が取り組もうとする研究の意義を深く考察して理解しておかなくてはならない。新規性は何か，歴史的意義は何か，研究結果はどんな応用可能性を秘めているのか，といった批判的考察を進めるなかで，基礎研究は必然的に思想性を帯びることになる。

批判的考察を必要とする点で，危機管理は基礎研究に似たものとなる。ある技術が失敗するとしたら，その原因は何か，脆弱性はどこにあるのか，人為的なミスが起きやすいポイントはどこか，その技術が悪用された場合の最悪の事態は何か，そしてその技術の物理的限界はどこにあるのか。危機管理とは，このように基礎研究とポジとネガの関係にあり，負の創造性を発揮することが求められる分野だといえるだろう。物理的限界を考察するところで，自然界の原理原則を理解する必要があり，この点でも危機管理と基礎研究は共通している。

理研で鍛えられた坂田昌一や武谷三男といった若き物理学者たちは，その創

造性を大いに発揮して，原発導入時にリスクを指摘することができた。それらの指摘が活かされてきたならば，福島原発の事故の規模はずっと小さく済んでいたのかもしれない。しかし，彼らの指摘が政府に受け入れられることはなかった。なぜであろうか。

2 | 技術院から科学技術庁へ

技術官僚の野望

　霞ヶ関にひしめく省庁のなかで，官僚たちは熾烈な出世競争を行っている。各省庁のトップ官僚たる「事務次官」たちの出身学部に注目してほしい。ほとんどが法学部，あるいは経済学部の出身者である。理工系学部の出身者が事務次官になれる省庁を探すと，文部科学省・国土交通省・環境省の三つだけである。そして，これは偶然ではない。大学進学の際に理工系の学部を選択すると，霞が関での出世の道は狭くなるのである。

　これは，今に始まったことではなく，昭和の初め頃には理工系出身者が事務次官になれる道はまったく存在しなかった。法治国家において，行政機関はすべて法に基づいて行動する。大学時代に法学部で法体系を学ばなかった人間は，行政機関においては半人前扱いを受けたということであろうか。国土開発に邁進した理系出身の技術官僚たちは，理系出身ということだけで差別を受けることに納得がいかなかった。

　東京帝国大学工学部土木工学科を卒業した宮本武之輔は，内務省に入り（1917年），その土木局（後の国土交通省）で働いた有能な技術官僚であった。信濃川の治水工事は彼の有名な仕事の一つである。彼は理系官僚の待遇を改善すべく日本工人倶楽部を結成（1920年）して，官界における「技術者運動」（技術官僚の待遇を改善する運動）を開始し，働きのあった技術官僚には文官（文系出身官僚）と同等の待遇を求めた。しかし，口先だけで状況が改善するわけもなく，宮本は自ら大きな働きをやってみせる必要があった。

　時は折しも大日本帝国が中国東北地方に満州国という傀儡国家を建設したタイミングであった。宮本は満州に建設された興亜院に技術部長として招聘され，官僚主導で計画的に国土を豊かにするという大実験に参加した。満州国の設立

は，日本の官界に活気をもたらしていた。本国の目の届かない場所で，前例にとらわれずに大胆な計画を立てて実行することが許されていた。省庁間の縦割りも未発達で，各分野の官僚の水平性が保たれ，自由な交流の場が成立していた。そして，当時の満州行政の青写真を作っていたのは日満財政経済研究会の宮崎正義らであった。ロシア留学帰りの宮崎が研究したのはソビエト連邦の五カ年計画の内容であった。ソ連を真似て，強い官僚機構による経済統制により，計画的に経済発展を目指すというのが満州国で行われた試みであった。

　宮本はここで大きな刺激を受け，官僚主導による国家運営を本国でも果たそうという野心を抱いて帰国の途に就くことになる（大淀 1997：第5章）。

統制による科学技術のマネジメント

　第一次世界大戦の勃発は，戦争のやり方を大きく変えた。以前は，軍人はいわば武器や馬を扱う専門家であり，戦地に赴くのも職業的軍人たちであった。ところが，近代科学の成果が武器に応用されると，短期間の訓練で誰でも扱える武器が開発され，一般市民でも殺傷能力をもつことができるようになった。多くの国家で徴兵制度が布かれ，何万人もの人間が戦地に送られた。そして，戦闘機，戦車，潜水艦，機関銃，毒ガスといった近代兵器が出そろった。

　戦争がこのような形に変化すると，勝敗の決め手は「武器開発」と「武器生産」の効率性ということになる。先進諸国は「総力戦」という名の新しい戦争を準備するために，国家総動員体制を築いていくことになる。第一次世界大戦の主戦場にならなかった日本でも，陸軍と海軍が独自に情報収集に努め，国家総動員体制の構築を急いだ。

　宮本武之輔は，この状況をチャンスと捉えた。もし自分が，日本国内の科学者や技術者を従えて国家総動員体制に組み入れることに成功すれば，官界における技術官僚の地位は必ずや向上するに違いない。満州から帰国した彼は，陸軍の鈴木貞一が国家総動員体制の構築のために設立した「企画院」という省庁の科学部長に抜擢される。ここで，科学を所掌する文部省（後の文部科学省）と技術を所掌する商工省（後の経済産業省）を配下におき，基礎研究から軍事研究までを一望の計画の下に管理することを目指した。宮本は自らのこの考えに基づいて「科学技術新体制確立要綱」（1941年）を起草し，企画院科学部を独立機

関である「技術院」に昇華させようとした。この要綱をまとめた過労から彼は早世してしまったのであるが、彼が残した遺産は大きかった（大淀1997：第6章）。

宮本は，国家総動員体制下における科学者の心得を明確に示した。彼の考えは「技術哲学」の一形態として歴史的価値を有しているといえるだろう。以下に彼の考えを要約してみる（宮本1941：123-124）。

- 基礎研究は普遍妥当性を追求する学問であり，日本人のした発見が敵国を利することもありえる。つまり，基礎研究には民族性というものが欠如しているのであって，真に民族性を有するのは基礎研究ではなく，応用研究や技術開発の部門である。
- 日本国家の興隆や日本民族の発展のために貢献すべき研究目標を第一義に取り上げなければならない。科学の国家的性格，民族的性格を無視して，その使命と責任とを忘却するような態度は断じて許されない。国家総動員体制においては，国家目的のため，公共目的のために，個人の自由意思が拘束されるということである。
- ただし，個人の自由が拘束されるといっても，それは個人的恣意の抑圧であって，個人的創意の制約であってはならない。つまり，研究目的は政府が決定するが，科学者や技術者は天賦の才能（数学的推論スキルや実験手技）を存分に発揮して，その研究を完遂しなければならない。

いかがだろうか。応用研究が基礎研究よりも重視されているところに，技術官僚の矜持を読み取ることができるのではないだろうか。ここに表現されている哲学は，「研究の自由」という考え方の対極にあるものだといえるだろう。研究テーマは国家による管理を受けねばならず，研究者の義務は自分の才能を国家目的のために捧げるということになる。この考え方でいくと，研究そのものの意義や歴史的価値を考慮することは出過ぎた振る舞いということになり，研究者たちは自分の研究を批判的に吟味する機会をもてなくなり，結果として研究からその思想性が消失することを意味した。

・・

技術院から科学技術庁へ

技術院の設立目的は当時の文部省と商工省を配下におき，その両者を統制して軍事物資の生産と供給を効率よく行うことであった。しかし，新興の技術院

に対して文部省も商工省も非協力的な態度をとったため、この目的は達成されず、技術院が主体的に取り組むことができたのは新興の航空機部門における戦闘機開発のみであった。

　第二次世界大戦の敗戦後、占領軍によって技術院は解体された。しかし、宮本武之輔の遺志を継ぐ多くの技術官僚の活動によって、不死鳥のごとく技術官僚の砦が復活した。それが「科学技術庁」である。科学技術庁もまた、文部省と通産省（後の文部科学省と経済産業省）の上に君臨して科学技術政策を実施することを目指したが叶わず、主体的に取り組むことができたのは新興部門における原子力開発と宇宙開発のみであった。この両者に成功することは、技術官僚の待遇改善という当初の目的を果たすための十分条件となっていった。

3 | 福島原発事故の思想的背景

統制と自由の対立

　日本に原子力発電を導入し、その維持管理を進めてきたのは政府であり、その主体となった機関は科学技術庁（現・文部科学省）であった。科学技術庁が技術院の流れをくむ技術官僚の牙城であったことをふまえると、彼らの依って立つ思想的根拠は「統制的な科学技術マネジメント」だったことになる。すなわち、研究計画や事業計画は技術官僚の掌中にあり、全国の科学者・技術者を手足のごとく使って、計画を粛々と推し進めるというのが彼らの理想であった。

　ところで、財団法人理化学研究所は第二次世界大戦後に解体され、紆余曲折を経て、科学技術庁傘下の特殊法人理化学研究所に再編成された。かつて仁科研で自由を享受していた研究員たちは、理研を出て全国の大学（主に理学部）に散っていった。すなわち「自由主義的な科学技術マネジメント」の思想の方は大学の世界（＝アカデミア）のなかで生き残っていくことになったわけである。

　原子力技術の導入をめぐって、この両陣営は直接的に対立することになった。国家主導で計画的に原子力技術を導入したい科学技術庁に対して、日本学術会議（戦後に設置されたアカデミアの最高議会）は「自主・民主・公開」という「原子力三原則」の考え方を打ち出した。原子力の研究は、日本国民の自主的な研究によるべきであり、その研究体制は民主的な手続きを経て決定されなければ

ならない。さらに，研究成果は公開されるべきで，国民から広く批判的吟味を受けることで原子力技術の安全性を高めるというのがその狙いであった。この衆智を集めるという態度が「統制的な科学技術マネジメント」と真逆の考え方であった。日本人の英知を集めて自主技術として原発を導入しようとする日本学術会議をけん制するために，政府は「科学技術会議」を設置して都合のよい意見を言う学者を集め，もっぱらそちらに科学的な助言を求めるようになった。それゆえ，本章の冒頭で紹介した日本学術会議が発表した原発導入の問題点の指摘も活かされることなく終わった。

さらに，原子力発電所の安全性を議論する「安全審査機構」（後の原子力安全委員会）を設置した際には，その人選を原子力委員会（科学技術庁長官を中心とする原子力技術導入・維持を検討する組織）に委ねたため，審査する側と審査される側のなれあいが生じてしまった。安全審査の会議をとりまとめていた坂田昌一は，政府からの十分な情報開示がなかったため，原子力発電の安全基準を決める際に深い議論ができなかったと不満を述べた。

・・・
福島原発事故はなぜ起きたか

さて，福島原発事故はなぜ起きたのかを検討してみよう。先にも述べたが，日本政府は原子力発電所を建設するに当たって，アメリカの原子力委員会が作った立地指針のなかの「低人口地帯への導入」と「住民避難対策の作成」という項目を削除した。その理由は，この立地条件を日本に当てはめると，人口稠密な日本国内に原子力発電所を建設できる場所が一つもなくなってしまうからであったという。そしてまた，政府が住民避難対策などを作成したら，地域住民を怖がらせることになり，原発反対の運動に拍車をかける恐れがあったためともいう（佐竹宏文〔元科学技術庁原子力安全局局長〕のコメント，NHK〔2011〕参照）。

しかも，政府は先に原発を導入するという計画を立ててしまった。「統制的な科学技術マネジメント」にとって計画は絶対である。したがって，安全基準の方を変更するしかなかったわけである。辻褄を合わせるために，市民社会に対しては，原子力発電所は絶対に安全であるとする「安全神話」を捏造しなければならなくなったのだった。

政府はなぜ津波対策を怠ったのであろうか。佐藤一男（元原子力安全委員会委員長）は，政府が規制しなくても電力会社が自主的に津波対策の責任を果たすべきだったのだと主張した。これに対して笛木謙右（元東京電力福島第二原発所長）は，いつ起きるか起きないかわからないような津波に対して利益追求を行う企業が何百億円もの経費をかけるのは難しいもので，原子力安全委員会から命令がなかったのだから，津波対策ができていなかったとしても当然だったと主張した。西脇由弘（元通産省原子力発電安全管理課課長補佐）は当時を振り返って，原子力安全というのはそうとう高度な問題なのだから，安全に対する日本のもっている力を全部結集して規制しなければならないのだという視点が欠けていたと感想を述べた（佐藤，笛木，西脇らのコメントはNHK〔2011〕参照）。また，野沢礼吉（元東京工業大学教授）は，西ドイツが原子力予算の大半を軽水炉の研究・開発に投入して自主的に国産炉を作り上げたことを指摘した。日本も最初から自主的に開発をしていれば，安全基準をもっと丁寧に作ることができたのかもしれない（田原 2011: 119）。

　原子力発電の導入時に日本学術会議が指摘した諸問題（本章44-45頁参照）は，当時の日本がもっていた力を全部結集した成果だったのではないだろうか。それらを無視して，米国産の軽水炉を購入し，安全基準を勝手に改訂した上でマニュアル通りに動かしてきた結果が，あの福島原発事故を招いたのだとすれば，反省すべき点は多い。

　われわれはここに「統制的な科学技術マネジメント」の限界を見ることができる。まず計画ありきで，他の意見を受け入れず，計画に沿わない科学データは見なかったことにする。その結果として大惨事が起きてもなお，計画の変更をすることができない。このようなマネジメントを続けていってもよいのであろうか。これは，新しい時代を生きる科学者，技術者が考えるべき問題である。

・・・

文部科学省の時代

　宮本武之輔の思想は今でも息づいている。技術院が文部省と商工省を従えて，科学技術マネジメントを実行しようとしたことを忘れてはいけない。技術院が科学技術庁と名を変えてからも，技術官僚たちがこの狙いをあきらめずに虎視眈々と機会を待っていたのだとすると，2001年（平成13年）の中央省庁再編の際に

誕生した「文部科学省」の意味が違って見えてくる。はたして，文部省が科学技術庁を吸収したのであろうか，それとも科学技術庁が文部省を吸収したのであろうか。

　文部科学省が誕生してからの，高等教育の変化は目覚ましい。学術の中心舞台であった国公立大学はその地位を失い，国公立大学法人となり，予算獲得のための競争を強いられることになった。地方国立大学は，予算規模で何十倍もの優位性をもつ東京大学や京都大学と対等に競争することになり，競争に負ければ予算の縮小を強いられる。競争に負けないためには公的な研究費を獲得しなければならず，そのために文科省の立てた科学技術政策やイノベーション政策をよく調べ，その計画にそった研究テーマを選ばなければならない。それはつまり，文科省の手足となって働かなければならなくなったことを意味する。私立大学がおかれた状況も似たようなものなのはいうまでもない。

　文部省時代に学問の発展を期して立てられた「学術政策」は，文部科学省時代に入ってから科学技術政策のなかに取り込まれ，さらに科学技術政策はイノベーション政策のなかに取り込まれてしまった（青木 2021: 第5章）。そして，人文・社会科学のような利潤を生み出さない学問分野は，露骨に無用の長物として批判されるようになっていった。

　科学技術は，それがおかれた社会的・政治的文脈によって，その性格をさまざまに変える。本章で日本の現代史を振り返りながら見てきたように，日本の科学技術政策には「自由主義的な科学技術マネジメント」と「統制的な科学技術マネジメント」という二大思想潮流が存在する。そしてわれわれは現在，後者の優勢な時代を生きているといえるだろう。福島原発事故を例に見てきたように，「統制的な科学技術マネジメント」は計画を最優先して科学的真理や安全性を後回しにする傾向がある。市民社会は，そこに含まれる危険性をつねに思い起こしておかなければならないだろう。

参考文献

青木栄一　2021『文部科学省——揺らぐ日本の教育と学術』中央公論新社。
NHK　2011「NHKスペシャル　シリーズ原発危機　安全神話〜当事者が語る事故の深

　　　　層～」https://www.nhk-ondemand.jp/goods/G2012036334SA000/（2030年10月31日まで購入可能）。
大河内正敏　1936『新興日本の工業と発明』日本青年館。
大淀昇一　1997『技術官僚の政治参画』中央公論新社。
坂田昌一　1963『科学と平和の創造』岩波書店。
島崎邦彦　2023『3.11大津波の対策を邪魔した男たち』青志社。
田原総一朗　2011『ドキュメント東京電力――福島原発誕生の内幕』文藝春秋。
朝永振一郎　2000『科学者の自由な楽園』岩波書店。
宮本武之輔　1941『科学の動員』改造社。

Case Study | ケーススタディ 3

国策民営
電力事業と原子力損害賠償法に息づく手法

　本章の本文で扱わなかったテーマがある。それは「お金」の問題である。「統制的な科学技術マネジメント」にとって計画は絶対という話をしたが、その理由の一つは利権が存在するからである。産業革命以降、ほぼすべての産業分野において経済活動を行うためにはエネルギーを購入することが避けられなくなった。裏を返すと、誰かがエネルギー供給を一手に担えば、そこには膨大な富が集中することになる。電力事業のように、一度この富の集中が始まってしまえば、それを失いたくない人間たちは体制の維持に努めるようになる。

　国がエネルギーの管理を統一するために法整備を急いだのは国家総動員体制を構築していく過程であった。総動員の総本山である「企画院」が目玉として制定したのが「電力国家管理法」(1938年)であった。この素案を作成した奥村喜和男はもともと逓信省の官僚で、1935年の内閣調査局設立時に調査官として活躍し、電力国家管理法の制定のために奔走した。後に企画院に転じ、1941年には東条内閣で内閣情報局次長となった。彼の発案した方法は、「国策民営」という経営手法であった。要約すれば、電力開発の計画は国家が立て、その経営は民間に任せるというやり方であった。奥村は、なぜ国営電力会社ではなくて、民間電力会社の設立を求めたのであろうか。彼自身の言葉を引用してみよう。

> 民有国営(引用者注：国策民営のこと)なる国家管理の新方式は、かかる社会的背景において、国策の要求に促されて、発案せられたものである。これによれば、国有国営の場合に見るがごとき公債の増発を要せず、拡張計画において議会の制牽を受けず、その経営活動において会計法の制約を蒙らず、あえて官吏の増員を要せず、また面倒なる国家報償の問題も生じない。
>
> (奥村 1940：288)

国策民営という方法の利点は次のようなものだという。経営のために公債の発行を必要とせず，民営なので事業計画を国会議員に審議される心配がなく，国策なので会計法の制約を受けることもない。そして民営なので国家公務員の増強を必要とせず，さらに民営なので事故や災害の際に国家賠償を必要としない。この国策民営という考え方が，戦後に制定された「原子力損害の賠償に関する法律」（以下では原子力損害賠償法と略記）のなかに生き生きと息づいている。

　原子力損害賠償法は，まず原発を開発した製造会社（ゼネラル・エレクトリック〔GE〕社やウェスティングハウス社）を保護するところから始まる。経営が日本の民間企業であるから，事故や災害の際に責任を負うのは日本の電力会社だというのだ。その上で，事故の際の免責条件を定めた。電力会社が責任を負わないで済むのは，①事故の発生が異常に巨大な天災地変，社会的動乱によって発生したとき，また②損害が電力会社のあらかじめ用意していた賠償措置額（1200億円）を超過したとき，である。つまり「想定外」の天災による事故ならば，電力会社に賠償義務が発生しないしくみであり，また賠償義務が発生したとしてもその上限額が決まっている。

　原発事故は民間企業が起こしたものであるから，当然国家賠償は生じない。ところが，国策民営で電力事業が行われている以上，国は電力会社を救う義務があるという。つまり，賠償で生じた企業の損失は，税金を充てて救済するのが筋だというのだ。事故で被災した国民への救済は，最初から上限が決められているのであるから，国にとっても電力会社にとっても，非常に都合のよいしくみとなっているのだ。

　このような国策民営体制は日本社会のなかにさまざまな形でしみこんでいる。それらの問題点を指摘してみよう。「統制的な科学技術マネジメント」についての理解が深まるであろう。

参考文献

奥村喜和男　1940『變革期日本の政治經濟』ささき書房（1965『現代日本思想体系第10』筑摩書房所収），頁数は筑摩版による。

Active Learning | アクティブラーニング 3

Q.1

二つの科学技術マネジメントの長所や短所を指摘しよう

「自由主義的な科学技術マネジメント」と「統制的な科学技術マネジメント」の根本的な違いは「学問の自由」を認めるか，認めないかにある。その点をよく考えて，二つを比較し，それぞれの長所と短所を挙げてみよう。

Q.2

ビデオを視聴して感想を述べあってみよう

「NHKスペシャル シリーズ原発危機 安全神話〜当事者が語る事故の深層〜」は，福島原発事故の直後に膨大なインタビューを行って制作された番組である。これを視聴して，あの事故は防げなかったのか改めて考えてみよう。

Q.3

現在，起きている問題を調査してみよう

国策民営体制で事業化が進められているリニアモーターカー建設で，川勝平太氏（元静岡県知事）は長らく静岡県内のリニアモーターカー建設に許可を出さなかった。その理由は何だったのか，注意深く調べてみよう。

Q.4

国策民営体制は止められないのか，調査してレポートにしよう

石川県の珠洲原子力発電所や，新潟県の巻原子力発電所のように，建設されなかった原子力発電所もある。国策としての原発計画が中断した経緯を調べ，レポートにまとめてみよう。

第4章

技術とデザイン
デザインの論理・不完全性・可能性

上杉　繁

　技術を製品やサービスとして具現化するためには，事前に構想する行為が必要であり，それは「デザイン」や「設計」と呼ばれる。本章では，人工物を対象にしたエンジニアリングデザインの立場からデザインの方法と課題，それらをふまえた対象領域の展開を扱う。

　人工物をデザインする際の一般的なプロセスには，問題の設定，解決策の創出，評価という段階があり，さらに各段階の前後において検証のための反復が実施される。そして，事前に構想するデザインの行為は，その時点では決定されていない事象を推定する論理に基づく。

　デザインには，明確に記述できない，さらには事前に決定できない事象が含まれる。デザインの対象となる機能には，物理的構造のみならず，人間，社会が影響し，それら機能のすべてを厳密に記述することが困難な不確実さが存在する。また，使用者，使用環境，使用目的が設計時と変わり，文化によって異なる形式で安定するなど，技術自体も技術と人間との関わり方も非決定的である。

　デザインは，人工物からサービス，社会政策へと多様で複雑な領域へと展開し，科学や工学の領域で定義可能な問題のみならず，定義できない問題を対象にすることになる。そのため，デザインには，設計者，使用者のみならず多様な関係者の参加が必要となる。

KEYWORDS　#機能　#反復　#推論　#階層性　#不確実性　#非決定性

1 | デザインの意味

デザインとは

　デザインという言葉は，道具や機械のみならず，生活や人生に至るまで，多様な領域で使用され，実行する前の計画や構想の意味を示す。技術の実現に事前の構想は重要であり，原初的な石器づくりにおいても，「打製する場合……これからつくろうとする道具を，すでに，かすかに予見していた」（ルロワ・グーラン 2012: 168）と考えられる。あるいは縄文土器では調理のための姿勢安定の構造に装飾形態が関係し（川崎 2009），機能に加えて意匠も統合してデザインしていたと推測される。技術の体系化に関しては，紀元前5世紀頃とされる中国の最古の技術書「考工記」（Wenren 2014）が，馬車，武器，楽器，建物など多岐にわたる技術を扱っており，力学的知識に基づく構造，機能に応じた材料，寸法，製作方法，検査方法までまとめている。また，技術の標準化は社会に影響を及ぼしてきた。古くは，始皇帝が，武器の標準化，度量衡，貨幣制度などのデザインを活用して，国をまとめていったと考えられる（ローソーン 2013: 16-22）。

　現在に至るまでデザインの対象は多岐にわたり，リチャード・ブキャナンは以下の四階層に整理した。①サインやシンボルによるコミュニケーション，②さまざまな規模の人工物の構築・製造，③計画，活動，サービス，プロセスの審議，④社会組織，物理的，人間的，シンボル的な環境や文化のような全体を包含する統合やシステム化である。①から④へと階層が上昇するにつれて歴史的に新しく，複雑さが増す（Buchanan 2009: 410; 直江 2013: 264）。本章では人工物に着目し，製品やサービスを具現化する際に行うエンジニアリングデザインの立場から考える。なお，「デザイン」は思考過程，「設計」は設計対象に重点がおかれるが（吉川 2020: 5-10），本章では両方をほぼ同じ意味として扱っている。

エンジニアリングデザインの位置づけ

　人工物を作る活動は図4-1に示すように，科学，生産につながる側面と，芸術，社会につながる側面がある（Dixon 1966: 7-9）。横軸は，物体の運動やエネルギー変換など自然の法則を理解する自然科学，その知識に基づき工学に活用

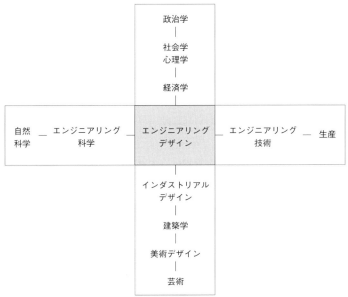

図4-1 エンジニアリングデザインの位置づけ
出所：Dixon 1966: Figure 1.1を筆者訳。

するためのエンジニアリング科学，そしてデザインを具現化するため，計測，制御，部品加工などの実践に関わるエンジニアリング技術，実際の生産の領域になる。一方で，縦軸は，製品の形状や色彩などの意匠性に関わる芸術につながる領域，販売・雇用・運搬のコストなどに関する経済学，さらには使用方法や習慣，受容，政策に関わる，心理学，社会学，政治学などの領域にも広がる。エンジニアリングデザインは本質的に，自然科学，人間，社会へとつながる理論と実践に基づく，総合的な創造活動といえる。

実際には，エンジニアリングデザインは自然科学から生産への横軸のつながり，インダストリアルデザインは芸術，使用者，環境との縦軸のつながりが重視されてそれぞれ展開しており，昨今では両領域を包括して扱うための基盤が必要とされている（松岡監 2018：11）。

一方，古代ギリシャでは，芸術は技術を意味する「テクネー」における制作活動に含まれていた（本多 1975）。テクネーは，学識や狩猟などの獲得の技術と「作る」技術に分類され，後者は建築などの実物の製作と，現在では一般的に芸

術と呼ばれる絵画などの影像の製作にさらに分けられる（プラトン 2005）。技術をデザインする行為は「存在へともたらす」人間の創造的活動といえる。

エンジニアリングデザインのプロセス

続いてデザインのプロセスに注目する。問題設定から問題解決策を作り出す一連のプロセスとして、デザイン学者のナイジェル・クロスは以下の三つのモデルにまとめている（Cross 2023: 25-39）。

① 記述的モデルは、解決策を重視し、経験則に基づいた発見的なプロセスを示す。このプロセスは図4-2に示すように、基本的に「探索－生成－評価－コミュニケーション」の四段階からなり、問題探索の後に解決策が生成され、評価される。そして評価結果が解決策の生成に反映される反復的なフィードバックが行われる。最後に結果は製造へと伝達される。発展させたモデルでは、評価結果は問題の分析にもフィードバックされ、一連のプロセスにおいて、概念的な解決策から始まり、より具体的な解決策を作り出すことになる。

② 規範的モデルは、問題設定を重視し、分析的に取り組むための体系的なプロセスを示す。基本的に「分析－創造－実行」の三段階から構成される。データを収集して設計に必要な仕様として分析し、各仕様を満たす個別の設計案を統合して、プロトタイプデザインを開発、評価する。各段階の結果を前の段階にフィードバックするプロセスも含まれる。最終的には、製造のための文書が伝達される。

③ 統合的モデルは、問題の定式化と解決策の提案がともに進展し、精緻化するプロセスを示す。図4-3に示すように、問題全体から部分的問題、部分的解決策、解決策全体への一方向的な進行のみならず、問題全体と解決策全体、部分的問題と部分的解決策の間で往復する反復的な活動が存在する。

伝統的な哲学との関連を考えてみると、対立や矛盾する事象を打開する方法である弁証法は、デザインにおいて相反する条件を含む問題の解決案を見いだす取り組み、言葉の表現方法を扱う修辞学は、設計者の創造力や議論、コミュニケーションにより社会へ影響する力と関係するといえよう（Buchanan 2009）。

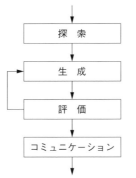

図4-2 デザインプロセスの記述的モデルにおける四段階モデル
出所:Cross 2023: Figure 3.1を筆者訳。

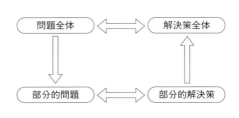

図4-3 デザインにおける問題と解決策の対称関係
出所:Cross 2023: Figure 3.12を筆者訳。

2 | デザインの論理

デザインにおける推論

　事前に構想するデザインの行為は,前提に基づいて結果を推定する論理に基づく。この推論は,「a = b, b = c よって a = c」と推定する三段論法における,事例,規則,結果の順序を変えることで異なる推論となる,哲学者チャールズ・S・パースの推論の様式から考えることができる (March 1976)。この様式は,人間や物体などの「要素」(何が),その要素の相互作用としての「関係性のパターン」(どのように),「観察される現象」(結果)という三つの関係から以下のように整理することができる (Dorst 2015)。

　　「要素」＋「関係性のパターン」⇒「観察される現象」
　　（何が）　　（どのように）　　　　（結果）

　要素と関係性のパターンが与えられ,生じる現象を見いだす推論は演繹と呼ばれる。たとえば,おもりを落下させるとき,重力の作用という「関係性」により,「要素」としてのおもりが,落下する結果となる「現象」を推測する。演繹は三つの様式のなかで正しく推論される論理である。次に,要素と結果が与

えられ，関係性のパターンを見いだす推論は帰納と呼ばれる。同様の例では，「要素」としてのおもりが，落下する結果の「現象」から，重力の作用という「関係性」を推測する。科学的な研究活動では，関係性のパターンである法則を見いだす推論がよく行われる。続いて，結果と関係性のパターンが与えられ，要素を見いだす推論は，仮説形成（アブダクション）である。落下する結果の「現象」と重力の作用という「関係性」から，「要素」としてのおもりを推論する。問題解決のためのデザインにおいては，望ましい結果と関係性のパターンが示され，それに必要な要素を求める。そのため通常のアブダクションは，一般的な問題解決の背後にある推論であるといえる。

　以上が基本的な推論の様式であるが，デザインにおいては特有のアブダクションが関係する。望む結果のみ示され，要素と関係性のパターンの両方を見いだす場合である。それらは互いに影響するので同時に検討する必要があり，創造的な解決方法につながる。

　デザイン活動は，アブダクションによるデザイン案の創出，演繹によるパフォーマンス特性の予測，帰納によるデザインの可能性の評価，これらを反復的に実行する合理的なプロセスとして捉えられる（March 1976）。

デザインにおける不確実性

　合理的に構成されるデザインにおいても，明確に記述できない不確実性と，事前に決定できない非決定性が含まれる（吉川 2020：323-325）。不確実性が生じる要因の一つに，図4-4に示す多層的な人工物の機能とそれら機能への社会文化的影響があり，直江清隆は以下のように説明する（直江 2013）。人工物は，基礎に物理的な構造があり，物としての性質を有し，物理的・化学的法則に従う。その上に，物理的構造に基づいた機能である技術的機能が重なる。現実の機能には性能の程度が存在するが，技術的機能はその程度を含めない抽象的な機能として存在する。そして，設計者が想定しつつ実際の使用法に基づいて定まる機能が固

図4-4　多層的な人工物の機能
出所：直江 2013：図4を筆者一部変更。

有機能である。使用者の心理学的，生態学的な特性は，固有機能と技術的機能の境界付近において，機能への制約として関係する。また，安楽椅子とパイプ椅子の使用において，使用者，使用状況の相応しさがそれぞれ変わるように，人間同士の関係に影響する象徴機能は，固有機能に付随する。その関係は流動的であり，人々の社会的役割への作用は象徴機能と固有機能の境界付近に制約として関係する。機能と人間，社会との関係においては，次節で取り上げる非決定性の要因となる。

　また，製品の設計，生産，使用，それぞれのプロセスに不確実性が存在し，そうした不確実性は以下のように分類される（Pelz et al. eds. 2021）。図4-5に示すように，プロセスや構造の機能に対して不確かなプロセス特性の影響が未知の場合は「無知」と位置づけられ，知識がないため恣意的に決定することになる。一方，その影響が既知である場合は「確率」として扱うことになり，部分的に定量化されている場合（未知）は「不定」，十分に定量化されている場合（既知）は「確率的不確実」となる。「不定」は機械システムでは一般的であり，許容範囲を設定する。そして「確率的不確実」の場合は，プロセスの状態を確率の分布として扱うことで，不確実性を定量化し，評価する。これらの分類は，システムのデザインにおける，データ，モデル，構造それぞれに適用される。特に構造に関し，システムはさまざまな構造とその構造をなす多数の要素から構築される。これによる組み合わせの急激な増大が「構造的不確実性」の特徴である。

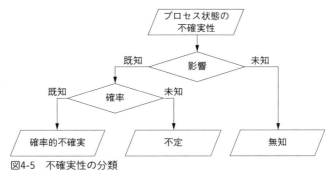

図4-5　不確実性の分類
出所：Pelz et al. eds. 2021: Fig. 2.1を筆者訳。

デザインにおける非決定性

　続いてデザインにおける非決定性の要因について取り上げる。使用者や使用環境，使用目的を想定して製品やサービスを設計するが，想定通りに使用されない場合が生じうる。使用者の特性は，身体，感覚，知性，年齢，民族，言語，職業など多岐にわたり，使用する状況においても，経済状態，教育水準，地理的環境，物理的環境と多様であり（黒須 2020），使用の仕方は実際の使用において決定される。さらに，設計時の目的とは異なる使用へと展開することもある。たとえばタイプライターは，当初，視覚障害の補助技術として設計されたが，のちに目的や使用者が変わってビジネスで利用されるようになった（Ihde 2008）。一時的にしか接着しない糊が失敗として消えるのではなく，付箋紙として利用される事例もある（Latour 1987）。

　また，使用方法が文化によって異なる形で広まることもある。現在発電に利用される風車は，最も古い例はインドで祈祷に用いられていた風で回転する車輪であり，また9世紀のメソポタミアでは大型化した風車が現れて製粉に使用され，その後オランダでは干拓地の揚水ポンプとして利用された。同じ技術でも形態や大きさが変わって状況に適合する（Ihde 2008）。技術がさまざまな文脈で利用される現象をドン・アイディは複数安定性と呼称した（Ihde 1990）。

　ほかにも，W・ブライアン・アーサー（2011: 258）が「新たなテクノロジーは，それ自体がテクノロジーである構成要素から生じ，その後，テクノロジーを新たに築く構成要素となってゆく」と指摘するように，技術自体が進化すると捉えることもできる（アーサー〔2011: 223-230〕はトランジスタが真空管に置き換わっていく事例を挙げている）。この過程では，消費と生産における「相補」と「代用」の組み合わせが生じていると考えられる。消費の相補性とは，自動車使用時にガソリンも必要になる関係であり，生産の相補性とは，板の取り付けに金槌と釘の両方が必要になる関係である。一方，代用関係の場合は釘ではなくネジが使用される。技術の展開を設計者が制御するのではなく，それ自体で過程が進行していく「自己触媒反応」といえる（カウフマン 2008: 523-532）。

3 | デザインの拡張

アプローチの拡張

　前節で人工物のデザインにおいて人間や社会の影響があることについて説明したが，次に生活や政策などとの関わりも含め，その対象を拡張する際のアプローチについて扱う。

　技術を対象にするデザインは明確に定義された問題を解決するために取り組まれることが多いが，社会政策のような対象においては関係者が多様であり，問題を明確に示すことが困難になる。ホルスト・W・J・リッテルらは，デザインで扱う問題を，科学者や工学者が対象としてきた定義可能で解が発見可能な「管理された問題（tame problem）」と，従来の科学的な方法で扱う問題とは本質的に異なる「意地の悪い問題（wicked problem）」に整理した（Rittel & Webber 1973）。

　リッテルは，意地の悪い問題の性質を次のように示している（Rittel 1972）。①明確に定式化されない，②問題の理解と解決策が一致するため，問題の定式化は解の方針にそれぞれ対応する，③いつまでも上手く取り組もうとするため，止める規則がない，④真か偽かではなく，よいか悪いかの範疇が適用される，⑤許容できる行動の列挙可能なリストが存在しない，⑥あるべき状態との相違に対して多くの説明があり，どの説明が最善であるのかの評価基準はない，⑦他の問題の兆候である，⑧問題に対する直接的，究極的なテストがない，⑨試行錯誤のできない一回限りの取り組みである，⑩本質的に他にはない問題である，⑪実施者に間違える権利はなく，責任がある。

　そして，リッテルは，こうした問題に対応する指針を以下のように示している（Rittel 1972）。問題に取り組むための知識は多くの人が分散してもっているので，さまざまな立場から疑問を投げかけ，問題を提起し，判断の根拠となる情報を共有し，お互いに理解できるようにしながら関係者が参加して議論し，適度に楽観しつつリスクを共有して取り組む必要がある。

　デザインで扱う問題をいかに設定するかということ自体が課題となるため，影響を受ける人々（ステークホルダー）をデザインのプロセスに含める方法へと展開される。

関係者の拡張

それでは,使用者によるデザインへの関与方法について取り上げる。情報技術分野では,1970年代のヨーロッパ北部のスカンジナビア地域において,コンピュータの導入による職場の変化に対応するため,参加型デザインが先駆けて行われた(Robertson & Simonsen 2012)。昨今盛んに行われているユーザーによるデザインへの参加方法は,図4-6のようにまとめられる(中島 2019;Wise & Høgenhaven eds. 2008)。左右の領域は,ユーザーのニーズとの関わり方に関係する。右側は,機会の特定,データ収集,問題理解,コンセプト発想に至る,潜在ニーズを対象とした,何を作り出すかを考える領域である。左側は,概念化,試作,テスト,実施に至る,顕在ニーズを扱う,どのように作り出すかに取り組む領域である。そして,上下の領域は,設計するグループへのユーザーの関与度合いに関係する。製品やサービスのデザインにおいては,これらの段階を連続的,反復的に進め,場合によっては異なる段階で実行する。右下は,ユーザーの観察が行われる領域であり,ユーザーの発言はそのまま受け取られるわけではない。右上はユーザーのインタビューや実際の使用状況で調査するリビングラボなど,ユーザーが参加して行う実験が位置づけられる。左下はユーザーが設計チームに間接的に関わって製品やサービスのテストを実施する領域であり,左上はユーザーが設計チームにメンバーとして加わり,直接的にデザイン

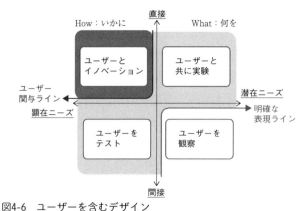

図4-6 ユーザーを含むデザイン
出所:中島 2019:図8;Wise & Høgenhaven 2008: Figure 1.7に筆者補足。

に参加する領域である。

　また，社会への影響をふまえ，科学や技術の研究・開発の早い段階から，社会科学や人文学の領域を含む学際的なアプローチも展開されている（Doorn et al. eds. 2013）。たとえば，ステークホルダーが設計の段階から参加し技術の影響を検討する方法（構成的技術アセスメント〔Constructive Technology Assessment〕）や，人間の価値に関して，概念的，経験的，技術的な調査を反復的に行う方法（価値に配慮したデザイン〔Value Sensitive Design〕）などが挙げられる。昨今では，システミックデザインと呼ばれ，相互に関連する機能の創出的なネットワークであるシステムとしてデザインの対象を捉える思考，方法を，多様なステークホルダーを含む大規模で複雑な社会的活動（都市計画，社会政策，ヘルスケアなど）へ適用する試みが行われている（ジョーンズ他 2023）。

・・・
デザインのための手がかり

　問題の設定に境界がなく，多くの要素が関係して分割できず，要素や関係が時間とともに変化し，相互に影響するような問題に取り組むため，問題状況に対する新しい見方とそのなかで行動する新しい方法の両方を生み出す総合的なデザインのアプローチについてキーズ・ドルストは言及している。特定の関係パターンを適用することで，望む結果をつくりだす提案は「フレーム」と呼ばれ，問題に対する取り組みはフレームを創り出す活動になる（Dorst 2015）。

　問題解決に技術を活用する際，多様なステークホルダーにおけるそれぞれの技術との関わり方も多岐にわたるため，ともに活動する上でお互いの技術との関係を理解することが必要になるであろう。人間－技術の関係は，工学のみならず幅広い領域で多くの知見が蓄積されており，学問領域としては異なるものの類似した現象を対象としていることもある。こうした知見を人間－技術関係の類型（タイプ）として整理し，それによって設計中の技術を分析したり，他の視点と比較したり，生じうる問題を予測するなどの方法が想定される。現時点で筆者がまとめている，身体的機能，生態学，哲学，歴史学，物語，システム論などの領域における類型の候補例を紹介する（上杉 2023）。身体的機能においては知覚・認知・運動の処理モデル（Card et al. 1986）やスキル・ルール・知識の段階からなる行動モデル（Rasmussen 1983），生態学領域では，物の特性・

形状・表面において整理した，ヒトの環境の基本アフォーダンス群（リード 2000：247-253）が挙げられよう。また，哲学領域では人間 − 技術の四関係（身体化関係，解釈学的関係，他者関係，背景関係）（Ihde 1990: 72-112）や，技術による行為の媒介（行為プログラムが変化する「翻訳」など）（ラトゥール 2007）がある。歴史学においてはケーススタディで紹介する拡張技術の三系譜（拡張，延長，外化）（柴田 2013），物語においては，技術を受容する社会背景として作用する神話（プロメテウスの火など），システム論では第2節の「デザインにおける非決定性」で説明した技術の自己組織性が関係しよう。こうした人間 − 技術関係の類型を，技術による人間，社会，文化への影響を包括的に捉える考え方と組み合わせて（Sclove 1995; Brey 2006），体系化し，デザインを考える「型」として使用することで，多様化，複雑化するデザインに貢献すると考えられる。

参考文献
—

アーサー，W・B　2011『テクノロジーとイノベーション——進化/生成の理論』有賀裕二監修，日暮雅訳，みすず書房。

上杉繁　2023「設計の観点から見た人工知能」鈴木貴之編『人工知能とどうつきあうか——哲学から考える』勁草書房，177-203頁。

カウフマン，S　2008『自己組織化と進化の論理——宇宙を貫く複雑系の法則』米沢富美子監訳，筑摩書房。

川崎保　2009『文化としての縄文土器形式』雄山閣。

黒須正明　2020『UX原論——ユーザビリティからUXへ』近代科学社。

柴田崇　2013『マクルーハンとメディア論——身体論の集合』勁草書房。

ジョーンズ，P/K・ファン・アール　2023『システミックデザインの実践——複雑な問題をみんなで解決するためのツールキット』高崎拓哉訳，武山政直監修，BNN。

直江清隆　2013「技術の哲学と〈人間中心的〉デザイン」村田純一編『知の生態学的転回2　技術——身体を取り囲む人工環境』東京大学出版会，259-285頁。

中島健祐　2019『デンマークのスマートシティ——データを活用した人間中心の都市づくり』学芸出版社。

プラトン　2005『プラトン全集3　ソピステス・ポリティコス（政治家）』藤沢令夫・水野有庸訳，岩波書店。

本多修郎　1975『技術の人間学』朝倉書店。
松岡由幸監修，加藤健郎・佐藤弘喜・佐藤浩一郎編　2018『デザイン科学概論——多空間デザインモデルの理論と実践』慶應義塾大学出版会。
吉川弘之　2020『一般デザイン学』岩波書店。
ラトゥール，B　2007『科学論の実在——パンドラの希望』川崎勝・平川秀幸訳，産業図書。
リード，E・S　2000『アフォーダンスの心理学——生態心理学への道』細田直哉訳，佐々木直人監修，新曜社。
ルロワ・グーラン，A　2012『身ぶりと言葉』荒木亨訳，筑摩書房。
ローソーン，A　2013『HELLO WORLD——「デザイン」が私たちに必要な理由』石原薫訳，フィルムアート社。

Brey, P. 2006. The Social Aagency of Technological Artifacts: A Typology. In P. P. Verbeek & A. Slob (eds.), *User Behavior and Technology Development: Shaping Sustainable Relations Between Consumers and Technologies*. Springer, pp. 71-80.

Buchanan, R. 2009. Thinking about Design: An Historical Perspective. In A. Meijers (ed.), *Philosophy of Technology and Engineering Sciences, Handbook of the Philosophy of Science*. Elsevier, pp. 409-453.

Card, S. K. & T. P. Moran, A. Newell 1986. *The Psychology of Human-Computer Interaction*. CRC Press.

Cross, N. 2023. *Engineering Design Methods: Strategies for Product Design*, 5th Edition. Wiley. （クロス，N　2008『エンジニアリングデザイン——製品設計のための考え方』荒木光彦監訳，別府俊幸・高橋栄訳，培風館）

Dixon, J. R. 1966. *Design Engineering: Inventiveness, Analysis, and Decision Making*. McGraw-Hill Inc.

Doorn, N. & D. Schuurbiers, I. van de Poel, M. E. Gorman (eds.) 2013. *Early Engagement and New Technologies: Opening Up the Laboratory*. Springer.

Dorst, K. 2015. *Frame Innovation: Create New Thinking by Design*. The MIT Press.

Ihde, D. 1990. *Technology and the Lifeworld: From Garden to Earth*. Indiana University Press.

—— 2008. The Designer Fallacy and Technological Imagination. In P. E. Vermaas et al. (eds.), *Philosophy and Design From Engineering to Architecture*. Springer, pp. 51-59.

Latour, B. 1987. *Science in Action: How to Follow Scientists and Engineers through Society*. Harvard University Press.

March, L. 1976. The Logic of Design and the Question of Value. In L. March (ed.), *The

Architecture of Form. Cambridge University Press, pp. 1-40.

Pelz, P. F. & P. Groche, M. E. Pfetsch, M. Schaeffner (eds.) 2021. *Mastering Uncertainty in Mechanical Engineering*. Springer.

Rasmussen, J. 1983. Skills, Rules, and Knowledge: Signals, Signs, and Symbols, and other Distinctions in Human Performance Models. *IEEE Transactions on Systems, Man, and Cybernetics,* SMC-13 (3): 257-266.

Rittel, H. W. J. 1972. On the Planning Crisis: Systems Analysis of the 'First and Second Generations'. *Bedrifts Økonomen* 8: 390-396.

Rittel, H. W. J. & M. M. Webber 1973. Dilemmas in a General Theory of Planning. *Policy Sciences* 4: 155-169.

Robertson, T. & J. Simonsen 2012. Challenges and Opportunities in Contemporary Participatory Design. *Design Issues* 28 (3): 3-9.

Sclove, R. 1995. *Democracy and Technology*. Guilford Press.

Wenren, J. 2014.「考工記」*Ancient Chinese Encyclopedia of Technology: Translation and Annotation of Kaogong ji, The Artificers' Record*. Routledge.

Wise, E. & C. Høgenhaven (eds.) 2008. *User-Driven Innovation: Context and Cases in the Nordic Region*. Nordic Innovation Centre.

Case Study | ケーススタディ 4

技術の分析とデザイン
人間の能力拡張と減退

　技術の使用は，便利さを与える一方で不都合な事象を生むことも多い。携帯電話の利用により漢字，電話番号さらには地図を覚えなくなることや，安全装置が組み込まれ，静かで快適な自動車は速度を超過しやすく危険を増すことの例などが挙げられよう。今後さらに，人工知能による言語や計算などの知的能力，ロボットによる運搬や移動などの運動能力を拡張する技術が展開するなかで，第3節の「デザインのための手がかり」で示した人間－技術関係の類型を適用することによる，使用者自身の能力低下に関する現象の分析とデザインの手がかりの検討方法を取り上げる。

　技術による人間の能力拡張と減退について言及した最古の事例の一つである，古代ギリシャ時代のプラトンが取り上げた文字の作用に着目する。発明神テウトが文字使用による知恵と記憶力の向上を述べるのに対して，エジプト王タモスは訓練を怠り記憶力が減退すること，さらに知者であるとうぬぼれ，つきあいにくい人間となることを答えている（プラトン1967：162-164）。

　こうした能力の拡張と減退，人間の特性へ影響する事象を，柴田崇による人間を拡張する技術の三系譜（拡張，延長，外化）から分析してみる。拡張は「身体の器官を人工物が「代行」することで本来の機能が拡張する」論理，延長は「使用時の道具があたかも身体の一部になり，身体を空間的に延長する現象」，外化は「外化したものを通じて，それを産出した母体の構造，さらに人間の思考が解明できる」論理を示す（柴田 2013：155-156）。文字使用による能力拡張と減退の事象に対する「拡張」の視点は，機能の代替の仕方に注目させる。柴田は「テウトが文字を恒常的に使い続ける状況を前提に記憶力の拡張を語るのに対し，タモスは，文字を使わなくなる状況，あるいは文字が使えなくなる状況を想定して反論している」というように（柴田 2015：65），技術を直接使用している場面と使用できない場面それぞれにおいて代替の影響に着目したデザイ

ンの必要性を示唆する。ここから，技術を使用し続けることを目指した，信頼性，保全性，レジリエンスなどの設計方法，あるいは技術を使用できない状況をふまえた人間の能力に着目したアプローチ（上杉 2023）など，問題状況の分析や解決方法への手がかりが見いだされる。また，文字使用における人間特性の変容に関しては，使用者の自己の境界に注意を向けさせる「延長」と，技術による機能と人間による機能の差異と同一の分析を促す「外化」の視点（柴田 2018）より，技術による効果を自身の能力と切り離せない一体化現象が生じるプロセスや，そこで生じる機能と人間本来の機能との差異や類似性を検討する必要性を示す。

　また，第3節の「デザインのための手がかり」で紹介した他の人間 − 技術関係の類型である，アイディによる人間 − 技術関係の分類や，ラトゥールによる行為の媒介に関する分析，あるいは技術にまつわる物語からの社会との関係性の分析なども適用することで，人間と関わるデザインの問題設定や条件をさらに探索することができよう。

参考文献

上杉繁　2023「設計の観点から見た人工知能」鈴木貴之編『人工知能とどうつきあうか──哲学から考える』勁草書房，177-203頁。
柴田崇　2013『マクルーハンとメディア論──身体論の集合』勁草書房。
───　2015「サイボーグの「原型」──"extension"の系譜学に基づくJ・D・バナールの読解」『年報新人文学』12：65-66。
───　2018「AI時代のメディア論──マクルーハンの理論の現代的意義」佐藤貴史他編『はじめての人文学──文化を学ぶ，世界と繋がる』知泉書館，171-219頁。
プラトン　1967『パイドロス』藤沢令夫訳，岩波書店。

Active Learning | アクティブラーニング 4

Q.1

先端的な能力拡張技術が実際に活用されている事例を調べてみよう

重量物運搬の作業現場において,身体装着型のロボットが導入され始めている。導入の理由,その効果について,使用者の機能のみならず他の視点からも調べてみよう。さらに,働き方が変わるのかについても考えてみよう。

Q.2

技術による人間の能力拡張を扱う物語を調べてみよう

人間の能力を拡張する技術は,小説,漫画,映画などの数多くの物語のなかで扱われている。知的活動,生産活動,社会活動,経済活動などの視点から,そこで表現されている世界と現実の世界との違いや同じ点を分析してみよう。

Q.3

伝統的な道具を使用する価値について考えてみよう

人間の移動能力を拡張する自転車は,オランダでは広く普及している。より早く,より多くの人や物を移動できる自動車ではなく,使用者の労力を必要とする自転車が利用されるのはなぜだろうか。発展の歴史を調べ,その価値や普及の手がかりを考えてみよう。

Q.4

問題解決のための能力拡張技術との関わり方を考えてみよう

さまざまな業種で人手不足が問題に挙がっており,自動化技術の開発が進んでいる。自動化できず人間による作業が必要な領域はどこであるのか調査し,その問題への取り組み方について,工学技術以外からの関わり方を考えてみよう。

| 第Ⅱ部 |
技術哲学と社会

第5章

AI
夢と現実

久木田水生

2010年代から人工知能が急激に発展し，さまざまな分野で応用が進められている。この背景にはインターネットやスマートフォンが普及し膨大なデータが利用可能になっており，そしてそのデータに基づいて訓練された人工知能によって人々の行動や属性を予測すること（プロファイリング）が企業に大きな利益をもたらしているということがある。しかし，ここにはさまざまな倫理的な懸念もある。多種多様かつ膨大なデータを収集し，ユーザーをプロファイリングすることが利益に直結するために，IT企業はしばしばデータを過剰に収集したり，プライバシーを侵害したりしている。またビッグデータに基づくプロファイリングは，しばしばマイノリティや社会的弱者に不利益をもたらす結果になる。こういった顕在化している問題に加え，長期的かつマクロな問題も懸念される。AIのもたらすさまざまな弊害に対して，法による規制の動きも出ている。AIの問題とは何なのか，そしてそれに対して私たちはどのように向き合っていけばよいのか。この章ではこういった問題について論じる。

KEYWORDS　#機械学習　#プロファイリング　#データ　#プライバシー　#生成AI

1 | AIの発展

AIの始まり

「AI」は「Artificial Intelligence」の略で、日本語では一般に「人工知能」と訳される。この言葉は1956年の「ダートマス会議」で使われて以後、一般的になった。この会議に集まった数学者、計算機科学者、情報科学者たちは「原理的には学習やその他のあらゆる知能の側面は機械がそれをシミュレートできるくらい正確に記述できる」という想定の下に、言語使用、概念形成、自己改良などの機能を機械に実装する方法について議論をした（McCarthy et al. 1955）。

「知能は機械で実現できる」という考え、および「人工知能」という名称は大いに論争を呼んだ。第一に、彼らが達成できると公言したことと、実際に達成できたことの間には余りにも大きなギャップがあるように思われたからである。たとえば哲学者のヒューバート・L・ドレイファスは人工知能を「錬金術」と呼び、人工知能研究者たちが実現不可能なことを吹聴して研究資金を騙し取っていると非難した（Dreyfus 1965）。また知能のなかには意識や暗黙知、言葉の意味の理解などが含まれると考えられるが、機械がそれらをもつことはありえず、したがって機械が本当の意味で知能を実現することはできない、といった批判もあった。

インターネットとデータ経済

人工知能はこれまでに3度のブームを経験しており、現在は2010年代の初頭から続く第三次ブームの最中である。第一次、第二次ブームの後には膨らみすぎた期待の反動で人工知能分野が冷遇され、研究が停滞する「冬の時代」があった。冬の時代には人工知能とは異なるコンピュータの活用に注目が集まり、さまざまな技術が発達した。第二次ブームの後に最も目覚ましい発展を遂げたのはインターネットとそれに関連する技術であり、それが第三次ブームの一つの布石となった。

インターネット上では、無料でサービスや製品を提供する代わりに広告を提示するというビジネスモデルが一般的である。グーグルやフェイスブックなど

はその収入のほとんどを広告に頼っている。オンラインの広告は個々のユーザーの過去の行動データに基づいてカスタマイズされているのが一般的である。つまりそれぞれのユーザーに応じて、そのユーザーがより興味をもちそうな広告が選ばれているということである。広告に依存している企業にとっては、可能な限り多くのデータを収集し、そこからユーザーがどんな人間で、どんな好みやニーズをもっているか推測すること、すなわちユーザーの「プロファイリング」がビジネスの鍵になる。また広告だけでなく、商品やコンテンツの推薦、ソーシャルメディアにおける「友だち」候補の推薦などにもプロファイリングは利用されている。現在では、多くのオンラインビジネスの成否がデータの利用に大きく依存しており、「データ経済」と呼ばれるゆえんである。

・

第三次ブーム

2012年、ILSVRC (ImageNet Large Scale Visual Recognition Challenge) という画像認識コンテストでトロント大学のチームが従来を大幅に上回る成績をあげて優勝し、大きな話題になった。2016年には、ディープ・マインドが開発した囲碁プログラム、アルファGOが世界的名人に圧勝したことも注目を集めた。この頃からAI関連のニュースがテレビや新聞、雑誌などのメディアでも頻繁に報じられるようになり、第三次AIブームが始まった。その後、AIは日進月歩の勢いで発展を続けており、2022年には自然な文章で人間とやり取りすることができるChatGPTが登場して社会に大きな衝撃を与えた。

第三次ブームを牽引し続けている主要な技術の一つは深層学習などの機械学習であるが、そのベースとなっているニューラル・ネットワーク自体は第一次ブームの頃から存在していた。近年になってその性能が飛躍的に向上した理由はいくつかある。第一に計算機のハード面での性能が向上して従来では実装が困難だった大規模で複雑なニューラル・ネットワークが作られたこと、第二に機械学習に関連する新しいさまざまなテクニックが開発されたこと、そして第三にインターネットの普及によって大量のデータが手に入るようになったことである。

経済的な要因も重要である。現在AIの開発に最も力を入れているのはグーグルやメタ、マイクロソフトなどの「ビッグ・テック」である。前節で説明した

ように彼らは大量のユーザー・データと強力なAIを組み合わせることでよりよい製品を作ることができると同時に、AIを利用したプロファイリングによってより効果的なマーケティングや広告ができるようになる。

またAIプロファイリングが力を発揮するのはマーケティングにおいてばかりではない。人が病気になる確率、自動車事故を起こす確率、ローンを返済できなくなる確率、特定の政策を支持する確率を正確に知ることは、保険会社、クレジット会社、選挙コンサルタント会社にとってきわめて有益である。

意思決定に際してある選択がどの程度の確率でどの程度の利益と損失をもたらすかを見積もることは「確率論的リスク分析」あるいは単に「リスク分析」と呼ばれる。しかし、これまでは人間や社会のような複雑なシステムについてその振る舞いの確率を正確に予測することは難しく、したがって人間に関するリスク分析はさまざまな不確実な想定に基づく見積もりに頼らざるをえなかった。ところが、ビッグデータと機械学習は人々のさまざまな属性や行動について従来よりもはるかに正確な確率的予測を可能にした。要するにビッグデータに基づく機械学習は人間を対象とした確率論的リスク分析の画期的なツールなのである。

2 │ AIの問題

今そこにある危機

AIが急激に発展し、実用化されるようになると、さまざまな問題が明らかになってきた。その一つはデータの濫用、プライバシー侵害の危険性である。上述のようにIT企業はユーザーをプロファイリングするために、多種多様かつ大量のデータを、しばしばユーザーに気づかれないような仕方で、収集している（cf. ヴェリツ 2023）。

さらに企業は収集したデータから、そこには含まれていない情報を推測することができ、そこにはセンシティブな情報（健康状態、信仰、支持政党、性的指向など）が含まれる場合もある。たとえば2012年、アメリカの小売業者、ターゲット・コーポレーションは、顧客の購入履歴から妊娠しているかどうかを予測するモデルを作り、妊娠している可能性が高い顧客に妊婦向けの商品に使え

るクーポンを送っていた（Hill 2012）。一つの小売店での購入履歴から妊娠していることがわかるのであれば，巨大IT企業が私たちから収集している多種多様かつ膨大なデータからは，どれだけのことがわかるか，計り知れない。

　またAIは作成者のもつ先入観を反映したり，社会に存在する差別的な構造を学習したりすることで，それらを再生産・固定化してしまいかねない（cf. 平 2019）。たとえば「ハイアービュー（HireVue）」という人事採用のための面接支援システムには，「AIアセスメント機能」と呼ばれるものがあり，「録画面接から声，話の内容，表情など」のパターンを抽出し，「候補者の特徴を，その会社の優秀人材の特徴（教師データ）と比較し」，「教師データとのシンクロ率の高い候補者からランキングし」，「ポテンシャルの高い候補者から優先的に対面面接を実施」することを可能にするという（富士通Japanのウェブサイト）。ここには，録画された声や表情などの特徴がその会社で「優秀」とされている人間の特徴と類似しているかどうかによって，その会社の仕事における有能さを予測することができる，という開発者の先入観が反映されている。気をつけなければならないのは，声や表情などの特徴はジェンダーや文化などによって大きく異なるということである。そのため，たとえばこれまで白人男性が優遇されてきた会社がこのシステムを使えば，その不公平な慣行がより強固になりかねない。雇用に際してジェンダーや人種を理由に差別をすることは違法であるが，このシステムは気づかれずにそういった差別を組み込んでしまう危険性がある。

　機械学習は人間の差別的な振る舞い，社会の差別的な構造や慣行も学習してしまう可能性がある。そのことを自覚してAIを運用しなければ，私たちは社会に存在する差別をAIによって再生産することになる。特に人事，教育，司法，金融，保険などでAIを使う際には慎重さが求められる。

　近年発展の著しい生成AIにも固有の問題がある。一つは，生成AIがフェイクニュースの作成をきわめて容易にするということである。生成AIを使えばもっともらしい自然な文章，本物と区別がつかない画像や動画で作られた虚偽のストーリーが，誰でもあっというまに作ることができてしまう。これは，ただでさえフェイクニュースの氾濫によって混乱させられた世界の状況をいっそう悪化させるだろう。

　もう一つの問題は著作権に関連している。生成AIは大量の既存の創作物を学

習データにして作られる。現在の日本ではこのような目的での使用は著作者の許諾を得ずとも可能である（著作権法30条の4）。しかし，このようにして作られたモデルが学習元になった創作物の作者とよく似たスタイルのものを生成した場合には，著作者が大きな不利益を被ることになる。実際，アメリカの画家，ケリー・マッカーナンは自分の名前を検索したときに，自分の画風を学習した生成モデルによって作られた画像が一番に現れるようになったことを嘆いて次のようにX（元ツイッター）でポストしている。

> 私の作品から作られた合成イメージが文字通り私の本当の声に置き換わっていく。どんな世界でこのようなことが受け入れられるのか？　私が生涯を通じて生み出すアウトプットを一日で超えるような自分のドッペルゲンガーにどうやって立ち向かえばいいのか？　恐ろしい。
>
> （https://twitter.com/Kelly_McKernan/status/1729711064001007673）

長期的な問題

　現在，問題になっていることのほかにも，AIは多様で長期的な影響を広範囲に及ぼすだろう。たとえばAIは多くの仕事を代替することで産業や経済に大きな変化をもたらすだろう（井上 2016）。また，AIは科学研究にも影響を与えており，科学をめぐる制度や科学の価値についての認識にも変化をもたらすだろう（呉羽・久木田 2020）。さらに，AIを搭載した自律型兵器が実用化されれば，戦争の戦われ方が大きく変わり，ひいては「戦闘」や「戦場」などの概念に重大な変化をもたらすかもしれない（久木田 2022a）。AIによるプロファイリングや行動予測が蔓延した社会においては人間同士の信頼関係や協力関係はこれまでと違った仕方で構築されるようになるかもしれない（久木田 2022b）。

　生成AIはすでにある創作物から学習するので際立った独創性をもつ作品を生み出すことは難しいが，それでも高い独創性をもつに至る前の多くの創作者の仕事が生成AIによって奪われるかもしれない。するとそれは将来高い独創性をもった作品を生む可能性のある創作者の芽を摘むことになり，結果として人類全体としての創造性の低下につながるかもしれない（久木田 2023）。

こういった長期的かつマクロな影響は予測するのも対処するのも難しいが，それらについて考えておくことは，AIをよりよい仕方で利用するために有益だろう。

人類存亡のリスク？

　第三次ブームの初期，AIに対して大きな期待がかけられると同時に，その脅威を懸念する声が聴かれた。昨今の生成AIの急激な発展は，再びAIに対する大きな期待と不安を駆り立てている。たとえば，これまでもAIの安全性のために提言をしてきたアメリカのNGO，Future of Life Instituteは，GPT-4（ChatGPTの基礎になっている言語モデルの当時の最新版）より強力なシステムの訓練を最低6ヵ月停止するように呼びかけるオープンレターを公開し，3万筆以上の署名を集めた（Future of Life Instituteのウェブサイト"Pause Giant AI Experiments: An Open Letter"）。

　彼らはGPTのあまりに急激な性能の向上を見て，それがいわゆる「汎用人工知能（Artificial General Intelligence: AGI）」につながりうるものだという危惧を抱いている。AGIとは，あらかじめ定められた特定のタスクだけをこなすのではなく，さまざまな状況における問題に柔軟に対応できるような知能を意味する。AGIが人間よりも賢くなったとき，人間を支配したり，人間に深刻な危害を与えたりするようになるかもしれない。そうなる前に社会は，安全にAIを発展させ，AIをしっかりと統制するための準備を整えなければならない。それゆえにその猶予を作るために開発を一時的に停止するべきだ。そう彼らは訴える。

　この危惧がどれほど現実的なのか私には判断できない。不確実な未来の脅威について大騒ぎするよりも，すでに生じている問題に焦点を当てるべきだという意見も当然ある（Olson 2023）。

3 ｜ AIのガバナンス

倫理原則，倫理指針

　AI脅威論に呼応してか，第三次ブームが始まってしばらくするとAIに関する倫理原則や倫理指針がさまざまな国・地域，セクター（NGO，政府機関，学

術機関など）から発表された。たとえば先述のFuture of Life Instituteは，2017年2月3日に人工知能の研究課題，倫理と価値，長期的な課題に関するガイドラインとして「アシロマAI原則」を発表した。ここには「安全性」「透明性」「責任」「価値との調和」「プライバシー」「自由」「利益の共有」「人間による制御」「社会的市民的プロセスの尊重」「AI軍拡競争」などに関する原則が挙げられている（Future of Life Instituteのウェブサイト"Asilomar AI Principles"）。日本人工知能学会の倫理委員会も，かなり早い段階で倫理指針を発表した団体の一つである。2017年3月に公表された彼らの指針は全部で9条からなり，「人類への貢献」「法規制の遵守」「他者のプライバシーの尊重」「公正性」「安全性」「誠実な振る舞い」「社会に対する責任」「社会との対話と自己研鑽」「人工知能への倫理遵守の要請」について定めている（人工知能学会のウェブサイト）。

　その他にもさまざまな倫理指針，倫理原則が立て続けに発表された。それらの多くは上記のような抽象的な一般原則を掲げている。

・・・
規制法

　AIに関連する現実的な問題が明らかになるにつれて，抽象的な倫理指針や倫理原則だけではなく，実効的な規制が検討されるようになった。その先駆けは，2018年に施行された「EU一般データ保護規則（GDPR）」である。これはEU域内の企業などに適用されるが，EU域外の企業でもEU域内の個人の情報を扱う場合には適用される。従来のデータ保護法の原則を継承しつつ，人工知能によるデータの処理などについての規制を含んでいるのが特徴である。

　欧州委員会（EUの政策執行機関）は2021年4月にAI規制法案を公表し，より直接的にAIのもたらす危害に対処する姿勢を見せている。この法案は修正を経て2023年5月11日に欧州議会の委員会で承認された。この法案では，リスクに応じてAIシステムを分類し，それぞれのカテゴリーにおいて異なる扱いを求めている。最もリスクが高く，したがって禁止されるべきとされているものには，たとえば次のようなものがある。

- 意識されないように人に影響を与えて，その人が危害を被る可能性が高い仕方で行動を変容させるような使用。
- 公的機関による，目的を限定しない社会的スコアリング（その人がどのくら

い信用できるかといったことを数値化すること）。
- 法執行（逮捕など）を目的とした，公共の場所でのリアルタイムの遠隔生体測定（たとえば顔認識など）。
- ジェンダーや人種など，センシティブな特徴を用いた生体分類システム。
- 位置情報や犯罪歴に基づく予測的警察活動。
- 法執行，入国管理，職場，教育機関などにおける感情認識システム。
- 顔認識データベースを作るための，ソーシャルメディアやCCTV録画からの生体測定データの無差別な収集。

　また高リスクに分類されるAIは，人々の健康や安全，基本的人権，環境に害を与えるものとされており，これについては要件に従い，事前に適合性評価がされているという条件のもとで許可される。高リスクAIとして具体的には「生体測定による人間の同定あるいは分類」「教育や職業訓練における人間の評価」「人事採用」「入国管理での能力をもった役人の補助」「犯罪や再犯の可能性の評価」「裁判の補助」「政治的キャンペーンで投票者に影響を与えるシステム」「ソーシャルメディア・プラットフォームでの推薦」が挙げられる。

　これらの項目を見ると，EUがAIによって引き起こされているさまざまな問題に対して厳しく対応しようとしていることがわかる（European Parliamentのウェブサイト）。

・・・

AIとどう向き合うか

　AIに厳しい規制をかけようとするEUとは対照的に，日本でのAIの規制をめぐる議論においては，罰則や拘束力をもったハードローではなくソフトローでという論調が主流であった。たとえば2021年に経産省が公表した「我が国のAIガバナンスの在り方 ver. 1.1」には「産業界の意見や「AI利活用ハンドブック」によるリテラシー向上の方向性をふまえると，AIシステムに対する横断的な義務規定は現段階では不要であると考えられる」と明言されている（AI原則の実践の在り方に関する検討会 2001：29）。AIによって産業を活性化させたい人々がAIの問題を消費者のリテラシーの問題に転嫁したがっていることが露骨に現れている。

　憲法学者の山本龍彦は，AIによって引き起こされる差別などの問題を憲法の

枠組みで，すなわち基本的人権に対する侵害として議論することを提唱しているが，「そんなことをぐだぐだ言っていると競争に負ける」などの理由で激しい反対に合うのがつねで，「「とにかく推進を」，というポジティブ・キャンペーンが強力に展開されている」と述べている（山本 2018: 5-6）。

　「技術が未発達な段階での規制はイノベーションを阻害する」「倫理やプライバシーに配慮していたら外国に勝てる技術が作れない」といった反規制論は，イノベーションと倫理や人権への配慮をトレードオフの関係として考えている点で誤りを含んでいる。EUのAI法においても技術開発の促進は高い優先度を与えられている。日本と異なっているのは，EUでは人権やプライバシーをないがしろにするような技術開発は推進するに値しないと見なされているという点である。「プライバシーに配慮していたら，よいAIが作れない」と考えるのではなく，「プライバシーや人権を侵害せず，差別を引き起こさないAIが，よいAIだ」と考え，それを目指すのが責任ある技術者というものだろう。

　AIは今後，社会に対して短期的・長期的，ミクロ的・マクロ的なさまざまなインパクトをもたらすだろう。AIはデータと資本を豊富にもつ巨大IT企業に莫大な利益をもたらす一方で，データを利用される個人，特に社会に存在する格差や差別的構造によって不利益を被っている人々にさらに害をもたらす可能性がある。プライバシー侵害や差別的な取り扱いといった人権侵害に対しては法的に規制をすることも必要であろう。ビッグデータ，AIの乱用に警鐘を鳴らしている活動家のキャシー・オニール（2018）は現在の状況を，労働者の権利を侵害して大企業が利益を得ていた産業革命直後の社会に例えている。私たちの社会は長い時間をかけて不公正なビジネス慣行を少しずつ改善してきた。犠牲者をできるだけ減らすために，現在，起こりつつある「AI革命」に対して，社会がどう対応していくべきかをしっかり考えていくことが重要である。

参考文献

井上智洋　2016『人工知能と経済の未来──2030年雇用大崩壊』文藝春秋。
ヴェリツ，C　2023『プライバシーこそ力──なぜ，どのように，あなたは自分のデータを巨大企業から取り戻すべきか』平田光・平田完一郎訳，花伝社。

AI原則の実践の在り方に関する検討会　2001「我が国のAIガバナンスの在り方 ver. 1.1」https://www.meti.go.jp/shingikai/mono_info_service/ai_shakai_jisso/pdf/20210709_1.pdf（2024年2月29日閲覧）。

オニール，C　2018『あなたを支配し社会を破壊するAI・ビッグデータの罠』久保尚子訳，インターシフト。

久木田水生　2022a「自律型兵器と戦争の変容」出口康夫・大庭弘継編『軍事研究を哲学する——科学技術とデュアルユース』昭和堂，183-204頁。

—— 2022b「人工知能とリスク分析文化」『Nextcom』50：13-21。

—— 2023「今そこにある倫理的問題——AIをめぐるリスクと規制」『世界』2023年7月号：106-113。

呉羽真・久木田水生　2020「AIと科学研究」稲葉振一郎他編『人工知能と人間・社会』勁草書房，122-169頁。

平和博　2019『悪のAI論——あなたはここまで支配されている』朝日新聞出版，電子版。

山本龍彦　2018『AIと憲法』日本経済新聞出版社。

Dreyfus, H. L. 1965. Alchemy and Artificial Intelligence, RAND Corporation, P-3244, 1965. https://www.rand.org/pubs/papers/P3244.html（2024年2月29日閲覧）

Hill, K. 2012. How Target Figured Out a Teen Girl was Pregnant before Her Father Did. *Forbs*, Feb 16, 2012. https://www.forbes.com/sites/kashmirhill/2012/02/16/how-target-figured-out-a-teen-girl-was-pregnant-before-her-father-did/?sh=72f41b996668（2024年2月29日閲覧）

McCarthy, J. et al. 1955. A Proposal for the Dartmouth Summer Research Project on Artificial Intelligence. August 31, 1955. http://www-formal.stanford.edu/jmc/history/dartmouth/dartmouth.html（2024年2月29日閲覧）

Olson, P. 2023. Don't Go Down that AI Longtermism Rabbit Hole. *Bloomberg*, May 19, 2023. https://www.bloomberg.com/opinion/articles/2023-05-19/ai-longtermism-alarmists-are-dragging-us-all-down-existential-rabbit-hole（2023年5月22日閲覧）

（ウェブサイト）

人工知能学会「人工知能学会倫理委員会『人工知能学会　倫理指針』」について」https://www.ai-gakkai.or.jp/ai-elsi/report/ethical_guidlines（2024年2月29日閲覧）

富士通Japan「デジタル面接プラットフォーム HireVue（ハイアービュー）」https://www.fujitsu.com/jp/group/fjj/solutions/enterprise-solutions/staff/hirevue/（2024年2月29日閲覧）

European Parliament, https://www.europarl.europa.eu/news/en/press-room/20230505IPR84904/ai-act-a-step-closer-to-the-first-rules-on-artificial-intelligence（2024年2月

29日閲覧）

Future of Life Institute, "Asilomar AI Principles". https://futureoflife.org/open-letter/ai-principles/（2024年2月29日閲覧）

―, "Pause Giant AI Experiments: An Open Letter". https://futureoflife.org/open-letter/pause-giant-ai-experiments/（2024年2月29日閲覧）

Case Study | ケーススタディ 5

予測的警察活動
リスクマネージメントの行きつくところ

リスクとしての他者

　本文で述べたようにAIは人間を対象にしたリスク分析において大きな威力を発揮する。ところで，他者が突き付ける最も大きなリスクの一つは犯罪のリスクであろう。

　人間は社会的な生物であり，ほとんどの人間にとって群れを作らずに生きていくことは不可能である。人々は群れのなかで互いに労力や資源を持ち寄り，独力では遂行不可能な課題を協力して解決する。そうして得られた成果を共有して一人で生きるよりも豊かに安全に生活することができるようになる。

　しかしながら，群れのなかには他者に協力せず，それでいて協力の成果だけを掠め取ろうとする者が現れる。そのような行為は社会の安定，秩序を脅かすため，規範や規則によって禁じられているが，それでもその規範・規則を破る者は絶えない。社会において他者は信頼できる協力者である場合もあるが，危険な犯罪者になる場合もある。いかにして協力者とつながり，犯罪者と関わることを避けるか——これは人類が群れを作って生きるようになって以来，つねに直面してきた問題である。

　もし犯罪者になる確率が高い人間を事前に見分ける道具があれば，それは人間社会が絶えず悩まされてきた問題に対する銀の弾丸になるだろう。そして，リスク分析ツールとしてのAIはまさにその銀の弾丸になりうるもののように思われる。

犯罪予測にAIを使う？

　現在，過去の犯罪データに基づいて犯罪が起きる確率が高い場所と日時を予測して，さらにその予測に基づいてパトロールなどの警察活動を行うというシステム，「予測的警察活動」が一部の国や地域ですでに運用されている。日本で

は，たとえば京都府警が2016年にこのようなシステムの運用を開始している。
　これをさらに推し進めて，人々のさまざまなデータを収集し，突き合わせることで，暴力などによって他者に危害を与える可能性が高い個人を特定することができたら，どうだろうか。そのような人間はあらかじめマークして警察の監視下におく，あるいはそのような行動を起こさない訓練を受けさせるなどの介入が社会にとって有益なのではないだろうか。
　だが，このようなAIの運用にはいくつか重大な難点がある。第一にこれは近代的な司法と人権の概念に反する。人はその人が行ったことに関してのみ裁かれるのであって，その人がどのような人間であるかによって裁かれてはならないというのは，近代の民主国家の司法の基本原則の一つである。
　第二に予測的警察活動は社会に存在する差別や偏見を助長する恐れがある。犯罪が発生する確率の高い場所や時間を予測するアルゴリズムは基本的に過去の検挙データに基づいている。しかし，現実の警察の捜査は必ずしも公平ではない。その社会において危険視されているマイノリティに対しては犯罪が厳しく取り締まられる一方，マジョリティの犯罪は見逃される傾向がある。過去の犯罪データを学習した犯罪予測はこのような不公平な慣行を踏襲し，マイノリティに対する差別や偏見をさらに助長する可能性が高い。このような理由で，アメリカでは一度採用された（あるいは採用を検討された）犯罪発生の場所と日時を予測するシステムが中止になっている地域もある。
　個人を対象とする犯罪予測システムは，なおさら慎重さを要する。それゆえにEUのAI法では犯罪歴や位置情報に基づく犯罪予測は「許容できないリスク」として禁止されている。

Active Learning | アクティブラーニング 5

Q.1

「知能」「知的な振る舞い」とはどのようなものだろうか

人工知能は人間や生物の「知能」を機械でシミュレートすることを目指す分野として開始された。しかし「知能」とは何かということは必ずしも明確ではない。どのような振る舞いが知的であり，どのような振る舞いが知的ではないのか議論してみよう。

Q.2

データ経済においてユーザーのデータを保護することの重要性は何か

現在，企業によるユーザーデータの過剰な収集や濫用に対して，データ保護の重要性が叫ばれている。しかし，そもそもなぜユーザーのデータを保護しなければいけないのだろうか。データ保護の必要性について調べ，議論してみよう。

Q.3

AIによるプロファイリングは人間より問題があるか

AIによるプロファイリングはバイアスをもつと批判されるが，そもそも人間によるプロファイリングもバイアスを免れない。AIを使うことには特有の問題がある，あるいは人間よりも問題が大きいといえるのか。議論してみよう。

Q.4

画像生成AIが人間の創作者の画風を模倣することは制限されるべきか

現状では，画風は著作権保護の対象とされてないが，生成AIによって特定の創作者の画風を模倣した作品が作られることは創作者にとって大きな不利益になりうる。生成AIによる画風の模倣は制限されるべきか，議論してみよう。

第6章

ロボット
責任ある仕事をどこまで機械に任せるべきか

岡本慎平

人工知能技術の発展と相まって，ロボットは従来の工場で働く産業用ロボットだけでなく，インフラ・防災，医療・介護，さらには飲食店の給仕などにまで広まった。本章では人工知能技術そのものではなく，現実世界で動作する「身体」をもったロボットに限定して議論を進める。これらのロボット機器は非常に有益である一方で，その活用には古くからさまざまな倫理的懸念が寄せられてきた。特にロボットの挙動が直接的に人間の福利に影響を与える可能性のある分野では，大きく反対の声が寄せられている。本章ではそのなかでも介護，交通，軍事の三つの分野に限定してその倫理問題を考察する。いずれの分野も一歩間違えれば人命を奪いかねない仕事であり，だからこそ，それらに従事する人間には強い責任が求められる。だが，それがロボットに代わった際，どのような問題が予想されるだろうか。分野によって懸念される事柄は異なるが，共通するのは「責任ある仕事」を機械に任せることの是非である。これらはすでにSF物語の話ではなく，ごく近い未来の問題である。

KEYWORDS　#ロボット　#介護　#医療倫理　#自動運転　#自律兵器

1 | 医療・介護ロボット

ロボット機器への期待と懸念

　生産年齢人口の不足が近い将来確実に訪れるという予測に基づき，医療・介護分野では特にロボット機器への期待が高まっている。国立社会保障・人口問題研究所の令和5（2023）年度の報告によると，2050年には65歳以上の人口が全体の約40%に達すると予測されているが，それに対応するべき医療従事者や介護者の数は現時点ですでに不足している。この問題を解決するための手段の一つとして期待されているのがロボット機器である。

　経済産業省は，平成24（2012）年度の「ロボット技術の介護利用における重点分野」に始まり現在に至るまで，介護支援ロボットの開発と普及，ガイドライン策定などを推進してきた。たとえば介護施設の入居者の見守りロボット，看護師や介護士の身体的負担を軽減するロボットスーツは，この分野の成果である。見守りロボットは介護者の夜間の見回りの負担を軽減すると同時に，転倒などによる高齢者の怪我の予防になり，ロボットスーツは装着した介護者の作業を支援し，身体的負担を軽減する。また，単純作業や定型的なタスクを自動で行う完全自律型のロボットも，介護者を補完する役割が期待されている。

　このような動向に対して，介護士をロボットに「置き換える」ことへの懸念や，介護は人間が行うべき仕事であり機械任せにするべきではないという批判的意見もある。しかしながら，たとえ介護のすべてをロボットに置き換えることが不適切だとしても，その業務のすべてが手作業でなければならないということにはならないし，業務によってはロボットを活用した方が介護者にも被介護者にも有益なものもある。さらに，今後の技術革新により，現在ロボットが不得手とする分野でも改善が見込まれるかもしれない。たとえば，対話AIの進歩により，ロボットとの会話でもより人間に近い感情的な反応や対応が可能となるのであれば，現在人間にしかできないといわれがちな「感情的ケア」や「コミュニケーション」も，ロボットによって実行できる日が来るかもしれない。

プライバシーと危害の回避

　そのように考えた際，ロボット機器の導入や活用における一般的問題としてはどのような事柄があるだろうか。

　第一の懸念点は，プライバシーの問題である。見守りロボットであっても，移動・移乗支援ロボットであっても，センサーによって獲得された情報は解析され，サービス改善のために用いられることになるだろう。たとえば患者の日常的な細かい言動はログとして残され，個々のユーザーに対する細かな対応をするために活用されるかもしれない。さまざまなバイタル情報は，介護施設や医療機関でのサービス向上に用いられるだけでなく，ロボットの性能を向上させるためにも活用されるだろう。もちろん，日本では個人情報保護法や関連ガイドラインが，EUでは一般データ保護規則（GDPR）が設定されており，データの暗号化やアクセス制御の強化などのセキュリティ対策が求められる。ロボット機器も他の情報通信技術の場合と同様に，これらの原則の下で活用と規制のあり方を決めていかなければならない。

　プライバシーが重要だという点に異論の余地はないとしても，注意すべきことが二つある。第一に，プライバシーの問題はロボット機器に特有の問題ではなく，先端技術ではつねに懸念すべき問題である。たとえば，ゲノム解析や脳神経科学においてもプライバシーの重要性が指摘され，ゲノム情報も脳神経情報も，個人にとっての「究極のプライバシー」だといわれてきたことを忘れてはならない。第二に，プライバシーはつねに絶対的に優先されるべき価値であるとは限らない。たとえば利便性のために，同意に基づいて自分の個人情報の一部を個人や企業などに委ねることは，ある程度われわれの自由に委ねられている。

医療機器のインフォームドコンセント

　だが，その「同意」が曲者である。患者に対する説明とそれに基づく患者の同意は「インフォームドコンセント」と呼ばれ，現代の医療倫理における基本原則の一つとなっている。家庭内での使用であれ，病院や施設での使用であれ，当事者にはロボット機器によって収集される情報について十分な説明がなされ

なければならないという主張は，たしかにもっともらしく聞こえるだろう。しかし，これに対して次のような意見もある。

> 開示されるべき情報の複雑さ，介護負担を軽減するためにロボット介護を勧める家族による強制の可能性，高齢者がロボット介護を受けるという選択肢を行使し続ける認知能力に関する懸念などを考慮すると，インフォームドコンセントは幻想に見える。
> (Johnston 2022: 13)

　この懸念はもっともである。そして高齢者やロボット，さらには医療や先端技術だけの問題でもない。たとえば，スマートフォンに新しいアプリをインストールした際に，その規約を隅々まで読んで同意ボタンを押している人がどれだけいるだろうか。さまざまな事例において，インフォームドコンセントが形骸化してしまっている。もちろん，だからといって説明や同意が不要だというわけではない。「同意さえあればそれでよい」のではなく，どのような説明が必要であり，どのような形で誰から同意を得ればよいのかは，個別の事例ごとに改めて考え直さなければならない重要な問題だということである。

2 | 自動運転車

　次に，自動車の自動運転について取り上げよう。自動車は多くの人々にとって必要不可欠な交通手段である一方で，一歩間違えれば人間の生死を左右する危険性も孕んでいる。そのため自動車を運転するには一定の能力が求められ，その能力を保証する運転免許を取得しなければ運転してはならない。しかし，人間の操作がない状態でも障害物を避け，適切な走行を行うためのシステムが開発され，すでに一定程度のものは公道を走るようになっている。

　この自動車の自動運転についても，以前より倫理的観点からの懸念が指摘されていた。たとえば多くの哲学者たちが自動運転車に見いだしたのは，「トロリー問題」の現実化だった。トロリー問題とは，回避不可能な倫理的ジレンマが生じた際にどのような選択を行うことが適切なのかを考えさせる思考実験の総称である。最も典型的にはこうである。「暴走したトロリーが線路の分岐点に

近づいている。もしその線路のままトロリーを走らせておくと、5人の作業員が命を落とす。もし運転手が車両の進路をもう一つの支線に変えると、命を落とす作業員は1人で済む」（ウォラック＆アレン 2019: 15）。ここで暴走するトロリーを自動運転車に、運転手を自動運転車のAIに置き換えると、自動運転車は同様の危機においてどのような決定を下すべきかという倫理的ジレンマとなる。だが、自動運転車のアルゴリズムとトロリー問題にはさまざまな相違点があり、自動運転車の倫理問題は自動運転車だけの問題でもない。

自動運転のアルゴリズムと倫理

　一言で自動運転車といっても、用いられる技術によってその能力には大きな相違がある。アメリカの自動車技術者協会（SAE）による5段階の自動運転のレベル分けに基づいて考えよう。まずレベル1の自動運転では、自動ブレーキ、クルーズコントロール、車線維持などの運転支援システムが挙げられる。レベル2では、これらに加えて高速道路など特定状況下における自動運転モードがある。このレベル1とレベル2は、たしかに人間の介入がなくても自動的に車の挙動が制御されるという点では自律的だが、基本的に運転手による監視が必要である。

　現在、一般的に「自動運転」として市販されているシステムの大半は、基本的にレベル1とレベル2に相当する。これに対してレベル3以降は、たとえ運転席に座っていても、走行中に運転手が操作をする必要がない段階となる。レベル3では、特定の条件下で運転者がシステムの監視から解放されるが、システムからの要求があれば運転を引き継ぐ必要がある段階である。レベル4では、特定の条件下で完全自動運転が可能となり、運転者の介入は原則として不要になる。最後に、レベル5はどんな道路状況でもドライバーの介入なしで運転できる完全自動運転の段階である。

　多くの哲学者が気にしていたのは、レベル3以上の自動運転において、どのようなアルゴリズムを倫理的に望ましいものとするのか、ということにあった。いいかえれば、トロリー問題の現実版である。だが、思考実験としてのトロリー問題がAIによる車の操作と、ある程度の状況が類似することがありえると認めても、被害や回避の確実性など両者の間には看過できない大きな差異がある（笠木 2021）。特に、倫理的に望ましい運転アルゴリズムの特定という目的にとって

は，トロリー問題はかえって問題を複雑化させ，きわめて稀な状況を過剰に重要視することになりかねない。

混在交通の倫理

　自動運転車にとって重要な倫理問題は，自動車にどのようなアルゴリズムを実装するべきかだけではなく，自動運転による車が公道を走るようになった際に人間のドライバーの運転慣行がどのように変化するのかという点にある。たとえばスヴェン・ナイホルムらは，重要なのは自動運転車そのものではなく，自動運転車と人間が混在する状況だと主張する（Nyholm & Smid 2020）。なぜなら，自動運転車のアルゴリズムと人間のドライバーの慣行には，さまざまな点で相違があるにもかかわらず，両者が同じ「安全な交通」という目的のために協力しなければならないという複雑な状況が訪れるからである。

　それでは，ナイホルムらの分析に沿って自動運転と人間の運転の違いを確認したい。彼らによると，まず，自動運転車は，基本的に「最適化（optimize）」を目的にした挙動を行う。つまり目的地や現在の道路状況などをふまえた上で，最適な行動を選ぶということである。加えて，交通法規にも厳密に従うことが目指される。これはある意味当然であり，「場合によっては交通規則を無視してもかまわない」という挙動をメーカーが（そしてもちろん行政が）許容するはずはないからだ。

　それに対して人間のドライバーは，「満足（satisfy）」を目的として行動する。つまり交通法規なども基本的には遵守するものの，その遵守の仕方や程度にはある程度の裁量が認められている。状況によっては，法定速度をオーバーしたり，駐停車を禁じる場所に車を停めたりすることも黙認されているのが実情である。いいかえれば，良くも悪くも，自動運転のアルゴリズムが厳格であることを求められるのに対して，人間のドライバーはいいかげんでも許容される傾向にある。

　規則に厳格に従う車だけ，あるいは周囲に合わせて柔軟にふるまう車だけが走行しているなら，円滑な交通が期待できるかもしれない。だが，その両者が混在すると非常に危険な状況となる。ナイホルムらはこれを次のような式で表現する。

運転スタイルの衝突＋信頼できる期待を形成する際の相互の困難
＝車が衝突する可能性の増加　　　　　　　（Nyholm & Smit 2020: 337）

　三重県亀山市から奈良県天理市を結ぶ国道25号線バイパス，通称名阪国道を例に挙げよう。名阪国道は近畿地方と東海地方を最短距離で結ぶ自動車専用道路であり，非常に交通量が多い一方で，この道路は高速道路ではなく，制限速度は時速60kmから70kmに設定されている。しかしながら，実際にこの速度を遵守して走行する車はほとんどいない。そのなかで，厳格に交通法規を遵守する自動運転車が多数走行するようになると，渋滞は今以上に頻発し，ただでさえ日本一多い交通事故もいっそう増えるだろう。

事故と保険と道徳的責任

　自動運転車が公道を走るということは，このような「混在交通 (mixed traffic)」が出現するということを意味する。では，問題を解決するにはどうすればよいのか。ナイホルムらは三つの選択肢を提示するが，どの選択肢も問題を抱えている。
　第一の選択肢は，自動運転車の走行を人間の運転に近づけようとすることである。要するに，人間のドライバーが交通法規を絶対視しない以上，自動運転車もまた交通法規の遵守を絶対視しないようにプログラムするべきだという方針である。だが，この方針が問題含みであることはいうまでもない。交通法規を守らないということは，衝突のリスクを容認するということでもある。実際，例として挙げた名阪国道は死亡事故が非常に多いことでも悪名高い。そもそもの人間の行動が道徳的に不適切なものである際に，AIもそのような不道徳を真似するべきだと提案するわけにはいかないだろう。
　第二の選択肢は，人間の運転を自動運転車の挙動に近づけることである。たとえば，法定速度違反などを厳罰化して人間にとっての法的リスクを上昇させれば，人間の運転も自動運転車とよりよく協調できるようになるかもしれない。交通法規を厳罰化すれば，たしかに違反は減るだろう。飲酒運転の減少などはその最たる実例である。しかし，規則の厳格化は人間の自由を奪うことを意味する。罰を重くすればするほど自動運転車は走行しやすくなるかもしれないが，

多くの人々がそれをどこまでも歓迎するとは思い難い。

　最後の選択肢は，人間の現状の走行も自動運転車の走行も，どちらも問題があるとして，一方を他方に近づけるのではなく，双方が安全に走れる新たな交通慣行を作り出すことである。ただし，これは最も適切な方針であるように思われるかもしれないが，どのような交通慣行が適切なのかについての基準が存在しないため，最も困難な道でもある。

　また，どの選択肢が採用されたとしても，必ず事故は起こるものである。レベル3以降の完全自動運転では，もはや人間のドライバーは役割をもたなくなる。自家用車であるとしても，タクシーやバスのような公共交通機関として用いられるとしても，少なくとも搭乗者が賠償責任を負うことはないだろう。このような状況における自動運転車の搭乗者は，トマス・ネーゲルが道徳的運について論じた際に考察した，不運にも子供をひいてしまったトラック運転手に近い。

> 子供をひいたその運転手は，もし彼に少しの落ち度もないのであれば，その事件における自分の役割に関してひどくいやな感情を抱くではあろうが，自分を責めるに及ばないだろう。　　　　　　　　　　　　　　　　（ネーゲル 1989：48）

　彼の考えでは，もしこの運転手にまったく何の過失もないのであれば，彼は自身の運転を責めたりしないし，他者もそれを責めるべきではない。だがその場合でも，被害者やその家族に対しては一定の態度を示す必要があるかもしれない。自動運転車の搭乗者をこのような運転手として見るのか，それとも事故を起こしてしまったバスやタクシーに不運にも乗り合わせた乗客として見るのかで，その道徳的責任は大きく変わる。

　そして最後に，自動運転という選択肢が現実のものとなったとき人間のドライバーの行動の意味も変わってくる。仮に自動運転の方が安全であるとすれば，その選択肢があるにもかかわらず自分で自動車を運転する者は，他の人々を傷つけるリスクが高い行動をあえて行っているということになる。その状態で事故が起これば，それに対する道徳的非難は非常に強くなるはずだ。

3 | 自律兵器

　最後の事例は自律兵器，特に致死的な能力をもった兵器に関する議論である。致死的な自律兵器システム（Lethal Autonomous Weapon System: LAWS）とは，人間の介入なしに目標を攻撃し，死傷させる能力をもつ兵器である。航空機であれ車両であれ，自律兵器は戦争のあり方を根本から変えてしまう重大な問題だという批判がある一方で，これらは結局のところ既存の兵器の延長線上に過ぎず，場合によっては倫理的に望ましいものだとする考え方もある。

反キラーロボット・キャンペーン

　LAWSの開発背景には，自国の兵士を戦闘での損害から守るという目的がある。たとえば，アメリカ軍は2000年代に，致死的能力をもつ無人ドローンの運用を本格化し，中東やアフリカの戦場で多くの戦果を上げてきた。ただし，無人ドローンは致死的な兵器であるものの，自律兵器ではない。なぜなら，ドローンの攻撃には人間のオペレーターによる遠隔操作が必要だからである。

　また無人ドローン戦略にはいくつかの欠点が指摘されてきた。第一に，人間のオペレーターは誤認し，間違った対象を攻撃する可能性が高く，実際に多くの副次的被害が報告されている。第二に，通信妨害による遠隔操作の失敗がありえる。実際，ドローン攻撃を阻止するためのジャマー（通信妨害装置）の開発や運用も同時に進んでいる。第三に，人間のオペレーターは，たとえ遠隔による攻撃だとしても人の命をうばうため，重い精神的負担を抱えることになる。これらの問題に対処するため，2000年代から兵器の自律化の研究が進んでいった。LAWSは，これらの欠点を克服するための方策の一つである。たとえば洗練されたAIは，人間よりも正確にターゲットを選定する可能性があり，人間のような精神的負担も負わない。こうして，LAWSは自国の兵士の消耗を減らす点では倫理的に望ましい兵器ですらあるという意見もある。

　　LAWSの使用によって任務が達成でき，また自陣営の兵士の生命を危険に晒す必要がないにもかかわらず，あえてLAWSを使用せず自陣営の兵士の生命を危険に

晒すような国家や軍隊や軍事組織があるだろうか。　　　　　　（眞嶋 2019：118）

　しかし，2010年代に入ると，自律兵器の開発に関する懸念が高まっていった。2013年には，NGOのヒューマン・ライツ・ウォッチが「ストップ・キラーロボット・キャンペーン」を開始し，これをきっかけとして国際的に自律兵器の運用や，法的・倫理的な課題が議論されていった（Human Rights Watch 2020）。

･･･
LAWSに反対する理由

　それでは，LAWSに反対する根拠にはどのようなものがあるだろうか。いくつか代表的な倫理的懸念を挙げてみよう（久木田他 2017）。

　第一に，LAWSは人権や国際人道法を守ることが難しいという問題がある。人間が理解できる細かな区別が，AIには理解できない可能性は，LAWSの開発の初期からの問題だった。もちろん，工学者たちはAIの識別能力向上のために努力を重ね，その結果，AIはかつて人間よりも劣っていた識別能力を改善し，現在では部分的には人間を超える能力を発揮している。しかし，これは絶対的な誤りのない判断を意味するわけではなく，完璧な判断を期待すること自体が非現実的である。

　これが第二の問題となる。LAWSが誤った標的を攻撃した場合，その責任を誰に帰属させるかが問題となる。LAWSは人間の直接的な意思決定を経由せずに攻撃を行うため，誤った攻撃や民間人への被害が発生した際，誰が責任を負うのかが不明確である。AIが間違った判断をした場合，その責任は開発者，オペレーター，あるいは使用を決定した政治的な指導者のどこにあるのか，明確な線引きは難しい。

　そして第三に，LAWSの存在は軍事介入のハードルを下げる可能性がある。自国の兵士が直接危険に晒されない場合，政治的なコストが低下し，より容易に軍事行動が取られるようになるかもしれない。実際，2000年代以降，アメリカは中東やアフリカでドローンを使用して多くの攻撃を行っており，これらは従来の戦争とは異なる形での軍事介入となっている。LAWSのさらなる開発は，このような状況を加速させ，LAWSをもつ先進国と，一方的に攻撃を受ける国との間で力の格差は拡大することになる。

ロボットの行為と人間の責任

以上すべての事例についていえるのは，重大な責任を伴う仕事を，一部であれロボットに委ねても，人間をその重責から開放するものにはならないということだ。どの分野でロボットの導入が進んでも，当分の間は人間とロボットが協同して仕事をすることになる。完全に置き換わっても，ロボットを用いることによって人間に新たな仕事が発生し，その分だけ新たな問題が発生することになる。その責任や義務がどのようなものであるべきなのかは，導入される技術ごとに考え続けなければならないだろう。

参考文献

ウォラック，W／C・アレン　2018『ロボットに倫理を教える——モラル・マシーン』岡本慎平・久木田水生訳，名古屋大学出版会。

笠木雅史　2021「自動運転の応用倫理学の現状と課題——自動運転車とトロリー問題」『日本ロボット学会誌』39 (1)：22-27。

久木田水生・神崎宣次・佐々木拓　2017『ロボットからの倫理学入門』名古屋大学出版会。

ネーゲル，T　1989「道徳における運の問題」『コウモリであるとはどのようなことか』永井均訳，勁草書房，40-63頁。

眞島俊造　2019「人工物が人間を殺傷することを決定し実行することは，道徳的に許容されるのか」『現代思想』47 (12)：64-71。

Human Rights Watch 2020. Stopping Killer Robots: Country Positions on Banning Fully Autonomous Weapons and Retaining Human Control. https://www.hrw.org/sites/default/files/media_2021/04/arms0820_web_1.pdf（2024年3月25日閲覧）

Johnston, C. 2022. Ethical Design and Use of Robotic Care of the Elderly. *Journal of Bioethical Inquiry* 19: 11-14.

Nyholm, S. & J. Smid 2020. Automated Cars Meet Human Drivers: Responsible Human-robot Cooriditnation and the Ethics of Mixed Traffic. *Ethics and Information Technology* 22: 335-344.

Case Study | ケーススタディ 6

ソーシャルロボットは人間関係をどう変えるか

　1999年に発売されたソニーの犬型ロボット「AIBO」に代表されるソーシャルロボットは主に娯楽を目的としているが，娯楽以外の分野での活用も進んでいる。特に注目すべき先駆的な例としては，AIBOに先立って開発が進んでいた「パロ」というアザラシ型ロボットが挙げられる。パロは高齢者介護において感情的なサポートを提供する目的で開発され，実際に介護施設などで活用され，すでに世界各地で高い評価を受けている。

　しかし，このようなソーシャルロボットの使用に批判的な立場を取る人々もいる。心理学者のシェリー・タークルは，特に高齢者介護におけるソーシャルロボットの使用に否定的であり，ロボットは行動のレベルでわれわれを「世話する」ことはできても，感情のレベルでわれわれを「気に掛ける」ことはできない，と論じる。「しかし，人間には共感を伴う高いレベルのケアができる。ロボットにはそのような能力はない」（タークル 2018：227-228）。こうして彼女は，ロボットの限界と，われわれが介護に期待するものの違いを強調して，「本当は一人ぼっちなのに繋がっていると感じさせるロボット」を批判する。

　このようなタークルの主張には注意すべき論点が二つある。第一に，ソーシャルロボットがケアの能力を有するかどうかは経験的問題だということである。たしかに，現在のソーシャルロボットのさまざまな反応は，表層的でまやかしのようなものかもしれない。だが一方で，技術の限界は時間とともに変化することを考慮すべきである。現在のロボットに限界があるとしても，技術の観点から見れば，その限界は絶対に破られることのない壁ではなく，どのように乗り越えるべきかを考える課題となる。たとえば，ヒューバート・L・ドレイファス（1992）は，1970年代に『コンピュータに何ができないか』でコンピュータの能力の限界を指摘して人工知能の不可能性を主張したが，2020年代の現在から見れば，ドレイファスの予測の多くは技術の進歩や別のアプローチの採用に

よって覆されたり回避されたりすることになった。実際，非常に自然な言葉のやり取りを行う対話 AI はすでに身近な存在になりつつあり，ケアについてもロボットが人間と同等のものを提供できる日は遠くないかもしれない。

　タークルの指摘するもう一つの重要な点は，技術が人々の関係や経験の質に影響を与えるという指摘である。彼女は，ロボットだけではなく，E メールや掲示板，そして SNS などのオンライン環境が，人々の自己理解をどのように変容させてきたのかを長年研究してきた。そして実際これらのオンライン環境は，人々がコミュニケーションに期待するものを変えて，そのあり方を大きく変えてきた。しかし，今後いっそうソーシャルロボットが普及することで，人々のコミュニケーションのあり方が変わるかどうかは不透明である。たとえ変わったとしても，それは悪しきものではなく，何十年もかけて社会のあらゆる側面を媒介するようになった「コンピュータ文化」とでも呼ぶべきものの一部と見なすべきかもしれない。

　問題は，ロボットが人間関係をどのように変えようとも，人々がその変化を歓迎しているのであれば，変化を阻止しようとするのは困難だし，そもそも阻止すべきかどうかも疑わしくなる点にある。社会や人間関係の変容は，その渦中にいる際には長所にも欠点にも気づきにくいものである。ソーシャルロボットも，その功罪がはっきりと現れるまでは時間がかかるだろう。

参考文献

タークル，S　2018『つながっているのに孤独――人生を豊かにするはずのインターネットの正体』渡会圭子訳，ダイヤモンド社。
ドレイファス，H・L　1992『コンピュータには何ができないか――哲学的人工知能批判』黒崎政男・村若修訳，産業図書。

Active Learning | アクティブラーニング 6

Q.1

どのような場所で，どのようなロボットが働いているのか調べよう

社会におけるロボットの活躍の場は年々拡大している。一部の工場や鉄道運行など，ロボットが普及して何十年も経過したものもある。たとえば，実際に普及しているロボットと，批判されがちな今後のロボットを比較してみよう。

Q.2

ロボットがテーマのフィクション作品を鑑賞して検討しよう

映画，テレビアニメ，マンガや小説など，ロボットが普及した社会において生じる倫理問題を描いたフィクション作品はたくさんある。どのような作品でどのような問題が描かれているのかを話し合おう。

Q.3

ロボットには任せるべきではない仕事はあるだろうか

「べきではない」は「できない」を含意しない。将来ロボットがどれだけ進歩して，ロボットにも実行可能になったとしても，それでもロボットには任せることのできない，人間だけが行うべき仕事はあるだろうか。

Q.4

本物の人間との違いがわからないロボットをどう扱うべきか

見た目や応答の点で人間と区別ができないロボットが誕生したとき，そうしたロボットに対して私たちはどのように接していくべきだろうか。たとえば，法的にも人間と同じような権利を認めるべきだろうか。

第 7 章

テレプレゼンス
コミュニケーションメディアは人間関係をどう変えるか

呉羽　真

　コミュニケーションメディアは私たちの人間関係の構築・維持の仕方に甚大な影響を及ぼす。このことは，2019年末に始まった新型コロナウイルス感染症（COVID-19）の流行による災禍，いわゆる「コロナ禍」で，多くの人が実感しただろう。本章では，距離を越えた体験やコミュニケーションを可能にする「テレプレゼンス技術」を取り上げて，それが人間関係にどのような変化をもたらすかを考察する。コロナ禍では，テレプレゼンス技術を介したオンラインコミュニケーションは対面コミュニケーションに劣る，という言説が流布した。また，テレプレゼンス技術が「デジタルディバイド」を拡大させることへの懸念や，その不適切な使用が倫理的問題を引き起こしたケースも生じている。とはいえ，コミュニケーションとは，技術的要因（メディア）と社会的要因（メディアの利用法をめぐる慣習や制度）によって形作られた複雑な活動である。これらの要因についての哲学的反省を通して，コロナ後の社会に向けたテレプレゼンス技術のよりよい導入の仕方が見えてくる可能性がある。

KEYWORDS　#テレプレゼンス　#技術決定論　#身体性　#メタバース　#ジェンダー

1 | 「テレプレゼンス」とは何か

距離を越えた体験を可能にする「テレプレゼンス技術」

「テレプレゼンス技術」とは，AI研究者のミンスキー（Minsky 1980）が考案した用語で，離れた場所にいる，あるいは，離れた相手と一緒にいる，と感じさせる技術のことを指す。狭義のテレプレゼンス技術は，遠隔操作型ロボットのような可動式のデバイスを操作して，複数のモダリティ（情報の様相/種類）の情報フィードバックを受け取るものである。だが，メール（テキストという単一モダリティの情報しかやり取りできない）や，テレビ会議システム（視覚・聴覚という複数モダリティの情報をやり取りできるが，デバイス自体を動かすことはできない）などでも，離れた相手と一緒にいると感じる人もいるだろう（e.g. クラーク 2015）。そこで，これらの技術も広義のテレプレゼンス技術と呼びうる（呉羽 2020）。

テレプレゼンス技術は，近年注目を集めたメタバースとも深く関連する。「メタバース」とは，自身のアバターを操り，他者とコミュニケーションできるヴァーチャル空間を指す。その一つの特徴は，VR技術やトラッキング技術，レンダリング技術を用いて，自分がそこにいるかのような感覚をもちながら活動できる，という点にある（cf. 呉羽・久木田・藤川 投稿中）。このようにヴァーチャル空間にいると感じさせるVR技術は，この世界の離れた場所にいると感じさせるテレプレゼンス技術と，その共通性ゆえにセットで論じられることがある（e.g. Maslen & Savulescu 2018）。

テレプレゼンス技術の利点

テレプレゼンス技術はコミュニケーションの可能性を広げるものと捉えられる。その利点としては，安全性，効率性，インクルージョンの三つが挙げられる（呉羽 2020）。

① 安全性：生身の身体での活動に伴う危険を回避する。ミンスキーがテレプレゼンス技術を考案した目的は，原子力発電所や宇宙ステーションのような危険な環境で安全に活動できるようにすることだった。またコロナ禍

では，他人と対面で会うこと自体がウイルス感染の危険を冒す事態になったため，その代替手段として広義のテレプレゼンス技術であるテレビ会議システムが広く利用された。

② 効率性：生身での活動に要求される移動の時間と労力を省く。テレビ会議システムは，コロナ禍で普及する以前から，場所や時間にとらわれない柔軟な働き方を実現するテレワークの重要な手段と見なされてきた。(狭義の) テレプレゼンス技術は，対面に近い臨場感を伴った仕方で遠隔地間のコミュニケーションを可能にする点で，従来のICT以上に有効なテレワークの手段になりうると期待されている。

③ インクルージョン（社会的包摂）：生身での活動が困難な人に活動の手段を提供する。たとえば，日本のオリイ研究所は，遠隔操作型ロボット「Orihime」を用いて，筋萎縮性側索硬化症（ALS）などで歩行困難な人が自宅にいながらロボットを介して接客を行うカフェを営業している。同社所長の吉藤（2017）は，ロボットを用いて人々の孤独を解消することを目標に掲げる。

テレプレゼンス技術の展望

　テレプレゼンス技術は現在も開発の途上にある。日本政府のムーンショット型研究開発事業の目標1「2050年までに，人が身体，脳，空間，時間の制約から解放された社会を実現」では，遠隔操作型ロボットを含めて，人間の能力を拡張する「サイバネティック・アバター」技術の研究開発を推進している。同プログラムでプロジェクトマネージャーを務めるロボット工学者の石黒（2021）は，コロナ禍で普及したテレビ会議システムの問題点（視線や表情の読み取りにくさ，存在感の希薄さなど）を克服する新たなコミュニケーションメディアとして，遠隔操作型ロボットの必要性を強調する。たとえば，現在のテレプレゼンス技術に用いられるロボットは最低限のカメラやマイク，ディスプレイやスピーカーを備えた簡素なものが多いが，ユーザーの表情まで再現するアンドロイドを用いれば，より鮮烈に存在感を伝えることができる。人間拡張工学の研究を推進する稲見は，テレプレゼンス技術やVR技術を，「〔遠隔会議システムのような〕脱身体化したシステムに身体性を取り戻す試み，つまりポスト身体社会

のための技術」(稲見 2020：105) と位置づけている。

　ただし，コミュニケーションをめぐる問題を解決する上で，より高性能のメディアを開発することが唯一の道であるわけではない (キム＆キム 2022)。むしろ，コミュニケーションを形作っている社会的要因を見つめ直し，より多くの人に適したメディアの利用法を考案することも，問題解決にとって不可欠な作業である。以下の各節で，この点を詳しく論じる。

2｜テレプレゼンス技術と社会──コロナ禍を経て

コロナ禍と対面神話

　テレプレゼンス技術をめぐっては，それがコミュニケーションメディアとして用いられるとき，人々に悪影響をもたらすのではないか，という懸念が寄せられてきた。たとえば，哲学者のドレイファスは，テレプレゼンス技術は身体性を欠いており，その普及は私たちが他者や事物に抱く現実感を喪失させ，人々の間の信頼を蝕む，と論じた (ドレイファス 2002)。フィクションを見ても，E・M・フォースターの小説「機械は止まる」(フォースター 2022) や映画『サロゲート』(J・モストウ監督，米国，2009) など，いくつもの作品で，テレプレゼンス技術に依存した社会が人々の紐帯を失い，崩壊していく有様が描かれてきた。メタバースに関しても，映画『レディ・プレーヤー1』(S・スピルバーグ監督，米国，2018) のように，人々がそれに没頭する姿が現実逃避として描かれることがある。

　こうした懸念は，コロナ禍において著しく高まった。コロナ禍では，COVID-19の蔓延防止対策として，外出の自粛要請，テレワークの奨励，学校授業のオンライン化，オンライン診療の規制緩和などの施策を含む「ソーシャルディスタンシング戦略」がとられた。その結果，対面コミュニケーションの機会が減少し，それに代えてテレビ会議などによるオンラインコミュニケーションがかつてない規模で行われた。それに伴って，「オンラインコミュニケーションは対面コミュニケーションに劣る」といった言説が世間に流布し，またコミュニケーション形態の変化が人間関係の貧困化や社会的能力の低下を招くという不安を煽り立てる論者も現れた (e.g. 川島 2022)。特に，オンラインコミュニケーショ

ンの難点としては，身体性の欠如が頻繁に挙げられる。対面コミュニケーションでは表情，身振り，視線，声音などの豊かな身体的・非言語的情報が伝達されるが，オンラインではこうした情報を伝えられないというのだ。

　だが，この言説はどれほど的を射ているだろうか。新しいメディアが登場したときに批判の声が上がるのは，歴史上たびたび繰り返されてきたことである（ボイド 2014）。筆者（呉羽 2021; 2024）は上記のような言説を，確固たる根拠なしに人口に膾炙した神話（「対面神話」）と呼び，以下二つの問題点を指摘している。

　第一に，対面神話が技術決定論的であるという問題がある。「技術決定論」とは，技術は社会のあり方を決定する，という見解であり，「オンラインコミュニケーションの普及が人間関係を貧困化させる」といった言説はその典型といえる。だが，技術決定論は，技術哲学（e.g. フィーンバーグ 2004）で批判をこうむってきた。なぜなら，技術の歴史が示すところでは，技術はたしかに社会に大きな影響を及ぼすものの，その影響がどのようなものになるかは，社会的・文化的要因に応じて異なりうるからだ。テレプレゼンス技術も，その導入に関する社会的制度や文化的慣習次第で，人間関係を貧困化させず，むしろ豊かにするものともなりうる。実際に，インターネットやソーシャルメディアのような従来のメディアに関しても，人間関係の貧困化を懸念する言説（e.g. タークル 2017）が流布したが，メディアの心理学や社会学の知見では，そうした悪影響は確認されていない（e.g. ボイド 2014; cf. 呉羽 2020, 2024）。

　第二に，対面神話は，人々の身体性が多様であるという事実（呉羽〔2022〕はこれを「ソマトダイバーシティ」と命名している）を無視している，という問題がある。実際には，誰もが対面コミュニケーションに適した身体をもつわけではないのだ。たとえば，テレビ会議の問題として視線が合わないことがしばしば指摘されるが，他者と視線を合わせることに困難を感じる人にとってこれはむしろ好都合である（呉羽 2021）。このようにマイナーな身体性をもつ人も，独自の身体的相互作用の仕方でコミュニケーションを行っているのであり，彼らの存在を無視してコミュニケーション形態の善し悪しを判断することは不当である。対面コミュニケーションで豊かな非言語的情報が伝達されることは事実だろうが，哲学や社会学の知見では，コミュニケーションとは単なる情報伝達で

はなく，より多くの情報がやり取りされる形態が必ずしもよいコミュニケーションであるわけではない（呉羽 2022）。

以上の点を考えれば，対面コミュニケーションとオンラインコミュニケーションの質を比較することは意味を成さないといえる。たしかにコロナ禍で多くの人がテレビ会議に対して不満を抱いたことは事実である。だが，人々の抱く不満が何に由来するのかを正確に特定する必要がある。それは，①オンラインコミュニケーションそのものの限界だろうか，②現状のテレビ会議システムの技術的限界だろうか，それとも③単なるその使い方の問題だろうか。②ならば，現状のテレビ会議よりも高度なテレプレゼンス技術が開発され普及することで，問題は解決できる。また③ならば，テレビ会議に習熟したり，あるいはその創造的な利用法を考案したりすることで問題は解決される（呉羽 2024）。人は技術を用いた活動がうまくいかないときに，利用法や習熟度といったユーザー側の要因を無視して，技術それ自体を問題視する傾向があるが，これは一種の「認知バイアス」と捉えられる（ibid.; cf. Moon 2003）。このような傾向を自覚し，安易に問題を技術に起因すると見なすことには慎重であるべきだろう。

コミュニケーションの再設計 —— コロナ後の社会へ向けて

コロナ禍の終息とともに，対面に回帰する動きが社会に広まっている。だが，こうした動きを歓迎すべきかどうかは，立ち止まって考えてみる必要がある。

まず，実際のところテレワークに従事する従業員やその上司の満足度は高く，それが定着しない理由の一つは，テレワークのための環境やルールの整備が遅れていることにあると考えられる（cf. 日本経済新聞電子版 2023）。また，忘れてはならないのは，コロナ禍で進められたオンライン化は，それまでコミュニケーションの場から不当に排除されてきた人々に，参加の機会を提供した，ということだ。たとえば，普及したオンライン技術（テレビ会議システムや文字起こしシステム）を用いて，ろう児や難聴児向けの科学実験教室が実施された（加納 2023）。対面回帰の動きは，そうした人々の社会参加の機会を改めて奪うことになりかねず，後退とも見なせる。

その一方で，テレプレゼンス技術の普及はデジタルディバイド（情報通信技術を利用できる人とそうでない人との間に生じる情報格差）を深刻化させる恐れもあ

る。人々がおかれた状況やその身体性，技術への習熟度が多様であることを考慮すれば，イベントのハイブリッド開催のように，参加者がコミュニケーション形態を選び取れるようにすることが理想である。この方策に対しては，対面開催以上のコストがかかる，という難点もある。とはいえ，社会生活の根幹を成すコミュニケーションの機会へのアクセスの公平性を確保することがきわめて重要であることを考慮すれば，そこにコストをかけることを躊躇するのが正当かどうかを疑ってみる余地もあるだろう。

　また，対面およびオンラインコミュニケーションのあり方が定まったものと見なした上で，そのどちらを選択するか（あるいは両者をどう組み合わせるか）を考えるのは，必ずしも正しい問いの立て方ではない。対面であれオンラインであれ，コミュニケーションのあり方は，メディアとその利用法をめぐる慣習や制度によって現在進行形で形作られているものなのだ（対面コミュニケーションで用いられる話し言葉もまたコミュニケーションメディアの一種であることに注意せよ）。そこで，両者それぞれを，より多様な人に開かれたものへと再設計することも試みる価値がある。つまり，テレビ会議に適応できない人や対面の会話を苦手とする人がなぜそれに適応できない／それを苦手とするのかを特定し，彼らに合ったメディアや慣習・制度を考案することが，問題の解決につながる可能性があるのだ。具体例として筆者（呉羽 2024）は，視線の合わないテレビ会議をむしろ快適に感じる人もいた，というコロナ禍での経験から，対面の場面でも，時には「人の目を見て話せ」という慣習的規範を取り去ったコミュニケーションの機会を設けることを提案している。同様にテレビ会議に関しても，そのあり方を規定している何らかの慣習的規範を除去したり変更したりすることで，人々の適応を促すことができるかもしれない。

3 ｜ テレプレゼンス技術の倫理

テレプレゼンス技術をめぐる倫理的諸問題

　テレプレゼンス技術が普及するにつれて，その使用をめぐって新しい倫理的問題が浮上してきている。マズレンら（Maslen & Savulescu 2018）は，そうした問題として，テレプレゼンス体験の価値や，テレプレゼンス技術を介した行為

の責任の所在，ロボットアバターへの危害，を挙げている。また，コロナ禍で遠隔医療が拡大したことを受けて，遠隔医療の倫理的問題——医療サービスの質や，遠隔医療実施に関する同意取得手続き，アクセスの公平性，患者のプライバシー保護，など——についての検討も進められている（e.g. Kaplan 2022）。

　本節では特に，テレプレゼンス技術をいつ使用すべきか，という問題を取り上げて論じよう。

…

テレプレゼンス技術の使用が不適切になる場面

　テレプレゼンス技術やVR技術を介した体験は真の体験ではない，という見方は根強い。この見方では，これらの技術を介したコミュニケーションに没頭することは，他者との真の関わりを避ける現実逃避と見なされる。だが，このような評価は，「現実」とされるものが，往々にして，社会的要因によって多数派に都合よく作られた「現実」である，という事実を見落とすものである（呉羽 2024；呉羽他 投稿中）。一部の人——それが社会の多数派であれ——に適した体験の形態を特別視することは避けなければならない。

　したがって，テレプレゼンス技術を介したコミュニケーションが偽物のコミュニケーションだとはいえないにしても，それがいつ選択されるべきか，は慎重な検討を要する。映画『マイレージ，マイライフ』（J・ライトマン監督，米国，2009）では，雇用主に代わって従業員に解雇通告を行う人事コンサルタント会社が，コスト削減のためにテレビ会議で解雇通告を実施した結果，深刻な問題が生じる有様が描かれている。現実でも，2019年3月，米国カリフォルニア州の病院で，医師が患者に，テレプレゼンス装置越しに余命が短いことを伝え，患者の家族を憤慨させた事件が起きている（CNN.co.jp 2019）。だが，テレプレゼンス技術を用いて解雇通告や余命宣告を行ったのは，いったい，なぜ問題なのだろうか？

　この問いへの答えとして，ニュアンスの伝わりにくさのようなテレプレゼンス装置の情報伝達性能が挙げられるかもしれない。もしこの分析が正しければ，より高性能の装置ならば問題はなかった（あるいは少なかった）ことになるが，一概にそうはいえないだろう。これとは異なる分析として，筆者（呉羽 2020）は，むしろ装置のユーザーが示した手間を惜しんでいるかのような態度にこそ

問題がある，と論じている。以下でその分析を要約しよう。

　コミュニケーションに関する哲学や社会学の知見によれば，コミュニケーションでは，メディアを通して明示的に伝えられるメッセージに加えて，「メタメッセージ」（メッセージの受け取り方に関するメッセージ，cf. ベイトソン 2023）も伝わる。たとえば，飲食店で客が店員に「ご馳走様でした」と声をかけることが，「会計してください」という意味を担う場合がある。このコミュニケーションは，当該の発言をそのように解釈せよ，というメタメッセージによって媒介されている。メタメッセージは大抵の場合に身体的手がかりなどを介して言外に伝えられ，また時として話し手の意図しない内容を伝えることもある。そして，ここで重要なのは，コミュニケーション形態（メディア）を選択する行為が，メタメッセージを担うことがある，という点だ。たとえば，ある自治体の首長が何らかの不祥事で職員に迷惑をかけ，職員に対して手書きの謝罪文で詫びたとする。だが，その謝罪文が殴り書きだったとしたら，本人の意図とは独立に，誠意がない，と受け取られる恐れがある。すなわち，殴り書きの手紙というメディアを選択する行為が，そこに書かれた謝罪のメッセージに誠意が伴っていない，というメタメッセージを伴うのである。これと同様に，上記の事例においてテレプレゼンス装置越しの解雇通告や余命宣告が不適切だったのは，装置を選択するという行為が，状況にそぐわないメタメッセージを伝えてしまったからではないだろうか。つまり，これらの場面では相手に対するいたわりの表明が求められるが，効率性という利点をもつテレプレゼンス装置を使用したために，手間を惜しんでいるという，求められていたものとは正反対のメタメッセージが伝わってしまったと考えられる。

　この見方（これを「メディア選択効果のメタメッセージ理論」と呼ぼう）では，対面コミュニケーションは，その非効率性ゆえに，自分の利害を考慮しない，という態度の表明に適している。対照的に，テレプレゼンス技術は，効率性という利点をもつがゆえに，場合によっては不適切にもなりうる。オンライン化に対する懸念の一端は，人間関係の構築・維持において効率性を偏重するような価値観が浸透することに向けられているのかもしれない。

　とはいえ，これも筆者（呉羽 2020）が論じたように，あるコミュニケーション形態を選択することがどのようなメタメッセージを担うかは，個人の選好や

社会の慣習，状況によって大きく異なる。たとえば，他の選択肢がない場面でテレプレゼンス技術を使用することが「手間を惜しんでいる」と受け取られることはない。また，現在の社会では「重要な要件は対面で伝えるべき」という慣習的規範が根強いが，今後の社会でもその規範が維持されるかはわからない。いずれにせよ，テレプレゼンス技術の倫理を考えるとは，こうしたコミュニケーション慣習そのものを見つめ直す作業を含まざるをえないだろう。

謝辞　本研究は，JSTムーンショット型研究開発事業，JPMJMS2215の支援を受けたものである。

参考文献

石黒浩　2021『ロボットと人間——人とは何か』岩波書店。

稲見昌彦　2020「ポスト身体社会——Physical DistancingとSocial Intimacyの両立」東京大学情報理工学系研究科編『オンライン・ファースト——コロナ禍で進展した情報社会を元に戻さないために』東京大学出版会，103-109頁。

加納圭　2023「理科離れ再考」『現代思想』51（4）：108-116。

川島隆太　2022『オンライン脳——東北大学の緊急実験からわかった危険な大問題』アスコム。

キム，C/W・キム　2022『サイボーグになる——テクノロジーと障害，わたしたちの不完全さについて』牧野美加訳，岩波書店。

クラーク，A　2015『生まれながらのサイボーグ——心・知能・テクノロジーの未来』呉羽真・久木田水生・西尾香苗訳，春秋社。

呉羽真　2020「テレプレゼンス技術は人間関係を貧困にするか？——コミュニケーションメディアの技術哲学」『Contemporary and Applied Philosophy』11：58-76。

——　2021「コロナ禍における大学授業のオンライン化は何を示したか？——コミュニケーションメディアの技術哲学Ⅱ」『現象学年報』37：107-113。

——　2022「オンラインの身体性」『認知科学』29（2）：158-162。

——　2024「対面神話を乗り越える——コミュニケーションメディアの技術哲学Ⅲ」『科学哲学』56（2）：3-21。

呉羽真・久木田水生・藤川直也　投稿中。

タークル，S　2017『一緒にいてもスマホ——SNSとFTF』日暮雅通訳，青土社。

ドレイファス，H・L　2002『インターネットについて——哲学的考察』石原孝二訳，産業図書。
フィーンバーグ，A　2004『技術への問い』直江清隆訳，岩波書店。
フォースター，E・M　2022「機械は止まる」『E・M・フォースター短篇集』井上義夫訳，筑摩書房，235-294頁。
ベイトソン，G　2023『精神の生態学へ』上・中・下，佐藤良明訳，岩波書店。
ボイド，D　2014『つながりっぱなしの日常を生きる——ソーシャルメディアが若者にもたらしたもの』野中モモ訳，草思社。
吉藤健太朗　2017『「孤独」は消せる。』サンマーク出版。
Kaplan, B. 2022. Ethics, Guidelines, Standards, and Policy: Telemedicine, COVID-19, and Broadening the Ethical Scope. *Cambridge Quarterly of Healthcare Ethics* 31(1)：105-118.
Maslen, H. & J. Savulescu 2018. The Ethics of Virtual Reality and Telepresence. In T. J. Prescott, N. Lepora, & P. F. M. J. Verschure (eds.), *Living Machines: A Handbook of Research in Biomimetics and Biohybrid Systems*. Oxford University Press, pp. 587-595.
Minsky, M. 1980. Telepresence. *Omni* 2 (9): 45-52.
Moon, Y. 2003. Don't Blame the Computer: When Self-disclosure Moderates the Self-serving Bias. *Journal of Consumer Psychology* 13 (1): 125-137.

(ウェブサイト)
CNN.co.jp 2019「ロボット画面で医師が死の宣告，家族は動揺　米カリフォルニア州」2019年3月11日，https://www.cnn.co.jp/usa/35133986.html（2023年12月27日閲覧）。
日本経済新聞電子版　2023「テレワーク3年で半減，コロナ禍去り定着遠く　民間調査」2023年12月24日，https://www.nikkei.com/article/DGXZQOUA2270J0S3A820C2000000/（2023年12月27日閲覧）。

Case Study | ケーススタディ 7

メタバースとジェンダー問題
男性が女性型アバターを使用することに問題はあるか

メタバースに持ち込まれるステレオタイプ

　情報通信技術（ICT）は新しい体験やコミュニケーションの可能性を切り開く一方で，そこに従来の社会に潜む好ましくない慣習が持ち込まれ，それを増幅してしまう危険をはらんでもいる。たとえば，女性型のAIやロボットはしばしば，社会に蔓延するジェンダー・ステレオタイプ（女性にケア労働を押し付けるような性別役割分業意識など）を強化しかねない仕方で描かれる，ということが指摘されている（e.g. シービンガー 2018）。テレプレゼンス技術と関係の深いメタバースにも，同様の危惧が生じる。

　メタバースで特に問題とされてきたのは，ユーザーの大半を男性が占めるにもかかわらず，女性型アバターが選択されることが多く，またその理由として，「女性型のかわいいアバターの方が他人と打ち解けやすい／距離が縮まる」といった説明がなされることである。女性型が選ばれる背景として，男性が現実世界で生きづらさを感じており，メタバースにそこからの解放を求めているのではないか，とも推測される（難波 2021）。生まれもった身体にとらわれず，自分の望む姿で活動できることは，メタバースの大きな魅力だといえる（バーチャル美少女ねむ 2022）。

　しかし，女性が男性に比べて打ち解けやすく振る舞わなければならないわけではない。仮に事実として女性の方が他人と打ち解けやすいとしても，それは女性にそうした振る舞いを求める社会的圧力があるせいではないかと考えられる。そこで，上記のような理由で女性型アバターを選択することは，ジェンダー・ステレオタイプを踏襲し，強化することにもなりかねない。

メタバースを用いてステレオタイプを覆す

　とはいえ，ここには多くの難しい問題が潜んでいる。女性型アバターは本当

に現実の女性をモデルにしたものと捉えるべきなのか。単に女性型アバターの使用をやめる（代わりに中性型や動物型のアバターを使う）ことで問題は解決されるのか。ステレタイプを強化するからといって，生きづらさからの解放を求めて女性型アバターを選択する男性ユーザーを責めることができるのか。少なくとも，問題は，女性型アバターを選択するユーザー個々人ではなく，社会全体の風潮にあるといえるだろう。

　そこで，発想を転換させて，メタバースを用いてこうした社会の風潮を変えることはできないか，と考えてみるのも興味深い。これまでに行われてきた提案には，女性のイメージと切り離されたかわいさ（たとえば「むさ苦しいかわいさ」）を体現するアバターを作り出す試み（難波 2021）や，「どんな見た目のアバターとでも握手しながら話さない」といった，ジェンダー・ステレオタイプをリセットするルールを定めたワールドを作る試み（呉羽・久木田・藤川 投稿中）などがある。メタバースは，その利用法を工夫することで，抑圧的な文化を打破し，新たな解放的文化を創造することにも貢献できるのではないだろうか。

参考文献

呉羽真・久木田水生・藤川直也　投稿中。
シービンガー，L　2018「医学，機械学習，ロボット工学分野における「性差研究に基づく技術革新」」小川眞里子訳，『学術の動向』23（12）：8-19。
難波優輝　2021「身体のないおしゃれ——バーチャルな「自己表現」の可能性とジェンダーをまとう倫理」『Vanitas』7：91-105。
バーチャル美少女ねむ　2022『メタバース進化論——仮想現実の荒野に芽吹く「解放」と「創造」の新世界』技術評論社。

Active Learning | アクティブラーニング 7

Q.1

メールで伝えるのがふさわしくない事柄の例を考えてみよう

たとえば，恋人にメールで別れを切り出してよいだろうか。許されないとすれば，その理由は何なのか。世代や文化によっても答えは変わりうる。ふだん意識しない，コミュニケーションをめぐる慣習を問い直すきっかけになるだろう。

Q.2

SF 映画『サロゲート』を観て「人と人が会わない社会」をイメージしてみよう

同作の描く世界では，人々は自分の好む容姿を備えた遠隔操作型ロボットを自らの身代わり（「サロゲート」）として使用し，仕事や旅行にもサロゲートで出かける。あなたや他の人はその世界に住みたいと望むだろうか。

Q.3

コロナ禍でテレビ会議をめぐってどんな問題が生じたか調べてみよう

コロナ禍では，感染拡大防止のためにコミュニケーションのオンライン化が急速に進められた。本文ではデジタルディバイドに言及したが，他にも多くの問題が生じたはずだ。そこで起きた問題を知ることは，将来の備えにもなる。

Q.4

遠隔操作型ロボットやメタバースが普及した社会でどんな制度や慣習が求められるか話し合ってみよう

どんな技術であれ，それを取り巻く制度や慣習と一緒になって社会に影響を及ぼす。遠隔操作型ロボットやメタバースの利点を引き出し，それが問題を引き起こすことを防ぐような制度（ルールなど）や慣習はどんなものだろうか。

第8章

農業技術
スマート農業は何を目指すのか

鈴木俊洋

　農業には，これまでも常にその時代の最新技術が適用されてきた。近年においても，ICT，AI技術，ロボット技術など最先端の技術が農業に適用されるようになってきており，そうした技術は「スマート農業」という標題のもとで開発や普及が進んでいる。

　無人のトラクターや除草ロボットが田畑を行き来し，水田にはインターネットにつながれた水位計があり，農業者は自宅のリビングに居ながら遠方の圃場を管理し，大量データの解析によってAIが導き出した最適な環境管理の下，農作物は計画に従って収穫され店頭に並ぶ。このような近未来的な農業は，本当に実現するのだろうか。実現したとして，そのときそれは私たちにとって本当に素晴らしい農業になるのだろうか。

　農業技術は技術哲学にとって非常に重要なテーマである。それは，農業という産業自体が重要な産業であるという理由からだけではない。実は，技術一般にも敷衍できるような技術哲学や技術倫理の考察のために，農業技術は非常によい具体例になるのである。その点について理解するために，まずは農業技術と人間や社会との関係や，農業技術が関わる価値の多様性について考えることから始めてみたい。

KEYWORDS　#技術に同行する倫理学　#ボトムアップ型技術倫理　#スマート農業　#判断を補助する技術

1 | 農業技術と人間・社会の関係

トマト収穫機は何をしたのか

　1960年代から70年代にかけて米国で，カリフォルニア大学の研究チームによって開発されたトマト収穫機が現場に導入された。それは，重労働であったトマトの手摘み収穫の労力を軽減するために開発された技術であった。しかし，トマト収穫機は高価であり，機械を購入できたのは導入によって採算がとれるような大規模な経営形態の農家のみであった。そのため，トマト栽培の主流が手摘み収穫から機械収穫へと変わるなかで，零細農家は淘汰されることとなり，結果的にトマト栽培業者の数は大幅に減少し，多くの農夫が仕事を失った。他方で，トマト栽培の形態が大規模化することで，全体としてのトマト生産量は大幅に増加し，トマトは安価になった。また，機械収穫が普及するなかで，機械の手荒い動作に耐えられるようなトマトが求められるようになり，より堅く，強い，しかし味の劣るトマトの品種が作り出され普及した。

　技術哲学者ラングドン・ウィナーは『鯨と原子炉』において，この事例を，トマト収穫機という技術が独自の「政治」を行った例として取り上げている（ウィナー 2000：55-60）。ここで重要なのは，トマト収穫機という技術が，開発者たちが直接的に意図したこと以外の（場合によっては予見すらしていなかった）影響を社会に及ぼしたという点である。おそらく，トマト収穫機の開発者の直接的な意図は，トマト収穫作業をする農夫たちの労苦を軽減することであっただろう。しかし，その技術はそれ以外にも，さまざまな影響を及ぼすこととなった。収穫機の開発者たちは，はたして，どの影響までを意図していたといえるだろうか。そして，どの影響までを予見していたといえるだろうか。たとえば，収穫機の普及によって堅くてまずいトマトの品種が隆盛することまでを事前に予見していた人が，はたしてどれだけいただろうか。

　このように，技術が設計者や開発者の直接的意図とは別の，誰も意図していなかった変化を人間や社会にもたらすことに焦点を当てて，ウィナーは，トマト収穫機が中立的な道具としての役割を果たすだけでなく，独自の「政治」を行ったと表現したわけである。

農業技術に関わる価値の多様性

　前項の事例から，私たちは何を読み取ったらいいのだろうか。

　第一に，技術は開発者や設計者の意図しない派生的影響を人間や社会に対して及ぼし，そのなかには技術が普及する前には予見すらできない影響もあるということである。

　第二に，一つの技術の開発と導入による影響には，さまざまな価値が複雑にからまっているということである。トマト収穫機はいくつもの変化を社会にもたらしたが，それぞれの変化は，はたして，善いことだったのか，悪いことだったのか。そして，それらは何にとって善いことで，何にとって悪いことだったのか。

　以上のことは，実は多かれ少なかれ技術全般にいえることなのであるが，特に第二の点については農業技術においてことさらに顕著に見て取れる。

　農業技術は農業のあり方を変え，農作業の現場のあり方に影響を与えるだけでなく，私たちの食生活に，環境に，社会や共同体のあり方に，その他にも多岐にわたる影響を与える。そして，それぞれの先には非常に複雑な価値のネットワークや対立関係がある。

　まず，最も直接的な影響として，農業技術は食料生産のあり方を変える。その変化の方向性として，単純に，食料が可能な限り大量に生産され，安価になることが善いとされる場合もあるだろう。その一方で，食品の安全性に焦点が当てられることもある。ほかにも農作物には，味のよさ，栄養価の高さ，見た目のよさ，などといった価値が求められる場合もある。そして，そうしたさまざまな価値は時に相互に対立することもある。食べ物に求められることが文化や宗教によって大きく違う場合もあるし，近年では，食品ができるまでの過程の倫理性に目が向けられることもある。

　さらに，農業技術は環境に影響を与える。そして，環境に関わる価値は他の価値と対立する場合もある。たとえば，環境に負荷をかけず食品を作るための技術が，食品を高価でまずいものにすることがわかった場合，わたしたちはその技術をどう評価すべきだろうか。

　そして，農業技術は社会や共同体のあり方にも影響を与える。たとえば，最

新の農業技術を導入することで「ふるさとの農業」を維持しようとした結果，大規模植物工場のような農場ができあがってしまったら，そのときそこに残っているものは，そもそも，守ろうと思っていた「ふるさと」ではなくなってしまっているかもしれない。

ほかにも治水などの災害防止や景観維持など，さまざまな観点で影響を考えることができる。

・

農業技術に同行する倫理学

一般的に新しい技術が開発されるとき，その技術が人間や社会や環境に対してどのような影響をもたらすか，完全に予測することは誰にもできない。仮にいくつかの影響を首尾よく予測できたとしても，状況や立場や目的によって，その影響をどのように評価するかはさまざまに変わってくる。

このように，技術が人間・社会に与える予測不可能な抜本的な影響と，影響を評価する際の価値の多様性とを前提として，オランダの技術哲学者フェルベークは，『技術の道徳化』において「技術に同行する倫理学」という構想を提案している（フェルベーク 2015: ch. 8; 鈴木 2022）。

フェルベークは，上述のような新技術の倫理的評価の難しさを，技術が私たちに課す「挑戦的課題」と捉え，倫理学は技術発展を拒絶せず，だからといって技術の「いいなり」にもならず，技術に付き添い，なるべく望ましい方向に導くことを目指すべきだと説く。彼によれば，技術に対して倫理学の果たすべき役割は，あらかじめ定めた倫理的原則に従って技術を規制する「境界警備員」の役割ではなく，また，事後的に技術による影響を記述することのみを目的とする「傍観的記述者」の役割でもなく，技術に同行して技術の発展をなるべく善い方向に導く「付添人」でなければならないのである。

「技術に同行する倫理学」では，基本的方策として二つの点に焦点が当てられる。第一に，私たちは技術の設計者や使用者として，技術が人間や社会に対し，誰も予期できないような影響を与えることがあり，新しい技術について事前に倫理的に考察することが非常に難しい課題であると「理解している」ことが重要である。第二に，上述のように理解した上で私たち個人個人が，個々の設計や使用の場面において，自分が倫理の実践者であることを自覚して技術に関わっ

ていくことが重視される。

　倫理学は何が善い行為であるか，何が目指すべき（あるいは優先されるべき）価値であるかについて，正解や選択肢を考案したり宣伝したりすることを目指すのではなく，一人一人の実践者が倫理的に考えられるような機会を作ること（あるいは，その機会が失われないこと）を目指すべきなのである。

・

ボトムアップ型の技術倫理

　「技術に同行する倫理学」の構想は技術全般について提案されたものであるが，結果の予測不可能性と関連する価値の複雑さとを顕著な特徴とする農業技術において特に当てはまる構想である。それでは，「農業技術に同行する倫理学」を実践するに当たって，私たちは具体的にどのようなことに注意したらよいのだろうか。

　重要なポイントは，あらかじめ規則やガイドラインを作成してそれに従うことで倫理的な技術開発を実現しようとする「トップダウン型」の技術倫理ではなく，個々の場面において個人個人が想像力を働かせて行う倫理的考察を重視する「ボトムアップ型」の技術倫理を推奨するということである。

　新しい農業技術がどのような影響を人間・社会にもたらすかを予測できず，その影響が誰にとって，何にとって，どのように善いか，悪いかは非常に複雑に絡み合っている。こうしたことを前提としたときに避けるべきことは，特定の価値に基づいてあらかじめ規則を作成して設定し，個々の実践が一律的にその規則に従うという型のやり方で倫理的対策を済ませてしまうことである。

　それに対して「農業技術に同行する倫理学」では，技術の設計・開発や使用の個々の場面で，個人個人が倫理的考察をし，それに基づいて自分自身で判断して行為することが重視される。理想とされるべきは，目指すべき価値をあらかじめ決めず，また，一つの価値に基づいて方法論を画一化したり一律化したりせず，それぞれの農業者がそれぞれの農地や作物や農業技術と向き合い，想像力を働かせて倫理的考察をしながら農業を行うことである。

　注意しておかねばならないが，ここで農業において規則やガイドラインの制定が無意味であるということを主張したいわけではない。現実的には倫理的考察のためのきっかけを作るという意味でも，規則やガイドラインの制定には大

きな意義がある。問題となるのは，規則やガイドラインの設定で倫理的対策を済ませてしまうことである。

2｜スマート農業の倫理学

「スマート農業」とは何か

近年話題となっている「スマート農業技術」について，それに「同行する倫理学」はどのようなものとなるだろうか。

農林水産省では「スマート農業」を「ロボット技術やICTなどの先端技術を活用し，超省力化や高品質生産などを可能にする新たな農業」と定義している（農林水産省 2014）。一般に「スマート農業」とは，最新のICT，AI技術，ロボット技術を活用した農業のことを意味し，具体的にはそうした技術によって，①自動運転する機械（スマート農機）による作業の「省力化」，②大量データの解析によるきめ細かい「栽培管理」，③データの「共有」による農業熟練知の伝達，などを実現しようとする企図のことである。

日本の農業の最重要の課題は，人手（担い手）不足である。そして，それは，農作業が重労働であり，リスクが大きく経営的に不安定であり，さらに新規参入に大きな障壁がある，といった問題に由来している。もし，上述の①〜③が実現すれば，自動運転によって農作業は省力化され，大量のデータに基づくきめ細かい管理と予測によってリスクが軽減され採算性も向上し，農業熟練知の共有によって新規参入もしやすくなる。つまり，さまざまな問題が一気に解決するわけである。このような「スマート農業物語」の実現を目指して発展する技術に「同行する倫理学」は，何に焦点を当てるべきだろうか。

技術哲学的な観点から見たとき，スマート農業の技術展開とこれまでの農業技術の発展との間の最も重要な違いは，これまでの農業技術が人間の身体的作業の省力化を主たる目的としてきたのに対し，スマート農業技術は人間の知的作業の補助，つまり人間の判断の補助を目的とし，場合によっては人間に代わって判断する技術になることを目指しているという点にある。文字通り，それが「スマートな（賢い）」農業技術であるということが注目すべき点なのである。

たとえば，水田の水位を測定する水位測定システムがインターネットとつな

がり，遠方の作業者に水位を教えるというだけでは，「スマートな（賢い）」農業技術と呼ぶには足りない。そこに過去のデータを蓄積して分析する技術が加わり，システムが作業者に対して今何をなすべきかを提案（助言）するようになったら，それは「スマートな（賢い）水位計」だということになる。

判断を補助する「賢い」技術

　スマート農業技術において，人間の判断を補助する技術はどのように使われているのだろうか。一言で「スマート農業」といっても，その具体的な形はそれぞれの領域において異なり非常に多岐にわたる。現在の状況を知るためには農林水産省のウェブサイトが便利である。

　先述の①〜③のうち，①「自動運転する機械」のよく知られた例として，GPSとICTを活用して無人で動くトラクターがある。この技術は一見，判断の補助とは無関係のように思われるかもしれないが，実はそうではない。

　たとえば，人間が耕うん機を使用して土を耕す場合，土の状態を把握して耕うん機の動かし方を調整できるようになるためには，ある程度の熟練が必要である。そのため，現実的にトラクターが自動で土を耕せるようになるためには，GPSによる自己位置把握の技術だけでなく，耕す土の状態を把握して，その状態に合わせて動きをコントロールする技術が必要となる。その技術は「判断を補助する」技術である。そして最終的に，完全に無人で土を耕すトラクターが完成した場合，そこにはどのような状態の土がよいのか，「人間に代わって判断する」技術が含まれることになる。

　②のデータ解析によってきめ細かい栽培管理をする技術は，そのまま「判断を補助する」技術である。それぞれの圃場の環境的情報，作物の生育の情報，収穫の情報，栽培履歴の情報などを分析することで，収穫量や作物の質などがきめ細かく予測され，最適な栽培管理が提案される。もし使用者がその提案を無条件に採用するのであれば，それは「人間に代わって判断する」技術となる。

　③の農業知を共有化する技術では，AI技術を使って熟練農業者のもつ熟練知（いわゆる「匠の知」）をデータ化して，共有化することが目指される。ただし，その技術は熟練農業者の判断を記録するのみではなく，データ解析によって熟練者の判断を修正し，補助する側面ももっている。熟練農業者の判断を記録し

ながら補助する農業熟練知AIは，仮に十分に発展し，匠の知を完全に再現できるようになったら，「人間に代わって判断する」技術となるだろう。

「判断する技術」に埋め込まれる価値

　私たちが注意すべきことは，「判断を補助する技術」には特定の価値が埋め込まれているということである。たとえば，土の状態を把握して土をどのように耕すかを判断する技術には，物理的状態としてどのような土壌がよい土壌なのかについて特定の価値が埋め込まれている。また，水田の水位についてデータに基づいて「最適な」水位を提案する技術であれば，それが「何のために」最適な水位であるのかについて特定の価値が埋め込まれている。肥料や農薬の「最適な」使用量とタイミングを提案する技術であれば，提案された使用が「何のために」最適かという点について特定の価値が埋め込まれているのである。

　ほとんどの農業技術開発において第一に念頭におかれているのは，おそらく採算性，つまり経営的な価値であろう。しかし先述したように，農業技術には多様な価値が複雑に絡まっている。採算性という目的もあれば，消費者のためによい作物を作るという目的もあり，二つの目的が対立する場合もあれば，対立しない場合もある。また，消費者にとってよい作物を作るという目的一つをとっても，安全性，価格，味，栄養価，見た目など，さまざまな価値がある。ほかにも，環境に関わる観点，治水など防災に関わる観点，景観に関わる観点など，多くの（場合によっては対立しあう）価値が関係する。

　つまり，どのような土壌がよい土壌なのか，どのような水位がよい水位なのか，どのくらいの肥料を施し，どのくらいの農薬をどのタイミングで使用するのが最適なのか，といったことは，それが何を目的とするかによって，つまり，それがどの価値を優先するかによって異なるはずなのである。

　当然ながら，考慮すべきさまざまな観点のすべてにおいて満足のいく結論を得ることは不可能である。ここで述べたいのは，一つの結論を求めることでもなければ，それができないことを理由に技術の開発を制約することでもない。スマート農業技術には「判断を補助する」技術が伴い，「判断を補助する」技術には特定の価値が埋め込まれていることを，技術の開発者や技術の使用者が理解していることが重要だということである。

3 │ 善い農業技術の発展のために

スマート農業は何を目指してはいけないか

　スマート農業が善い方向に発展していくために、それは何を目指してはいけないのだろうか。

　私たちが重視しなければいけないのは、農業の方法論における多様性である。農業というのは、ヒト、人工物、自然のネットワークのなかで行われる複雑な営みであり、さまざまなものから影響を受けながら、そして、さまざまなものに影響を与えながら営まれている。農業の方法論の多様性は農業の強さの源に、特に予想外な変化への対応力の源になる。また、農業の方法論の多様性は農業から影響を受ける環境の多様性の源となるものでもある。もし「スマート農業」という企図が農業の方法論の多様性を奪う方向性に進むのならば、私たちはそれに警鐘を鳴らさねばならない。

　そのために、私たちは一般的に農業技術の倫理において、いくつかの規則をあらかじめ定めて、個々の行為を一律的に規制することに慎重になる必要がある。規則の設定はあくまで個人が倫理的考察をするためのきっかけや出発点として必要だと考えられるべきであり、決してそれによってすべての倫理的対策が済んだと考えてはならないということである。

　そうした前提のもと、スマート農業で開発される「判断を補助する技術」には特定の価値が埋め込まれていることに特別な注意が必要である。誰も自覚しないままに、特定の価値が埋め込まれた「判断を補助する技術」が、標準的な技術として一律的に普及してしまった場合に、思いもよらない大きな問題につながる（たとえば、大きな健康被害や自然災害などにつながったりする）可能性もあるからである。

　具体的には、スマート農業技術はあくまで人間の判断を「助ける」技術となることを目指すべきであり、それが「人間に代わって判断する」技術を目指す場合、つまり、最終目的として無人で農業が遂行されるような技術を目指すのであれば、私たちはその実現には慎重になるべきである。

　また、新しい技術が人間と農業との関係を希薄にする場合にも注意するべき

である。新しい技術が普及する際には，農業者と農地や作物，農業技術などとのつながりを維持するような方策を考えるべきである。

人間にしかできないこと

　最後に，人間にしかできないことは何かという点について少し違った角度から一つの考え方を提案しておきたい。

　先述したように，スマート農業には農業熟練知の共有化という企図も含まれているが，実際には勘や経験の形式知化の難しさや，作業データのオープン化への抵抗，名人それぞれの個人的こだわりの扱い方など，さまざまな問題があり，あまりうまく進んでいないのが現状である。この技術の展開において興味深いのは，それが「匠の知」の共有に役立つとともに，「匠の知」の修正にも役立っているという点である。たとえば，データの分析によって，これまで熟練者が意識せずに自動的にしてきた判断が「間違った判断」（最適とはいえない判断）であったり，必須と考えてきた判断が実は効果的な栽培には寄与していない「余計なこだわり」であったりといったことが指摘されることもある（渡邊 2018：99-102）。

　そうであっても，この技術は，熟練者に代わって農業を遂行する技術を目指すべきではない。ここでそもそも人間の「匠」（熟練農業者）にできて，機械の「匠」（農業熟練知AI）にできないことは何かという点について考えてみたい。

　人間にしかできない重要なことの第一は，「手抜き」である。農業というのは，一方では非常に繊細な側面をもちながら，他方では意外と雑な側面，つまり，いい加減さが許される柔軟性ももっている。もちろん，作物を育てるためには神経を使って確実に押さえておかねばならないポイントがあり，農業熟練知をもつということは，その神経を使うべきポイントをわかっているということである。そして，それは，裏を返せば，神経を使わなくてもよいポイントについて，つまり，どこで「手抜き」をしていいのかをわかっているということなのである。

　「手抜き」は人間にしかできない。なぜなら，「手抜き」が必要なのは，限られた能力を有効に使わねばならない人間だけであり，通常ならば，熟練知AIでは（致命的なミスにつながる危険性が多少なりともある）「手抜き」部分をわざわ

ざ作る必要はないからである。

　人間にしかできない重要なことの第二は「余計なこだわり」である。その「余計なこだわり」は個人ごとにそれぞれ異なっていて，当然そうした要素は，農業熟練知AIにおいては，文字通り余計なものとして削られることになる。

　ここで提言したいのは，この「手抜き」や「余計なこだわり」のような人間の判断の不完全な側面こそが，農業に必要不可欠なものではないかということである。それは，そうした要素が，農業の方法論における多様性を維持することに貢献しているからである。

　改めて，スマート農業は人間がいなくてもできる農業を目指すのではなく，あくまで人間を助ける農業を目指すべきである。それは「手抜き」や「余計なこだわり」などを含んだ個々の人間の不完全な判断こそが，農業の方法論における多様性の源であり，農業の方法論の多様性こそが農業の強さや柔軟さの源だからである。

参考文献

ウィナー，L　2000『鯨と原子炉――技術の限界を求めて』吉岡斉・若松征男訳，紀伊國屋書店．

鈴木俊洋　2022「技術に同行する倫理学――新しい技術哲学の枠組み」『科学・技術研究』11（2）：84-90．

農林水産省　2014「「スマート農業の実現に向けた研究会」検討結果の中間とりまとめ」https://www.maff.go.jp/j/kanbo/smart/g_smart_nougyo/attach/pdf/index-2.pdf（2023年12月31日閲覧）．

フェルベーク，P・P　2015『技術の道徳化』鈴木俊洋訳，法政大学出版局．

渡邊智之　2018『スマート農業のすすめ』産業開発機構．

（ウェブサイト）

農林水産省「スマート農業」https://www.maff.go.jp/j/kanbo/smart/（2023年12月31日閲覧）．

Case Study | ケーススタディ 8

スマートな（賢い）水管理システム
判断を補助する技術の具体的姿

水田の水管理システムについて

　スマート農業において，最も盛んに開発されている分野の一つに，水田の水位計システムの技術がある。日本の農業の中心は水稲作であり，水稲作において最も重要な作業の一つが水田の水位の管理である。水田の水位を管理するには経験に基づいた熟練知が必要でもある。また，一人の農業者が管理する水田が，離れた場所に分散して存在することも多く，管理する水田の水位を見てまわることは，それだけで非常に手間と時間のかかる作業なのである。

　この分野はインターネットや携帯電話といったICTや大量データの解析技術などの活用が期待される分野であり，ニーズも大きいため，さまざまな設計の技術が開発され，（実験的なものも含めて）使用されている（「参照用ウェブサイト」を見よ）。

　現状においてほとんどの技術は，ICTを活用して水田の水位を遠方にいる管理者に「伝える」機能を主としたものである。しかし，水位を「操作する」機能と連動させたり，水位を「提案する」機能と連動させたりすることによってより自動化を進めることも可能であり，一部は実現されてもいる。

スマートな水管理技術の諸段階

　技術哲学の視点で，スマート農業技術が「人間の判断を補助」したり，「人間に代わって判断」したりすることに注目すると，水田の水位管理システムに使われる技術のもつ機能は，次の三つに分けることができる。

　機能1）水位を管理者に伝える：水田におかれた水位計測装置がネットワークにつながり，携帯電話などを通じて遠方にいる管理者に水位を伝える最も基本的な機能。

　機能2）水位を遠隔で操作する：水田に水を出し入れする装置（水門など）が

ネットワークに接続され，遠方にいる管理者によって圃場の水位の調整がなされるようにする機能。

　機能3）最適な水位を提案する：過去のデータの解析，熟練知のデータ化などによって，そのときの最適な水位を提案する機能（この機能に関しては，水位が一定の範囲を外れると警告するアラーム機能のようなものから，かなり詳細に最適の水位を限定するものまで程度の差が考えられる）。

　具体的に開発されている水位管理システムについて，機能1のみ，機能1＋機能2，機能1＋機能3，機能1＋機能2＋機能3，などの段階が考えられる。

　概説で述べた注意すべき論点との関連は以下のとおりである。

- 機能1と機能2が完成したものとして揃った場合，管理者（人間）が自分の管理する圃場に実際に行かなくても，つまり，原理的には農業者が現場を知らないままで水管理ができるようになる。
- 機能3が入ることにより，その技術は，概説で述べた「人間の判断を補助する技術」となる。
- 機能1〜3がすべて完成したものとして揃った場合，その技術は水管理に関して「人間に代わって判断する技術」となる。つまり，人間がするのはその技術の「On」のボタンを押すことのみで，あとは測定・判断・調整のすべての作業を技術がすることになる。

参照用ウェブサイト（いずれも2023年12月31日閲覧）

農林水産省「水田センサ×技術普及組織による農業ICT導入実証プロジェクト」https://www.maff.go.jp/j/kanbo/smart/181120.html

　──「農業新技術_製品・サービス集」https://www.maff.go.jp/j/kanbo/smart/products.html

Active Learning | アクティブラーニング 8

Q.1

具体的な水管理技術について調べみよう

参照用ウェブサイトを調べて，現在ある具体的な水管理技術において，水位を「伝える」「操作する」「提案する」という三つの機能がどのように組み合わされ，それぞれがどの程度の発展段階にあるかを考えてみよう。

Q.2

スマートな水管理技術について倫理的な論点を挙げてみよう

水管理技術が，「人間の判断を補助する技術」から「人間に変わって判断する技術」になるのはどのような場合か，またそのとき，どのような点に気をつけるべきか（環境や災害予防や景観などの観点も含めて）考えてみよう。

Q.3

人間に代わって判断する技術について倫理的な論点を挙げてみよう

具体的なスマート農業技術を一つ選び，それが「人間に代わって判断する技術」になるのはどのような場合か，またそのとき，人間・社会にどのような影響を与えることになるか（なるべく広い範囲の影響について）考えてみよう。

Q.4

人間がいなくても成立するような農業技術について考えてみよう

具体的なスマート農業技術を一つ選び，その発展型として，人間がいなくても農業が成立することが考えられるか。それが実現した場合に，何に気をつけるべきか，同行する倫理学の提言に沿って考えてみよう。

第9章

宇宙開発
月が生活圏・商業圏になるときのために

立花幸司

人類はいつから宇宙に心を奪われたのか。2世紀の諷刺作家ルキアノスが書いた『本当の話』は月旅行についての最初のSF小説だといわれている。日本では，月の都の人であったかぐや姫が月に帰る『竹取物語』を思い出す人も少なくないであろう。現実の歩みとしては，人類が宇宙への進出を目指したのは20世紀初頭頃からである。1903年，後に「宇宙旅行の父」と呼ばれるロシアの物理学者ツィオルコフスキーが人工衛星や多段式ロケットなどについての論文を発表し，宇宙開発の理論的な可能性を示した。1926年には，後に「ロケットの父」と呼ばれる米国の工学者ゴダードが，世界で初めて液体燃料で推進するロケットの打ち上げを成功させた。ツィオルコフスキーもゴダードも，その独創性ゆえに生前はあまり評価されず，正当な評価を得たのは晩年や死後になってからのことであった。宇宙開発は，精密な先端科学に基づいた現実的な分野であると同時に，人々のまだ実現していない想像や空想を飲み込むSF的な分野でもある。それは，100年前のロケット開発の頃も現在も同様である。そうした宇宙開発の現実と想像を，科学・政治・ビジネスの三つの観点から見ていきながら，哲学的に検討する。

KEYWORDS　#安全保障　#宇宙ビジネス　#宇宙倫理学　#宇宙大航海時代　#アースリング

1 │ これまでの宇宙開発

科学的な関心からの宇宙開発

　宇宙の果てはどうなっているのか。私たちの知らない惑星には生物がいるのか。人類はどれほど遠くまで行くことができるのか。これらを調べるための探査機はどう作ればいいのか。宇宙開発は、何よりもまずこうした科学的な関心に駆り立てられて進められてきた。そうした科学的な興味は、宇宙工学の日進月歩の発展を武器に、次々とその答えを出し、それによりまた新たな問いを次々と生み出してきた。

　古来より地上から空を仰ぎ見て、理論と観測を組み合わせて取り組んできた天文学は、現在ではハッブル宇宙望遠鏡（1990年打ち上げ）やジェイムズ・ウェッブ宇宙望遠鏡（2021年打ち上げ）などの宇宙望遠鏡により、これまでになく宇宙空間を精密に観測することができるようになった。また、気象学や地球科学では、気象観測衛星のおかげで、雲や水蒸気の分布、地表や海面の温度の変化を把握できるようになり、地球の温暖化や全地球的な気象の変化を知ることができるようになった。日本では、静止気象衛星「ひまわり」が地球の自転と同じ速度で飛んでおり、日本の気象状況を随時観測し、そのデータが台風の予測などに活かされている。

　有人宇宙開発では、人類は宇宙に行けるのか、行けるとすればどこまで行けるのかが問われてきた。1961年に人類で初めて宇宙に飛び立ったソ連の宇宙飛行士ユーリ・ガガーリン、1969年に人類で初めて月に降り立ったニール・アームストロングは、命の危険を顧みず、人類はここまでできるのだということを実証してみせた英雄である。そして現在では、国際宇宙ステーション（ISS）で平均して6人が半年ほど滞在しながら、微小重力下など地球上にはないユニークな環境を活かして科学実験などを行っている。このように、無人・有人を問わず、宇宙開発は人間の科学的な探究心を駆り立て、また満たしてきたのである。

政治的な関心からの宇宙開発

　宇宙開発は、国際政治あるいは安全保障と切っても切れない関係にある。現

代宇宙開発の先駆けとして言及されるV2ロケットは，ナチス・ドイツが1940年代に作った長距離弾道ミサイルである。この主任開発者であったヴェルナー・フォン・ブラウンは，敗戦濃厚なドイツから米国に逃亡し，アポロ計画で月面着陸を実現したサターンVロケットを1960年代に開発することになる。

そのアポロ計画自体も当時の政治情勢のなかで動いていた。1957年のスプートニク1号による人類初の人工衛星の打ち上げ成功は，米ソ冷戦下においてソ連が米国よりも高度な航空宇宙技術・ロケット技術をもつことを意味した。これは「スプートニク・ショック」と呼ばれ，米国にとっては安全保障上の脅威だった。1960年の民主党予備選挙で，ジョン・F・ケネディはソ連との「ミサイル・ギャップ」を連呼し，彼が大統領選に勝利した翌年の1961年からアポロ計画は開始された。

その後，米ソ冷戦が終結し，ISSが象徴するように国際協力に基づいた宇宙開発が広がりつつある。しかし，宇宙開発の政治性は依然として強いものがある。最近では，自国の使われなくなった人工衛星を破壊するためという名目で，超高速度で移動する物体を標的にして正確に着弾させる技術を確立するために，米露中など宇宙超大国が対衛星破壊兵器（ASAT）の実験を行っている。

日本でもまた宇宙開発と安全保障の間には結びつきがある。数年おきに改訂され，我が国の宇宙開発の骨子となっている宇宙基本計画では，近隣諸国との間の安全保障上の関心から宇宙開発を進めていくことが明確に語られてきた。また2023年6月には，内閣府の宇宙開発戦略本部（2023）により，「宇宙安全保障の分野の課題と政策を具体化」し，「宇宙基本計画に反映させる」ことを目的として，「宇宙安全保障構想」が策定され公開されている。無人・有人問わず，宇宙開発は政治的な関心や目的と無縁ではない分野なのである。

・

商業的な関心からの宇宙開発

ロケット開発をはじめとした宇宙開発に必要なもののすべてをNASAやJAXAのような宇宙機関が独自に設計・製造しているわけではない。むしろ，関係する分野の民間企業と協力しながら宇宙開発を行ってきた。

米国は民間企業との連携が特に強く，航空宇宙産業で名を馳せるロッキード・マーティン社といった民間企業と協力して宇宙開発を行ってきた。そうした協

力体制は最近さらに加速し、これからの商業的な宇宙開発のモデルケースとなっている。たとえば、NASAは2006年に商業軌道輸送サービス（COTS）の計画を発表した。これは、ISSへの輸送事業を民間企業に提案させ、見込みのあるプロジェクトに開発費を支払うことで、宇宙開発に参入する民間事業者を育てていこうというものである。2020年のスペースX社の宇宙船クルードラゴンによるISSへの有人商業輸送の成功は、その成果の一つだといえる。さらに最近では、後述するアルテミス計画に伴い、商業月輸送事業（CLPS）という、月への輸送事業を民間に任せて商業化するプログラムも動いている。民間企業の参入を促し育てることで、米国の宇宙産業を育てていこうというのである。

日本でも、大型ロケットを開発してきた三菱重工業や、日本初の国産人工衛星「おおすみ」や小惑星探査機「はやぶさ」を手がけたNECなど、民間企業との協力で宇宙開発は行われてきた。JAXA (n.d.) によると、ISSにある日本の実験棟「きぼう」は約660社の日本企業がその開発・運営に携わっているし、日本の主力大型ロケットH-ⅡAロケットでは13号機から打ち上げ事業を三菱重工業に移管しており、主に12の民間企業とともに運用している。さらに通信分野では、人工衛星の打ち上げや、それを運用するためのアンテナや基地局の運営といった宇宙インフラ事業に携わる民間事業者は少なくない。

宇宙機関にとっては、限りある国家予算のなかで、産業として民間事業者を育てることによって、民間でできるところは民間に任せたいという狙いがある。また、民間事業者にとっても、宇宙機関からの支援を得ながら技術を高めることで、事業化につながるビジネスチャンスといえる。こうした官と民の連携のなかで、現在ではさまざまな民間企業が宇宙ビジネスに参入している。

2 ｜ これからの宇宙開発

科学・政治・ビジネスなど、さまざまな観点から捉えることのできる宇宙開発は、これからどうなっていくのか。これまでの宇宙開発のあり方を手がかりにすると、これからの宇宙開発の姿が見えてくる。

人類のフロンティア──月面基地とその探査

　ISSという形で，なかば恒常的な宇宙進出を果たした人類だが，2030年代で運用の終了が予定されているISS後には，米露は共同して宇宙開発を行う予定がない。ISS後を見据えた各国の動向に，その答えを探してみよう。

　中国は2021年から「天宮」という独自の宇宙ステーションを打ち上げて運用している。ISS終了後は，中国とロシアは協力して宇宙開発を行うといわれているが，一般的に公開されている情報は今のところあまり多くない。

　これに対して，米国はアルテミス計画を2017年に立ち上げた。これは，宇宙の安定的な平和利用と国際的な宇宙探査，そして商業利用の三つを柱にした計画である。平和利用と商業利用については後の項で詳しく見ることにして，ここでは国際的な宇宙探査について見ていこう。

　アルテミス計画は，人類初の月面到達を成し遂げたアポロ計画の姉妹計画という位置づけをもつ。アルテミス計画の大きな目標の一つは，2020年代に人類を再び月面に到達させることであり，同時に人類で初めて女性を月に到達させるという目標をもつ。ただし，アポロ計画の頃とは異なり，アルテミス計画の目標は人類再到達の先にある。それは，月に施設を建造し，継続的に科学的な調査を行う体制を構築するという目標である。それゆえ，アルテミス計画は（科学的には）月面探査プログラムだといわれる。現時点での計画では，2020年代に月面に人類を送り，その後，月周回軌道にISSの後継となる有人拠点「ゲートウェイ」を実現する。それを利用して月面に物資を運び，月面拠点を建造する。そして，月での人類の持続的な活動，そして火星の探査を目指す。

　この計画の実施に際しては，計画を立ち上げた米国と，その計画に賛同する国々（宇宙機関）が連携して行う。日本では，JAXAが中心となって民間企業とともにアルテミス計画に沿った研究開発を行っている。たとえば，JAXAとトヨタは協力して，有人与圧ローバという月面を走るキャンピングカーのような乗り物の開発を行っている。このように，これからの宇宙開発では，月面での居住・移動・探査を可能とする居住移動施設のような，新たな科学技術が登場するようになる。こうした技術の先に，月面での居住や活動がより身近になる世界がある。

宇宙大航海時代――あらたな冷戦と資源獲得競争

　宇宙開発においては，米ソ冷戦を経て，ISSに代表される国際協力の時代が到来した。しかし，ISSの運用終了後も同様の協調路線が維持されるとは限らない。ISS運用終了後の宇宙情勢を睨み，各国はすでに動き出している。

　米国もアルテミス計画を中心に今後の宇宙開発の土台作りを行っている。一つは，自国の民間事業者の育成である。宇宙飛行士をISSに運ぶ宇宙船クルードラゴンを建造したスペースX社も，その成果の一つである。民間事業者の育成には政治的な意味がある。スペースシャトル退役後，ISSに宇宙飛行士を送るために，莫大な費用を支払ってロシアの有人輸送船を利用するというロシア依存が続いてきた。ISS運用終了後を鑑みれば，自前の輸送船がないことは米国にとって好ましい状況ではなかった。それゆえ，スペースX社による商業有人輸送機の成功は，宇宙開発を主導し続けたい米国にとって（そして主導的な立ち位置を失いたくないロシアにとっても），政治的に大きな意味をもつ。

　もう一つは，宇宙資源の問題である。アルテミス計画ではこれからの宇宙開発として商業利用を明確に打ち出している。商業利用の一つに，宇宙資源の活用がある。国連で採択された「宇宙条約」により，月や天体を特定の国家や企業が所有することは禁止されている。しかし，それらの資源については規定がない。「月協定」では月資源について国際的に共有すべきだとしているが，米露を中心とした宇宙先進国はこの協定に名を連ねていない。そして，自国の民間事業者による宇宙資源の採取・所有が合法的に認められるよう，宇宙資源の利用に関する国内法を整備し始めている。これまで，米国，ルクセンブルク，アラブ首長国連邦，日本の四か国が宇宙資源法を成立させてきた。宇宙ビジネスの推進に際して，政治的な後押しがうかがえる顕著な例である。

　このように，民間事業者の育成や国内法の整備には政治の力が欠かせない。ここに，これからの宇宙開発で後れをとらないように各国が政治的に動く様子を見て取ることができる。こうした状況を，政治と経済が相俟って展開した大航海時代になぞらえて「宇宙大航海時代」と考えることもできる（JAXA宇宙大航海時代検討委員会編 2022）。これからの宇宙開発の政治は，露骨な国家安全保障だけでなく経済安全保障を含み込んだ，より複雑なものとなるだろう。

日常としての宇宙——月が商業空間になるとき

　アルテミス計画が描く未来は，科学的探査や国際政治だけに関わるものではない。NASA (n.d.) は「アルテミス計画のミッションは，新しい産業を育み，雇用の拡大を支え，高い技術をもった労働力に対する需要を促進することにより，月経済の成長を可能にする」ことだと述べている。つまり，月面への人類の再到達と月面基地設営などは，経済的な機会だと見なされているのである。

　商業的な観点からの宇宙開発はこれまでも行われてきたが，アルテミス計画は，これを月探査や月面基地建造にまで押し広げるものである。アルテミス合意に調印し，米国と歩みを合わせている日本でも，宇宙ビジネスが広がっている。JAXAがトヨタと協力して有人与圧ローバを開発しているという話を紹介したが，科学的探査の実現という目的がある一方で，宇宙ビジネスの一環でもある。また，JAXAは新たな貨物輸送船として性能とコストパフォーマンスのよいH3ロケットの開発を三菱重工業と一緒に進めていて，ISSや将来的にはゲートウェイへ物資を運ぶ輸送船として，厳しい国際競争に負けずに商業受注できると期待されている。宇宙ホテルを考える清水建設や鹿島建設，月施設関連での月資源も活用したインフラ整備を目指すispace社，宇宙空間を漂う廃棄物である宇宙ゴミ（スペース・デブリ）の回収の事業化を目指すアストロスケール社など，日本でも宇宙ビジネスに参入する企業が増えている。

　アルテミス計画は多くの国々に調印され，今後の国際的な宇宙開発の方向性に現実味を帯びさせた。そこにビジネスチャンスを見いだす企業が増え，宇宙ビジネスが活発化している。まさに，アルテミス計画の狙い通り，宇宙産業がこれまでにない仕方で振興し始めている。宇宙が日常となるということは，地球上で行われているさまざまな経済活動が宇宙でも行われ，人類が生活するためのさまざまなインフラが必要になるということ，つまり，経済的に見れば，月圏は宇宙ではなく「拡張された地球」となるということである。

3 宇宙開発の哲学

　これからも歩み続ける宇宙開発は，私たちの世界にどういった影響をもたら

すのか。こうした問いは「宇宙倫理学」と呼ばれる分野で最近取り組まれるようになった（伊勢田他編 2018）。本節では，人間観・世界観・文化観の三つの影響の観点から，宇宙開発のもつ影響を考えてみよう。

・・・
人間観への影響 —— 人類が地球人を意味しなくなるとき

人間とは何か。私たちはこれにさまざまな仕方で答えを与えてきた。進化生物学的には，私たち人間は「ヒト属（homo）」の一種である。分類学の父ともいわれるスウェーデンの博物学者カール・フォン・リンネは，私たちに「ホモ・サピエンス（homo sapiens）」という学名をつけた。ヒト属のなかでも，「知恵のある（sapiens）」人類という意味である。文化史学者ヨハン・ホイジンガは「ホモ・ルーデンス（遊戯する人）」，哲学者イマヌエル・カントは「ホモ・エドゥカンドゥス（教育される人）」，哲学者アンリ・ベルクソンは「ホモ・ファーベル（工作する人）」と呼んだ。

しかし，人間をどのように特徴づけようとも，暗黙裏に前提されていることがある。それが，「アースリング（earthling）」つまり「地球で生まれ育った」という特徴である。人間に限ったことではないが，生物はみな，この地球という惑星の長い歴史のなかで誕生し，進化し，現在の姿になっている。それだから，「人間」とはすなわち「地球人」のことなのである。

『プラネテス』（幸村 2001-2004）という漫画のなかに「地球外少女」（第1巻第2話）という話がある。これは，主人公ハチマキが月で生まれ育った12歳の少女ノノと交流する話である。彼女は「月（lunar）」で生まれ育った「ルナリアン（lunarian）」である。あるとき，ノノはハチマキを月面施設の外に連れ出す。月面にある「雨の海」と呼ばれるクレーターを走り回り，「いいでしょ，私の海」とにっこり笑う。そして，地球を眺めながら，ここが私の故郷だと語る。しかし，ハチマキにはその「海」はただの砂漠にしか見えない。地球人とルナリアン，組成的には同じ人間ではあるが，「母なる星」地球を故郷としない人々の登場により「人間＝地球人」という前提が揺らぎ出す。

人類にとって地球とは何なのか。ただの揺りかごなのか，あるいはかけがえない価値なのか。人類の宇宙進出が「人間とは何か」という問いに投げかける意味は大きい。

世界観への影響——拡張された地球としての宇宙

　さまざまな思惑が絡み合う政治が宇宙へと拡張されていく宇宙大航海時代においては，宇宙は人類の純粋な知的好奇心や憧れの対象ではなくなり，国家同士の政治と安全保障，そして経済的チャンスの奪い合いの舞台という，ある意味で馴染みのある世界へと姿を変える。宇宙がただの「拡張された地球」となるのである。

　いったんこうした世界観で宇宙を捉え直せば，この先にいずれ起こるであろうことは想像に難くない。それは，宇宙空間での紛争や戦争の可能性であり，それを回避するための国際的な取り決めの整備である。米露中のような地球上にある宇宙超大国同士が宇宙空間で軍事的な衝突をする可能性も，あるいは宇宙資源を豊富に手に入れている小国を大国が侵略する可能性も，考えられる。

　また，宇宙先進国や高い技術力をもつ民間事業者による宇宙資源の搾取が本格化すると，ただそれを眺めるだけの宇宙後進国や宇宙資源搾取に関わらない世界中のほとんどの人は「いったい宇宙は誰のものなのか」という根本的な問いに直面するだろう。有史以来，人類がみな同じように美しいものとして地上から見上げていた月が，いつのまにか特定の国々や特定の企業だけが利益を上げる土地になってしまっているのである。採掘に際して廃棄物が不法投棄されるなど月環境が汚染されたというニュースを目にするかもしれない。すると，月はみんなのものではなかったのかと考えるようになるだろう。そして，森や海の美しさなど地球のもつ自然の美しさを守ることが大事であるのと同様に，月や火星にもまた守るべき自然の美しさがあるのかもしれない，と考えるようになる。宇宙空間を拡張された地球だと考えるようになることは，宇宙空間もまた私たちが倫理的に扱うべき対象だという認識の変化につながるのである。

文化観への影響——月にウサギはまだ見えるのか

　月が生活圏・経済圏となった世界では，私たちの文化はどのような影響を受けるのだろうか。ここでは，宇宙にまつわる身近な文化の一つ，中秋の名月に行われるお月見を例に考えてみよう。

　見上げた満月に私たちは何を想ってきたのだろうか。素直な子どもたちは，

白と黄色でまあるく浮かんだ月の輝きの思ったよりも明るいことに目が奪われるだろう。ウサギを探す子もいるかもしれない。

　では大人たちはどうだろう。今となっては実感として想像することすら難しいが，人類が月に到達する前の世界では，月はまさしく前人未踏の別世界であった。人類の登場するずっと以前から地球とともにあり，満月のときには手の届きそうなほど肉眼ではっきりと目に見えるのに，決して人類が行ったことのない場所として，あまたの人々の心を奪い，想像力を掻き立ててきた。しかし現在，私たちはISSが地球を周回しているのを肉眼で確認することができる。インターネットの発達により，ISSの宇宙飛行士たちがSNSでリアルタイムに情報発信して，地上で私たちがそれにコメントすることさえできる。地球近傍の範囲に限っていえば，宇宙はかつてないほど身近になった。そしてこれから，再び人類が月に到達し，さらにそこに居住施設ができるようになる。

　そのとき，月はどう見えるのだろうか。月にはウサギもかぐや姫もいないことはわかっているが，実際にあの月面が生活圏・商業圏となると月のもつ「趣」がなくなってしまうだろうか。私たちは，手の届かない場所ではなく，ただ遠くにある人類の一地域を見つめているだけだからである。そうした時代になれば，私たちはもはやこれまでのように月を愛でることはできないのかもしれない。それとも，月に人類が居住し始めた時代には，それなりに楽しめるお月見文化が生まれるのだろうか。

―

参考文献

―

伊勢田哲治・神崎宜次・呉羽真編　2018『宇宙倫理学』昭和堂。
内閣府宇宙開発戦略本部　2023「宇宙安全保障構想」https://www8.cao.go.jp/space/anpo/anpo.html（2023年10月1日閲覧）。
幸村誠　2001-2004『プラネテス』全4巻，講談社。
JAXA宇宙大航海時代検討委員会編　2022『宇宙大航海時代』誠文堂新光社。
JAXA n.d.「ロケット・衛星」https://aerospacebiz.jaxa.jp/partner/project/（2023年10月1日閲覧）。
NASA n.d. Artemis. https://www.nasa.gov/specials/artemis/（2023年10月1日閲覧）

Case Study | ケーススタディ 9

宇宙開発のELSI
NASAのワークショップを見てみよう

　本章では宇宙開発が及ぼしうるさまざまな影響について考えてきたが，宇宙機関はこうした影響についてどう取り組んでいるのだろうか。ここでは，NASAが宇宙開発のELSIに関して行ったワークショップの報告書（NASA 2023）の内容を紹介しながら，その取り組みを見てみよう。

　ワークショップの背景には，NASAが主導しているアルテミス計画がもつ倫理的・社会的な影響は計り知れないが，そうした影響についてこれまでほとんど調査してこなかったというNASA側の認識がある。そこで，NASAの科学技術政策戦略室は，宇宙開発の創造する未来社会が人類にとってよいものとなるよう，2023年4月に2日半かけて「アルテミス計画と倫理」と題したワークショップを開催した。このワークショップには，政策学者，哲学者，歴史家，社会学者，コミュニケーション学者，弁護士，エンジニア，科学者など，関連する多様な分野から55名の参加者が招かれた。参加者の多くは事前にお互いを知らなかったという。参加者は宇宙開発に関するレクチャーを受け，その上でさまざまなトピックについて議論した。報告書は，その議論をNASA側が整理・分析して作成された。報告書のなかから，興味深い指摘をいくつか紹介していこう。

　まず，問題が複数の領域にまたがっていることで，重要だが答えることの難しい問いとして，宇宙開発は「人類の利益」になるよう取り組まれるべきだが，人類には誰が含まれ，どのように取り組むべきで，そして誰が利益を得るのかを，私たちはどのように知ることができるのだろうかということが指摘された。つまり，宇宙開発の理念に向かって私たちが進んでいけているのかどうか，宇宙開発は複雑すぎて把握する術がないのではないだろうかという懸念である。

　また，宇宙開発を進めていくなかで，開発に携わる機関は一定の価値観で取り組んでいるが，それが将来の宇宙探査の基礎として私たちが望むものであることをどう確かめればよいのか，ということも問題として挙げられた。理念に

向かっていけているかどうかという問題は，事象の複雑さゆえに把握しがたいというだけでなく，研究開発上のポリシーがそもそも妥当なのかも把握しようがないという懸念である。

　さらに，宇宙開発を進めていく上での実用的な課題として，お互いの専門性が大きく異なるために，人文社会科学と宇宙科学・宇宙工学の間のコミュニケーションがうまくいかないことが明らかにされた。その一因として，NASAに，長期的な社会的影響の検討よりも喫緊の具体的な科学的・技術的な問題を効率的に解決することを重視する組織文化があるためだとわかった。こうした問題を解決するためには，NASAの文化を変えていく必要があると提案がなされた。

　このワークショップから何が見えてくるだろうか。宇宙開発は，政治や政策の影響を受けながらも，基本的には科学者・工学者の集団によって進められてきた。しかし，月が生活や商業の場となるとき，これまでの純粋に科学的・工学的な課題とは異なる課題が登場し始める。人文社会科学の研究者らと協力してこの問題に取り組む道を模索するNASAの態度は，宇宙開発のもつ「倫理的・法的・社会的な課題・影響（Ethical, Legal, and Social Issues/Implications: ELSI）」を重視し始めたことの現れだといえる。また，そうした将来的なELSIを考慮しながら開発を進めていこうとする態度は，「責任ある研究・イノヴェーション（Responsible Researches and Innovations: RRI）」として宇宙開発を進めていこうという態度ともいえる。これまでとは違う，これからの宇宙開発のあり方をNASAは見せてくれるのかもしれない。

参考文献

立花幸司　2024「宇宙開発の倫理——これからの宇宙開発のための宇宙倫理学」『日本航空宇宙学会誌』72 (9)。

Office of Technology, Policy, and Strategy, NASA. 2023. Artemis, Ethics and Society: Synthesis from a Workshop. September 21, 2023.

Active Learning | アクティブラーニング 9

Q.1

宇宙開発の恩恵を得ているものとして，身近なものを探してみよう

宇宙開発は，私たちの生活とどのような関係があるのか。皆さん自身の日常生活で，宇宙開発の恩恵を受けているものを探してみよう。また，そうしたものがあることを知ることで，宇宙開発に対する考え方が変わるか考えてみよう。

Q.2

宇宙開発を考える上で参考になる映画を探してみよう

宇宙をテーマにした映画は多い。そのほとんどは純粋な娯楽作品として楽しめるが，今回の授業の内容をふまえることでその作品の見方が変わるものを探したり，宇宙開発に対する自分の考え方を変えるものを考えたりしてみよう。

Q.3

宇宙開発を考える新しい切り口を探してみよう

本章では，宇宙開発を科学・政治・商業の三つの観点から見てきた。しかし，宇宙開発を考える切り口は他にもあるだろう。そこで，グループで討論しながら，宇宙開発を考える上で有効な新しい切り口を見つけてみよう。

Q.4

宇宙資源の取り扱いに関する日本の立ち位置を調べてみよう

日本は宇宙資源法を4番目に成立させた国である。宇宙資源をこれからどのように利用するのが望ましいと日本は考えているか，また日本の考え方は，同様に法律を成立させた他の国々とどこが同じでどこか違うのかを調べてみよう。

第Ⅲ部
技術哲学と環境

第 10 章

気候工学
環境問題の技術的解決に関する倫理問題

吉永明弘

　技術による社会問題の解決の是非は，技術哲学と環境倫理学に共通するテーマである。技術哲学では，ワインバーグが「社会工学」との対比で「技術的解決」について論じており，環境倫理学では，加藤尚武が技術的解決にも倫理問題が伴うことを指摘している。

　近年では，環境問題の技術的解決を目指す一連の主張が「エコモダニズム」と呼ばれている。そこでは頼りになる技術として遺伝子工学，原子力工学，気候工学などが挙げられている。

　本章では，このうちの気候工学を例に取り，環境問題の技術的解決に期待する動きを批判的に検討する。特に，気候工学が公平性を担保しうるのかという点に注目し，倫理学における「正義」の問題として論じる。そのなかで，テクノクラシーと同意という観点が浮かび上がる。気候工学を推奨するエコモダニズムを問い直すことは，環境問題だけでなく，社会問題への「技術的解決」やそこに付随する正義問題とテクノクラシーの問題を提起することでもある。

KEYWORDS　#気候工学　#技術的解決　#環境正義　#世代間倫理（正義）　#テクノクラシー

1 | 「エコモダニズム」の登場

「環境問題の技術的解決」をめぐって

　1960年代と1970年代に「環境問題」がテーマ化され，1980年代末から1990年代初頭にかけて「地球環境問題」がテーマ化された。それらに伴い，1970年代には英語圏で，1990年代には日本において，環境倫理学という新しい分野が誕生した（吉永 2020）。

　環境倫理は環境問題を解決するために生き方の変革を迫るものというイメージがあるが，環境倫理学ではむしろ環境問題を解決するために社会のしくみを変えることを求めている（吉永 2021）。とはいえ，生き方の変革同様に，社会の変革もきわめて難しい。そこから環境問題に対して技術的な解決を図ろうとする誘惑が生じる。

　技術哲学でよく引用されるアルヴィン・ワインバーグの古典的論文（初出は1966年）では，社会問題を解決するための「社会工学（social engineering）」と「技術的解決（technological fix）」が対比され，社会工学による解決は人々の行動変容を求める点で困難さがあるのに対し，技術的解決は単純で即効性がある点が評価されている。ワインバーグの結論は，技術は社会工学を完全に代替することはできないが，社会工学と協力して社会問題を解決する手段として活用できるというものだ（Weinberg 1991）。

　一方，倫理学者の加藤尚武は，こうした技術的な解決を図る際にも倫理問題が発生することを指摘した（加藤 1996：150）。この指摘は応用倫理学の基本的な認識を示したものである。応用倫理学は，「20世紀後半に爆発的に発展したテクノロジーが現代社会につきつける倫理問題に，既存の規範システムが対応しきれていないという問題意識から生まれた新しい研究領域」（水谷 2005：5）とされる。環境倫理学は応用倫理学の下位分野であるため，これは環境問題を解決するための技術に伴う倫理問題に関しても適用される。

エコモダニズムの思想

　近年，環境問題の技術的解決を重視する主張が，「エコモダニズム」と呼ばれ

るようになっている。雑誌『スペクテイター』49号の特集「自然って何だろうか」のなかに，「エコモダニズム」の詳しい紹介がある。気候工学，原子力発電の復権，遺伝子工学の進展，培養肉，脱絶滅，都市化。これらは人の力によって環境を改変するという点が共通している。これらを支持し推進する思想が「エコモダニズム」なのである。

　この雑誌はエコモダニズムの源流から説き起こしている。それはスチュアート・ブランドの『地球の論点——現実的な環境主義者のマニフェスト』(Stewart Brand, *Whole Earth Discipline: An Ecopragmatist Manifesto*) という本である（ブランド 2011）。ブランドは『ホール・アース・カタログ』（1968〜1972年）の編集者で，当時のカウンターカルチャー（既存の規範や文化に反発した若者たちによる新しい文化）を背景にした環境思想に大きな影響を与えた人物だ。

　1960年代に「ライフスタイル変革型の環境主義者」であったブランドは，2000年代に入って気候変動の深刻さを前に「技術主義的環境主義者」に転向した。『地球の論点』の刊行は2009年（翻訳は2011年）のことだが，そのなかでブランドは，過去の反核・反遺伝子工学の主張を後悔し，原子力発電と遺伝子工学を強く擁護している。また都市や生態系管理といった，環境に対する人間の介入を肯定的に評価している。このようなブランドの主張が，後に「エコモダニズム」と呼ばれるようになった，と先の雑誌はまとめている。

　この雑誌は，「エコモダニズム」の主要な四つのトピックとして，「原子力発電の推奨」「遺伝子工学の推奨」「気候工学の推奨」「都市の肯定」を摘出しているが，実は『地球の論点』における気候工学の記述はそれほど多くない。これは時代的背景によるところが大きいと思われる。つまり2009年時点では，気候工学は今ほど話題になっていなかったということだ。

　遺伝子工学にしても，『地球の論点』における話題は遺伝子組換え技術であり，ゲノム編集は登場しない。ゲノム編集が話題になるのはその後の時代だからである。原子力発電に関しても，2009年の時点では世界的に推進の世論があったが，2011年の福島第一原発事故によって脱原発の流れが生まれ，現在は残念ながら事故が風化して原子力発電への揺り戻しが見られるという変遷がある。『地球の論点』で示された四つのトピックは，この15年の動向をふまえて検討される必要がある。

注目すべきことに，環境倫理学者クリストファー・プレストンが，エコモダニズムの流れについて一冊の本を書いて紹介している。彼は，ナノテクノロジーから始まり，遺伝子工学，合成生物学，再野生化，脱絶滅，都市について論じた後で，気候工学について2章を割いて検討している（プレストン 2020）。

　本章では，この気候工学を取り上げ，現代の技術利用に伴って発生する倫理問題について考察していく。その他のトピックについては，この後の章で順次論じられることになる。

エコモダニズムの倫理問題

　先にふれたように，エコモダニズムは，人間による環境の改変を積極的に認める思想である。とりわけ環境問題解決のために先端技術を利用することを後押しする傾向がある。本章で取り上げる気候工学はその典型だが，遺伝子工学による食料増産と新薬開発も，原子力発電による電力供給と脱炭素も，同じ発想に基づいている。

　このような技術の開発と利用に伴う倫理問題を検討するのが，環境倫理学を含む応用倫理学の仕事である。では，先端技術の開発と利用に伴う倫理問題とは，具体的にどのようなものだろうか。後述するように，モラルハザードや，不確実性のガバナンスといった問題が代表的だが，最も話題を集めるテーマは「公平性」の問題である。たとえば，開発と利用に伴う利益をいかに公平に分配するか，という問題があるが，公平性の問題はそれだけにとどまらない。

　環境倫理学では，この公平性の問題を「環境正義（environmental justice）」という言葉で論じてきた。この場合の「正義（justice）」とは，典型的には裁判官が裁定を下す際の公平性を指す。したがって環境正義という論題は，環境をめぐる公平性を問題にするものであり，環境正義を訴える人々は，環境をめぐる不公平の是正，差別の是正を求めていくことになる（吉永 2021）。

　環境正義は1980年代にアメリカで注目された観点である。アメリカでは環境をめぐる差別の代表は人種差別であり，「環境レイシズム（environmental racism）」という言葉もある。アメリカにおける環境正義運動は，1982年のPCB汚染土壌の埋立に対するアフリカ系住民の抗議運動によって注目され，1991年の全米有色人種環境運動指導者サミットで「環境正義の原則」が採択されるなど，人種

差別への反対運動という性格が強かったといえる（神沼 2020）。他方で，日本で顕著なのは地域差別である。沖縄に米軍基地が集中していることや福島・新潟・福井に原発が集中している現状は，環境正義の枠組みで考えるべきものである。

環境正義が，同世代の人間の公平・不公平を論じるのに対して，現在世代（今存在している人々）と将来世代（これから生まれてくる人々）との間の公平・不公平を問題にするのが，「世代間正義」である（日本では「世代間倫理」と呼ばれている）。これは，現在世代の意思決定が将来世代をも拘束するのに，将来世代は現在世代の意思決定に参加できないという根源的な不公平性を背景にした問題であり，だからこそ現在世代は将来世代に配慮した意思決定を行う責任があるという議論である（吉永 2021）。

環境問題に関してこの二種類の正義が論じられているわけだが，科学技術の開発と利用に関しても，この二種類の正義が論点として存在することを見逃すわけにはいかない。ましてや，エコモダニズムを背景にした環境問題の技術的解決を図る動きを進める際に，すなわち原子力工学，遺伝子工学，気候工学の開発と利用を推進する際に，それに伴う不正義や差別に対して鈍感になることがあってはならないと考える。

以下では，これらのなかから気候工学を取り上げ，気候を人為的に改変する技術がなぜ必要とされているのか，そして実施された場合にはどのような倫理問題（とりわけ正義問題）が生じるのかについてまとめてみたい。

2 | 気候工学の思想と現状

気候工学の思想

これまで気候変動に対して，温室効果ガスの削減による「緩和（mitigation）」と，気候変動に伴う災害などへの「適応（adaptation）」の二種類の対策が行われてきた。そこに，人為的に気候を変化させることによって問題の解決を図ろうとする「気候工学（geoengineering）」が新たな選択肢として加わった。英国王立協会の報告書の定義によれば，気候工学は「人間が引き起こした気候変動に対抗するための地球環境の意図的な大規模操作」（Royal Society 2009）を意味する言葉である。同報告書は，気候工学を①二酸化炭素除去（Carbon Dioxide Removal: CDR）と②太陽放射管理（Solar Radiation Management: SRM）の二種類に分類している。以下ではこの分類に従う。

　具体的な技術の内容に入る前に，気候工学に注目が集まっている背景に，温室効果ガスを減らすこと（緩和）だけでは気候変動に対応できないという悲観的な認識があることにふれておきたい。そもそも気候工学の研究はそのような認識の下で始められた。特に太陽放射管理に関しては，緩和策が失敗に終わった場合に生じうる気候のカオス化を回避するための「予防―先制的措置」として登場したという指摘がある（桑田 2018：128）。ここには，気候工学は倫理的に正しいとはいえないが，困ったときの「必要悪」として準備しておくべきだという考えがある。

・・

気候工学の概要　── 二酸化炭素除去と太陽放射管理

　それでは，二種類の気候工学のそれぞれについて見ていこう。二酸化炭素除去（CDR）は，文字通り大気中に蓄積したCO_2を取り除く技術である。「植林」から始まって，鉄などを海洋にまくことで植物プランクトンを一気に増やしてCO_2を消費させる「海洋肥沃化」，岩石の風化に伴うCO_2吸収を大規模に利用する「風化作用促進」などの自然現象に倣ったもののほかに，「CO_2の直接空気回収」という工学的なものまである。有名なのは，発電所から排出される炭素の回収貯蔵とバイオマス発電を組み合わせた「炭素回収貯留（CCS）付きバイオマスエネルギーの利用」である。これらは総じて，次に紹介する太陽放射管理よりは環境への影響が小さいとされているが，それでも地域的な環境改変は避けられない。また研究途上であり，効果が不確実であることから，総じて今後に期待される技術という位置づけになっている（プレストン 2020：第9章；杉山 2021：第4章；藤木 2023：33-36）。

　次に，太陽放射管理（SRM）について概観する。これは太陽光を反射させることによって温暖化を抑制するという技術である。宇宙で太陽光を跳ね返す「宇宙太陽光シールド」，海洋上にある下層雲の反射率を増加させる「海洋の雲の白色化」，屋根を白くするなどによる「地表面の反射率増加」など，いくつかの手法があるが，そのうち最も安価で迅速に進められる手法とされているのが，上空20kmに硫酸エアロゾルを散布し，太陽光の反射率を高める「成層圏エアロゾ

ル注入（Stratospheric Aerosol Injection: SAI）」である。この手法は，火山が大規模に噴火した後に気温が低下する現象によって，効果が実証されている（1991年6月のピナツボ火山の噴火は二酸化硫黄を成層圏に注入し，1年半後に地球全体で最大0.5度の気温低下をもたらした）。それによりSAIは，他の手法よりも有力な手法と見なされ，最も研究開発が進んでいる（桑田 2018：126-127；プレストン 2020：第8章；杉山 2021：第6章；藤木 2023：33-36）。

気候工学の推進者たち

　ここで気候工学にまつわる人々に光を当ててみたい。気候工学の歴史に大きな足跡を残した人物は，大気科学者のパウル・クルッツェンである。オゾン層破壊の原因がフロンガスにあることを明らかにした人の一人として，1995年にノーベル化学賞を受賞した。彼はまた「人新世（anthropocene）」という言葉の提唱者としても知られている。そのクルッツェンが2006年に発表した論文が，それまでタブー視されてきた気候工学にお墨付きを与えることとなった（桑田 2018：128；プレストン 2020：188-189；杉山 2021：86-88）。

　その後，現在に至るまで，気候工学を強力に推進している人物の一人が，デイヴィッド・キースである。キースはハーバード大学でSAIに関する実験を重ねている。杉山によれば，キースは「スコーペックス（成層圏制御下摂動実験）」プロジェクトを主導する一人である。それは非常に微量のエアロゾルを実際に成層圏で散布し，その物理的・化学的な振る舞いを観測するというプロジェクトだ。このプロジェクトの特徴は，SAIの効果よりも副作用やリスクを調べる点にあるという（杉山 2021：153-156）。キースはまた，2016年に硫酸エアロゾルの代わりに炭酸カルシウムを注入することにより，オゾン層を破壊するどころか増加することができるという提案をしている。さらに2019年にはSAIを抑制的に使うことによって気候を改善できるとする論文を発表した（杉山 2021：144-146）。さらにキースはカナダのクリーンエネルギー企業カーボン・エンジニアリング社にも名を連ねて，炭素捕集装置の開発に関わっている（プレストン 2020：194, 221-222）。

　最後に，気候工学に多額の資金援助を行っている人物がいる。「スコーペックス」プロジェクトにも出資している，元マイクロソフトのビル・ゲイツである。

3 | 気候工学の倫理問題

モラルハザードとガバナンス

　以上見てきたとおり，気候工学の研究開発が進められているが，それに付随するように，いくつかの倫理問題が指摘されている。

　気候工学に関する第一の倫理的な懸念は，それが「モラルハザード」を引き起こすという点にある。すなわち，気候工学によって気候を安定化できるのであれば，CO_2削減という「緩和」の努力を人々がしなくなる，つまり過剰消費，経済構造，エネルギー政策を変える意欲がなくなる，という点である。気候工学は緩和の努力をしないことの言い訳に使われることになる（桑田 2018：128；杉山 2021：81）。

　そもそも気候工学は万能ではなく，たとえば成層圏エアロゾル注入に関しては，オゾン層破壊を促進するとか，この手法ではCO_2が減らないのでCO_2による海洋酸性化を解決できないといった問題が指摘されている（桑田 2018：127；プレストン 2020：201, 211）。気候工学を行うにしても一種類では不十分であり，また緩和とセットにしなければ効果的でないということがここからわかる。

　第二の倫理的懸念は，気候工学はガバナンス（統治，管理）できるのかという点である。桑田学は，成層圏エアロゾル注入が正当化されるとしたら，それは緩和策に向けた国際的なガバナンス体制が構築され，そのもとで排出削減が現実に遂行されているとき，その場合に限られる，と述べている（桑田 2018：138）。これは裏を返せば，緩和策もうまく行えない主体に，気候工学のガバナンスがうまくできるわけがない，という主張といえる。

　第三に，気候工学を用いると，用いた人の責任が問われるという指摘がある。これまで「自然現象」であった気象が，気候変動によって「人為的現象」になった面がある。人為的現象は人間の責任の対象となるが，しかし現在の気候変動は意図せざる結果であり，しかも責任の所在を一義的に決定できない。それに対して，気候工学を用いた場合には，その結果責任は特定の人々に帰せられる。プレストンは次のようにいう。「考えてみるといい。謀殺（意図的な殺人）と故殺（計画的でない殺人）とで罪の重さがいかに違うかを。あるいは，ハイキング

で急な坂道を登っているときに，大きな石を意図的に投げつけた場合とたまたま岩を崩してしまった場合の違いを」（プレストン 2020：207）。

・・・
世代間倫理と環境正義

　成層圏エアロゾル注入に関しては，二種類の正義問題が生じることが指摘されている。第一に世代間倫理の問題がある。温室効果ガス濃度が十分下がっていない状態で，成層圏エアロゾル注入を停止すると，急激な温度上昇が生じることがシミュレーションによって明らかになっており，それは「終端問題（termination problem）」と呼ばれている。この終端問題を避けるには，CO_2の滞留時間である数百年，数千年にわたって，成層圏エアロゾル注入を継続しなければならない。これは将来世代に大きな負担を強いる結果となるだろう（桑田 2018：133；杉山 2021：140-143）。

　第二に，環境正義の問題がある。成層圏エアロゾル注入を行うと，地球は冷却するのだが，熱帯地域が他に比べて冷えすぎるという。また，モンスーン地域の降雨量が減少し，干ばつが深刻化する可能性があるという。さらに，全球規模の水循環を弱め，そのことによって，南米やアフリカ，東南アジアで農業生産や飲み水に大きな損害を与えることが懸念されている。重要なことは，これらの地域は比較的CO_2排出量が小さい地域であるということだ。CO_2をあまり排出していないのに，気候変動の影響を受け，なおかつ気候工学の影響も受ける。このような不正の上塗りを「複合的不正義」という（桑田 2018：133；杉山 2021：140-143）。

　以上見たように，気候工学には二種類の正義問題が存在する。モラルハザード，ガバナンス，実施者の責任という論点を加えると，倫理的には問題が山積みであるように思われる。それにもかかわらず，気候工学は着々と研究開発が進んでいる。先に見たように，気候工学を推進している人たちの根拠は，差し迫った気候危機に対抗するための「必要悪」というものだった。それに加えて推進者の少なくとも一人は，気候工学を正当化する根拠として「正義」を持ち出している。以下では，その正当化根拠を吟味してみたい。

テクノクラシー——気候工学への幅広い同意はあるのか

　2018年に，環境倫理学雑誌『Ethics, Policy & Environment』が，気候工学を「正義」と「正統性（legitimacy）」の観点から論じる特集を組んだ。まとめ役は気候倫理の研究者スティーヴン・ガーディナーとオギュスタン・フラニエールである（Gardiner & Fragniere 2018）。彼らによる導入的な論文を読むと，この特集では正義と正統性に重なる形で，技術者による支配の問題，つまりテクノクラシーの問題が論じられていることがわかる。

　ここでは寄稿者の一人マリオン・ハーディケンの論文を取り上げる。ハーディケンが主な標的にしているのは，ジョシュア・ホートンと，先に紹介したデイヴィッド・キースとによる共著論文である。この論文では，富裕な国々は貧困国を救うために気候工学を研究する責任があるという主張がなされている。

　ハーディケンはホートンとキースの論理を次のようにまとめている。貧困国は気候変動による被害が大きい。化石燃料の利用によって富裕な国々は利益を得たが，そのコストが貧困国に押し付けられている。ここには不公平な関係があるので，正義の問題として，富裕な国々には貧困国を苦境から救う責任がある。その際，緩和策は短期間に効果が出ないし，貧困国に大きなコストを負わせることになる。また適応策は地域規模でしか効果がなく，また貧困国は気候変動に適応する手段をほとんどもたない。気候工学のなかのSRMは，地球規模で効果があり，適応策よりも安上がりである。以上から富裕な国々は，貧困国のためにSRMの研究開発を行う責任がある。

　これに対してハーディケンは，彼らの言い分は，①パターナリズムで，②文化的パロキアリズムで，③専門知帝国主義だと喝破する。

　①パターナリズムとは，相手の利益になると考えて相手に干渉することを意味する（あえて訳せば父権的温情主義となる）。自由主義倫理学では，親が子どもの利益を考えて子どもに干渉する場合は認められているが，判断能力のある成人に対して同様の干渉をすることは望ましくないとされる。判断能力のある成人には自己決定権を行使する自由があり，たとえその人の利益になるとしても，同意なく他人が干渉するのは控えるべきということになる。

　ハーディケンは，ホートンとキースの主張をパターナリズムとして批判する。

というのも，彼らは，貧困国の人々がSRMの研究開発を支持している証拠を示しておらず，貧困国の人々の意見を聞かずにSRMの研究開発が貧困国の人々のためになると決めつけているからである。

②文化的パロキアリズム（偏狭主義）とは，自分が属する文化の価値観しか念頭になく，それを他の文化の人々に押し付けている，という意味の用語である。ホートンとキースがSRMに注目する理由は，速くて，実効性があり，安価であるというものであった。ハーディケンによれば，この安価という点には，費用対効果が強く意識されている。費用対効果という考え方は，世界中に広まっているとはいえ，西洋の価値観を強く反映したものである。つまり彼らは西洋の価値観によって技術を選択し，それによって全世界に影響を与えようとしているのである。

さらにハーディケンは，ホートンとキースが，変えられないものと変えられるものの区別に関しても偏狭な想定をしていることを指摘する。緩和策や適応策は貧困国にとってコストが高いという想定は必ずしも当てはまらない。富裕な国々が貧困国に緩和策や適応策のための支援を行ったり，そのコストを肩代わりしたりすればよいだけの話である。彼らはその可能性は低いと決めつけているが，そうした支援やコストの肩代わりを行わないような国々が実施するSRMが貧困国に利益をもたらすという話を，貧困国の人々がどうして信頼できようか，とハーディケンは手厳しく批判する。

③専門知帝国主義というのは，アレン・ブキャナンの用語で，ある領域の専門的知識をもった人々が，その知識に訴えることによって，関係のない領域においても権力を行使することを正当化するという意味である。ハーディケンは，ホートンとキースの論文がSRMへの反対者を打ち負かすことに焦点を当てていることに注目し，そうした態度にテクノクラシーの要素があることを示唆している（Hourdequin 2018）。

ハーディケンの指摘をまとめると，気候工学の推進者は，影響を受ける人たちの同意をとらずに，自分たちの偏狭な思い込みで事を進めており，そこにはテクノクラシーの要素があるということになる。このハーディケンの指摘を補完するかのように，寄稿者の一人カイル・P・ホワイトは，先住民が気候工学をコロニアリズムと見なして同意していないことを強調している（Whyte 2018）。

気候工学と正義の問題を扱うなかで，テクノクラシーの問題が浮かび上がってきたことは注目に値する。ここで改めてワインバーグの古典的論文を読むと，そこにもテクノクラシーの要素が見え隠れしていることに気づく。彼は社会工学の欠点の一つに「時間がかかること（time-consuming）」があり，技術的解決の利点の一つに「迅速さ（quick）」があると考えている。彼によれば，社会工学は大勢の人々に行動変容を迫るよう説得しなければならないが，技術的解決は少数の人々が決定すれば済む話だからである（Weinberg 1991）。

　気候工学の倫理問題を問うことは，「エコモダニズム」と「環境問題への技術的解決」を倫理的に問い直すことでもある。そしてそれはテクノクラシーという技術哲学の論題にもつながるテーマなのである。

参考文献

エディトリアル・デパートメント編　2021『スペクテイター〈49号〉自然って何だろうか』幻冬舎。
加藤尚武　1996『現代を読み解く倫理学――応用倫理学のすすめ2』丸善出版。
神沼尚子　2020「環境正義――環境リスクの公正な分配を考える」吉永明弘・寺本剛編『3STEPシリーズ環境倫理学』昭和堂，141-151頁。
桑田学　2018「気候工学とカタストロフィ」吉永明弘・福永真弓編『未来の環境倫理学』勁草書房，125-140頁。
杉山昌弘　2021『気候を操作する――温暖化対策の危険な「最終手段」』KADOKAWA。
藤木篤　2023「気候工学――気候変動対策の切り札となるか」松田毅・藤木篤・新川拓哉編『3STEPシリーズ応用哲学』昭和堂，31-42頁。
ブランド，S　2011『地球の論点――現実的な環境主義者のマニフェスト』仙名紀訳，英知出版。
プレストン，Ch　2020『合成テクノロジーが世界を作り変える』松井信彦訳，インターシフト。
水谷雅彦　2005「講義の7日間――情報化社会の虚と実」水谷雅彦編『岩波応用倫理学講義3　情報』岩波書店，1-62頁。
吉永明弘　2020「環境倫理学の歴史と背景――沈黙の春からSDGsまで」吉永・寺本編，前掲書，1-16頁。

―― 2021『はじめて学ぶ環境倫理――未来のために「しくみ」を問う』筑摩書房。

Gardiner, S. M. & A. Fragniere 2018. Geoengineering, Political Legitimacy and Justice. *Ethics, Policy & Environment* 21 (EPE 21): 265-269.

Hourdequin, M. 2018. Climate Change, Climate Engineering, and the 'Global Poor': What Does Justice Require? EPE 21: 270-288.

Royal Society 2009. Geoengineering the Climate: Science, Governance and Uncertainty. https://royalsociety.org/topics-policy/publications/2009/geoengineering-climate/（2022年12月17日閲覧）

Weinberg, A. M. 1991. Can Technology Replace Social Engineering? In W. B. Thompson (ed.), *Controllig Technology: Contemporary Issues*. Prometheus Books, pp. 41-48.

Whyte, K. P. 2018. Indigeneity in Geoengineering Discourses: Some Considerations. EPE 21: 289-307.

Case Study | ケーススタディ 10

ソフトな気候工学の可能性
都市の気温を下げる取り組み

エマ・マリスの問題提起

　本文で紹介した『スペクテイター』誌で，スチュアート・ブランドの『地球の論点』と並ぶエコモダニズムの起点として紹介されているのが，2011年に刊行されたエマ・マリスによる『「自然」という幻想』（翻訳は2018年，文庫が2021年）である。この本は，従来の北米の環境思想の主流であった「原生自然（wilderness）」を賛美する思想を否定し，人間の手で世界を「多自然ガーデン（rambunctious garden）」にすることを提唱している。

　このように，人間の手で自然を改変することを肯定的に捉えていることが，エコモダニズムの発想の源流とされるゆえんであるが，他方でマリスは原子力や遺伝子工学，気候工学を支持しているわけではなく，彼女の本に技術主義的な雰囲気はあまりない。マリスの議論がエコモダニズムであるとすれば，ブランドとは異なる路線が，エコモダニズムにありうるということになる。

　マリスの発想は，現在の国際的な生物多様性保全の枠組みに沿うものである。2022年末に採択された「昆明・モントリオール議定書」では，生物多様性の減少を止めるだけでなく，人の手によって生物多様性を豊かにしていくことが，「ネイチャー・ポジティブ」という言葉でうたわれている。

海外の都市政策の事例

　人の手が作り出した環境の代表は都市である。その都市が，ヒートアイランド現象に苦しんでいる。環境植栽学の第一人者である藤井英二郎は，街路樹の木陰では都市の気温が劇的に低下することに注目している。藤井によれば，大事なのは「樹冠被覆率」（一定面積に枝や葉が茂っている部分の占める割合）を上げ，緑の日傘をつくることだという（藤井他 2021：14）。

　近年，海外では都市での大規模な植樹が進められている。2023年7月28日

に，アメリカのバイデン大統領は10億ドルを投じて植樹の支援を行う考えを表明した。メルボルンでは，2012年時点では20％程度にとどまる市街地の樹冠被覆率を2040年までに40％にする目標を掲げている（藤井他 2021：19）。

仙台市の街路樹管理の事例

　日本では最近，強く刈り込まれて丸裸のようになった街路樹をよく見かけるが，そのような「強剪定」は，樹冠被覆率を下げることになり，樹木による都市の気温低下効果を妨げるものといえる。例外的に，「杜の都」と呼ばれる仙台市では，樹冠被覆を意識した街路樹管理がなされている。そのことにより，体感的にも涼しい街路が実現している。

　都市の樹冠被覆率の増大は，都市の意図的な冷却化という点では気候工学的であるが，気候変動による地球規模の温暖化への適応策ともいえる。このようなソフトな気候工学は進める価値があると考える。

参考文献

藤井英二郎・海老澤清也・當内匡・水眞洋子　2021『街路樹は問いかける――温暖化に負けない〈緑のインフラ〉』岩波書店。
マリス，E　2021『「自然」という幻想――多自然ガーデニングによる新しい自然保護』岸由二・小宮繁訳，草思社。

Active Learning | アクティブラーニング 10

Q.1

社会問題への社会的解決と技術的解決を考えてみよう

ワインバーグは論文のなかで，貧困，戦争，水供給，人口問題について，「社会工学」による解決と「技術的解決」を例示している。同じように，社会問題を一つ選んで，それに対する社会的な解決方法と技術的な解決方法を考えてみよう。

Q.2

気候変動に対する国際的な取り組みの内容をまとめてみよう

1992年の「気候変動枠組条約」採択以来，1997年の「京都議定書」や，2015年の「パリ協定」によって，緩和策を中心とした気候変動対策が行われている。これらの国際的な取り組みの内容をまとめてみよう。

Q.3

「人新世」について調べてみよう

気候工学の推進者クルッツェンは，「人新世（anthropocene）」という言葉を広めた人でもある。この言葉は環境分野の流行語であるが，この言葉に関する記事を複数読んだ上で，なぜこの言葉が流行しているのかを考えてみよう。

Q.4

デイヴィッド・キースの主張を聴いてみよう

気候工学の推進者デイヴィッド・キースは，TED Talk（インターネットで無料配信されている英語のスピーチ動画）で自らの主張を述べている。本章の議論をふまえて彼の主張を改めて聴き，どちらが妥当か話し合ってみよう。

第11章

都市
三つの「技術」から考える

青田麻未

　この章では，都市という場所での技術のあり方について考える。都市は，自然を切り開いて人間がつくりあげた人工的な環境であり，その存在自体が人間の技術の賜物である。そして都市には，多くのヒトが住み，さまざまなモノが集積する。多くのものが混乱なく共生するために，都市はさらに新しい技術を導入し，発展していく。こうして都市は効率的に集住を可能にする場所になっているが，いくら便利であっても，そこで暮らす人々の生活の質が豊かで快いものにならなければ，本末転倒であろう。

　都市における技術は，私たちの生活をどのように左右するだろうか。このことを考えるために，この章では，「技術」という日本語に対応しうる三つの英語——art, technology, skill——を切り口として用いる。都市は時に芸術作品にも喩えられるが，そのとき私たちの生活の質もまた配慮されているだろうか。最新技術が都市をより便利にするというが，そもそも便利であるとはどのようなことだろうか。そして，私たち生活者はどうすれば都市という，"誰かがつくった環境"のなかで豊かに暮らすことができるのか。こうした問いに本章では取り組む。

KEYWORDS　#都市計画　#スマートシティ　#ウォーカビリティ　#戦略と戦術

1 │ アートとしての技術と都市

芸術作品としての都市

　「芸術」は英語で何という？　と聞かれたら，その答えはartだろう。しかしこのartという語は，本来，今私たちの考えるような芸術（絵画，彫刻，音楽，演劇など）を指していたわけではなかった。英語のartの語源はラテン語のarsであるが，これは古くは人間の技術一般のことを意味していた。近代に入ってからartはいわゆる芸術を意味するようになったが，それ以前は単に技術を意味する語彙であった。まず，このアートということばを導きとして，都市における生活の質と技術の関係について考察を開始したい。

　私たちはふつう，都市をアートとは考えない。しかし，高いビルの上から都市を見下ろしてその景色を眺めるとき，あるいは都市のなかの象徴的な建築物を見るとき，美を見いだすこともあろう。ドナルド・J・オールセンは，その名も『芸術作品としての都市』と題した著作のなかで，19～20世紀初頭にかけてのロンドン，パリ，ウィーンを芸術作品として読み解いている。国民国家が整備されていくこの時代，大規模な都市計画を通じて，歴史的偶然によってではなく，明確な意図のもと都市を創造していく動きが高まった。オールセンは，これらの都市は「芸術的な創造物であり，それはただ喜びをあたえるばかりでなく，思想を包含し，価値観を教え込み，思想と道徳の体系を具体的に表現したものとなるよう意図された」と指摘している（オールセン 1992: 19）。

　たとえば，フランスの首都パリがナポレオン3世とジョルジュ＝ウジェーヌ・オスマンの手によって19世紀末に大きく改造されたことは周知のとおりだが，街路や公園を整然と配置し，住宅建築の細部にも装飾を施すこの計画は，さながら一つの芸術作品をつくる過程にも似ていたのである。

図面のなかの都市

　都市のような大規模なものを，もしもゼロに近い状態からつくるとなれば，設計図の作成は欠くことのできないはじめの一歩となるだろう。建築家の展覧会などでは，図面のほうが「作品」として展示されることもあるほど，それ自

体がもはや美しいこともある。20世紀，フランスで主に活躍した建築家ル・コルビュジエによる都市計画における図面は，まさにそのような魅力をもつ。

　社会学者の若林幹夫は，コルビュジエによる「300万人のための現代都市」が，「真っ白な紙の上に新たにすべてが書き込まれるようにして一気に与えられ」た都市計画だと指摘する（若林 2003：50）。この計画は，中心に交通センター（空港を屋上に擁し，鉄道と自動車道の起点となる）を有し，テクノクラートや経営者，銀行家などが働く場となる24本の高層ビル，そして高い人口密度を可能にする集合住宅が規則的に並ぶものである。コルビュジエのプランが実現することはなかったものの，彼が描いた都市計画図は，彼ならではの理想が全体を貫く芸術作品として注目に値する。「住宅や交通などの大きな都市問題を解決するばかりでなく，比類のない都市環境の美を創造するために，人造の秩序と自然の風景を統合する」ことも，彼は目指したのだ（エヴァンソン 2011：18）。

・

隠される生活経験の肌理

　コルビュジエが描いた壮大な都市計画は，一つの思想に基づいて都市全体を丸ごとデザインするプロジェクトであり，それはとても大きな芸術作品をつくりあげることに似ている。

　このように，芸術作品として都市を考えるときには，どうしても「全体」が大事になってくる。全体として，どのようにくまなく設計者の思想を行き渡らせ，理想の作品を実現するのか——こうした発想が，都市をつくりあげる際の原動力になりうるのである。しかし，絵画や映画と違って，都市は私たちがそのなかに入り込み，実際に生活を送る場所である。どれだけ設計者が理想を詰め込もうとも，私たちがその都市のなかで快適に暮らすことができるかどうかはわからない。もちろんコルビュジエの計画は，過密状態の都市で暮らす生活者たちの抱える問題を解決するための一つの提案であり，人の存在を端から無視するものではなかった。しかし，コルビュジエの計画の整然とした見た目に，私たちはやはり「美しさ」，すなわち超越的で，私たちの日常からはかけ離れた特別な価値を感じ取るのも事実である。

　では，アートとしての技術は，都市を生活から切り離してしまうばかりなのだろうか。フィンランドの美学者ユルヨー・セパンマーは都市を「総合芸術」

に喩えているが，ここで彼のいう芸術は，生活の現実をすくいとろうとする概念になっているように思われる。セパンマーは音楽家ワーグナーの「楽劇」に由来する総合芸術においては，さまざまな感覚が同時にはたらく経験が生じることに注目する。音楽は耳に，絵画は目に，といったように，伝統的な芸術作品はおおむね単一の感覚を喜ばせるためにつくられている。これに対して総合芸術は，すべての感覚を同時に満たすことを志しているのである (Sepänmaa 2007: 95)。セパンマーは，都市のデザイナーたちがしばしば視覚を重視する傾向にあるのに対して，私たちの実際の都市経験を観察してみると，そこでは音や匂い，地面を踏みしめる感じなど，視覚に限られないさまざまな感覚がはたらいていると指摘する。総合芸術として都市を捉えることで，都市の現実の生活が有している肌理に注目し，これを改善したり，よいところを維持したりすることができるようになるのである。

2｜テクノロジーとしての技術と都市

スマートシティ

　都市における人々の生活の質の向上という観点でいえば，まさにテクノロジーを用いての都市改革が現在進行形でさまざまに試みられている。本節では「技術哲学」における王道である，テクノロジーとしての技術と都市生活について考えてみたい。

　すでに述べたように，都市はそもそも，人間がテクノロジーを駆使して生み出す場所である。建物やインフラの建設は都市をつくる上で基本をなす人間のテクノロジーだ。先に述べたartの語源であるラテン語のarsは，さらに遡るとギリシャ語のtechnēの翻訳である。そしてこれは，technologyの語源でもある。この語は現在，産業において実践的な目的のために科学的知識を応用する技術のことを主に指している。

　現代の都市を考える上で最も重要なテクノロジーは，情報技術だろう。内閣府は2023年12月現在，「スマートシティ」を「ICT等の新技術を活用しつつ，マネジメント（計画，整備，管理・運営等）の高度化により，都市や地域の抱える諸問題の解決を行い，また新たな価値を創出し続ける，持続可能な都市や地域

であり，Society5.0の先行的な実現の場」として定義されるとしている（内閣府ウェブサイト）。スマートシティという理念は，気候変動や少子高齢化や災害・感染症リスク，大都市圏への一極集中などの社会問題に対して，主に情報技術を用いてアプローチすることを試みるものである。

　スマートシティという旗印のもと，実際にどのような取り組みを行うかは個々の都市によって異なっており，本章においてすべてを網羅的に考えることはできない。そこで都市生活における人々の移動＝モビリティという問題に絞って，都市がスマート化するとはどのようなことなのか，考えてみたい。

　MaaS（Mobility as a Service）はスマートシティを実現するための手段の一つで，情報技術を用いることで，さまざまな公共交通を組み合わせて一人一人のニーズに合わせた移動を可能にするサービスである。代表例として，フィンランドの首都ヘルシンキにおける事例を挙げることができる。ヘルシンキ市交通局（HSL）の提供するアプリを用いると，電車，トラム，地下鉄，バス，フェリーなどの公共交通機関を組み合わせたルート検索ができる。さらに，アプリ内でチケットを買えば，一定のエリア内において制限時間内であれば定額での移動ができる。ほかにMaaS Global社の提供するアプリ「Whim」では，公共交通機関に加えて，タクシーやレンタカー，シェアサイクルの手配も可能であり，より小回りの効いた移動がスムーズに行えるようになっている（安岡＆ニールセン 2022：124）。日本でも，福島県会津若松市において地方創生の一環として，このようなモビリティを重視したスマートシティに取り組む事例がある（海老原・中村 2019）。

・・

テクノロジーと生活の質

　私たちはもちろん，不便な生活よりも便利な生活を望むだろう。しかし，そもそも「便利さ」とは何だろうか。これを問うことなくしては，大袈裟にいうと，私たちの生活がいつしか技術に乗っ取られてしまうという事態も起こりかねない。アルゴリズムの社会的・政治的影響を専門とするアメリカの研究者ベン・グリーンは，都市におけるあらゆる問題をテクノロジーによって解決できるという考え方を，「テクノロジー・ゴーグル」と名づけている（グリーン 2022：18）。「テクノロジーが社会問題に対して中立的かつ最適な解決策をもたらす」

こと，そして「テクノロジーこそが社会変革の主要なメカニズムである」ことを信じる人々は，グリーンにいわせれば「テクノロジー・ゴーグル」を装着した状態で世界を見ている。そのためその人たちは，都市におけるデータを解析し，そこから導き出される問題を解決することで便利さが得られるのだと考える傾向にある。

しかし，テクノロジー・ゴーグルをかけることの何が問題なのだろうか。グリーンは北米の事例を参照しながら，これを明らかにしている。たとえば，彼が注目するのは自動運転車である。自動運転車は，単に私たち人間が車を操作する必要がなくなるだけではなく，都市のあり方そのものを変革しうる。自動運転車は，必要な車間距離を狭めることで車の通行量を増やすことができる。またスマート技術を用いれば，信号機をなくして，自動で効率的に車の流れを制御する交差点も実現する。このように，自動運転車の導入は，単に新たな交通手段が増えるというだけではなく，都市の再設計を促すことがありうる。

このような計画において，しばしば人間の存在が蔑ろにされていることをグリーンは問題視する。たくさんの車がひっきりなしに動き続ける都市の道路は，たしかに車に乗る人を目的地まで素早く運ぶことができるだろう。この意味で，自動運転車の普及する都市はとてもスマートで便利かもしれない。しかしそのような道路は車に最適化されていて，自動車に乗らない人の歩きやすさやコミュニティの活力は無視されているのである（同：47）。「便利」だが生活しやすくはない，という奇妙なスマートシティが生まれる可能性があるのだ。

テクノロジーは手段か，目的か

テクノロジーとは本来，私たちが何かの目的を達成するための手段であったはずである。テクノロジーに基づくスマートシティもまた，便利な生活という私たちの目的を達成するための手段である。しかし，先述の自動運転車の話においては，おそらくこの手段－目的の関係は変調をきたしている。テクノロジー・ゴーグルをかけた目には，自動運転車を導入することこそがむしろ目的になってしまっている。このとき，本来の目的であったはずの便利さは，私たちを置き去りにして，生活実感から離れた抽象的な便利さに置き換えられてしまっているのである。

これには，都市におけるテクノロジーの導入が，情報技術によって取得されたデータを根拠に進められていることが関係している。たとえば，横浜市綱島地区におけるスマートシティ構想「Tsunashima SST」のコンセプトムービーを見ると，今この街を訪れている人々の年齢層や性別を，画像解析カメラを用いてデータとして取得できるシステムが紹介されている（Tsunashima SST YOKOHAMAウェブサイト）。これらのデータの取得時にはプライバシーへの配慮がなされているようであるし，この街を利用する人々の生活に最適化したサービスを導入していくことを目的とした手段の一つという位置づけだろう。しかし，このシステムには実施前から少なくとも二つの問題が指摘できる。

　一つは，このカメラはどのようにして人々の年齢層や性別を判定するのか，ということである。おそらく，このような外見の人は，この年齢，この性別ということを，過去のデータから推測するのだろう。しかし，こうして収集されたデータにおいて一人一人の個性はないものとして扱われる。またもう一つの問題として，今すでにこの街にいる人についてのデータしか取れず，未来に集う人のデータは考慮されないことになる。以上の懸念から，今いる人，未来に集う人のどちらの生活の肌理も十分に考慮できないまま，誰のものでもない架空の便利さを目的に掲げて，実際はテクノロジーの導入が目的化するという事態が起きることさえ懸念される。

　哲学者の戸谷洋志は，「スマート」ということばの語源を遡りながら，現代においてスマートさの本質は「余計なものを排除するという性格を表すものであるということ」と「それによって人間が受動的になるということ」にあると述べる（戸谷 2022：43-44）。スマートなテクノロジーは，私たちが何も考えなくても，ある行為（たとえば移動）をできるようにするところにその本質がある。余計なものがすべて削ぎ落とされ，人間が能動的に考え，行為する必要がなくなるのである。それは便利だけれども，人間としての生をどこか味気ないものにしてしまうだろう（同：44）。

3 | スキルとしての技術と都市

ウォーカビリティ

　では、私たちが都市において能動性を発揮しつつ生きることは可能か。そこで最後に検討するのは、スキルという意味での技術である。skillは語源的には「知識」を意味し、日本語では「技能」と訳すことのほうが多いことばかもしれない。本章ではここまで、アートやテクノロジーなど、都市計画家や行政によって、いわば生活者に対して上から与えられる「技術」に注目してきた。しかしこれらは、使い方を間違えれば、人々の生活の質を向上させるどころか、これを度外視したり、むしろ低下させたりする可能性もあるものだった。近年、まちづくりにおける住民参加の必要性が再認識されてはいるものの、都市はその規模ゆえ、私たち一人一人の意思とは無関係にできあがっていくものである。自分がつくったわけではない場所で、自分自身の日常生活を組み立てるために、私たちはそれぞれにいわば「住みこなしのためのスキル」を発揮する必要があるのではないか。そこで、ウォーカビリティをキーワードに、この点について検討することにしたい。

　都市における歩行の重要性は繰り返し語られてきた（ベンヤミン 2021）。ウォーカビリティは、車中心から脱却し、人間中心の都市へと空間を変貌させる取り組みを導くものとして注目されている。その理念は世界中で実践されているが、もともとは典型的な車社会であるアメリカにおいて提唱されたものである（Speck 2022）。日本においても、2023年12月現在、国土交通省が「ウォーカブルポータルサイト」を立ち上げ、「「居心地が良く歩きたくなる」まちなかづくり」」を推進している。walkable（歩きたくなる）、eye level（まちに開かれた1階）、diversity（多様な人の多様な用途、使い方）、open（開かれた空間が心地よい）の四つの観点から、居心地が良く歩きたくなるまちなかのイメージがまとめられている。街路を広く取り、建物前の広場や民間空き地を活用することで、ただ通り過ぎるのではなく、人々が思い思いに過ごすことのできる場を構築する取り組みである。具体例として、一階店舗をガラス張りにし民間敷地の一部を広場化した宮崎県日南市、道路を占有して夜間オープンカフェを開いた福岡県北九州市、公

園を芝生や民間カフェ設置で再生した東京都豊島区の事例が掲載されている（国土交通省ウェブサイト）。

・・・
歩くスキル

　ウォーカビリティは，歩きやすさだけではなく，都市のなかに私たちが滞留し，場所や他者と新たにつながりをもつこと一般を想定したことばである。その意味で，ウォーカブルなまちづくりは，アートとしての技術のように大上段に構えることなく，またテクノロジーとしての技術のように抽象化することもなく，私たちの生活の肌理をこぼさず大事にする取り組みのように思える。

　だが，ウォーカビリティということばに接するとき，いつも戸惑うのは，それが何に帰属される能力であるのか，という点である。いうまでもなく，このことばはwalk（歩く）＋ ability（能力）という成り立ちをしている。そのため，これは「歩かれる」都市のもつ性質を指すのだが，しかし実際に歩くのは私たち人間である。

　国土交通省の挙げる，先の四つの観点——walkable（歩きたくなる），eye level（まちに開かれた1階），diversity（多様な人の多様な用途，使い方），open（開かれた空間が心地よい）——にも，すでに都市と人々という二つの主体が混在している。eye levelとopenは明らかに都市の側が物理的に有する特徴であり，diversityは人々のほうがどのように場所を使えるかを問題にしているように見える。そして，肝心のwalkableには「歩きたくなる」という日本語が当てられており，本来「-able」のもつ可能の意味は薄れているが，ある都市と出会ったときの私たちの心の動きを表現しており，二つの主体の出会いが想定されている。

　eye levelやopenのように，主に都市の側に属する観点については，どうすればそれが実現できるかがはっきりしているのに対して，人の側に属するdiversity，あるいは都市と人との出会いによるwalkableについては，具体化することが難しい。それは，都市計画の域を超えて，私たち人間のほうが発揮するべきスキルの話にも関わるからである。

・・・
「なんとかやっていく」ための戦術としてのスキル

　領域横断的な文化研究で知られるフランスの思想家，ミシェル・ド・セルトー

は，私たちの日常的生活を「なんとかやっていくこと」ということばで表現している。私たちの生活の場は，企業や政府などの大きな存在に主導されてできあがる。現代社会においては，個人に先立って権力をもつ存在がおり，それらが提供するシステムのなかで私たちは生きているのである。このように，システムの側がつくる権力性のある計画のことを，ド・セルトーは「戦略」と呼ぶ。

だが私たちは，そのシステムの網の目を掻い潜り，システムのなかに自分や文化に固有の生き方をひっそりと成立させてもいる。他者に与えられた場でなんとかやっていくために，人々は工夫を凝らしていくのである。ド・セルトーはこれを「戦術」と呼ぶ（ド・セルトー 2021: 199-122）。

この戦略と戦術の区別を基礎として，ド・セルトーは都市についても論じている。ド・セルトーは，都市における「上」と「下」の対比から議論を開始する。都市に聳え立つ摩天楼の上から，私たちは都市の全体を眼中におさめることができる（と思い込むことができる）。これに対して，摩天楼の下で地面に足をつけて歩くとき，私たちは自分がたしかにそこにいるはずの都市の姿を見失う。しかし，神の視点を得られない「下のほう」でこそ，私たちは日常を生きている。そして都市を歩き回る私たちこそが，都市計画によって制定された一つのシステムのなかで，「作者も観衆もない物語，とぎれとぎれの軌跡の断片と，空間の変容とからなる多種多様な物語をつくりなしてゆく」（同：236）。

「上」と「下」の対比は，都市計画と生活者の日常的実践の対比を意味する。ド・セルトーによれば，都市計画は「匿名の普遍的主語」としての都市を創造し，都市空間の隅々にまで管理を行き届かせ，あらゆる意味でシステムに拮抗するものを排除しようとする。しかし，私たちは都市のなかを歩くことで，都市計画が想定していない方法で場所を使用したり，ルートを開拓したりする。私たちの足取りは量的に数え上げることのできるものではなく，一つ一つが質的に異なり，それぞれに固有の仕方で都市の秩序に裂け目をもたらす。私たちは，歩くことを通じて都市という場所をいわばアクティベートしていくのだ。

私たちは一人一人違っている。たくさんの異なる私たちが集まって住んでいる都市は，私たちそれぞれのためにオーダーメイドでつくることができない。もちろんアートやテクノロジーを用いて，都市計画をする側が生活者のことを考えた開発を行うことが，まずは目指されるべきである。しかし同時に，私た

ち生活者も，スキルを発揮して都市を住みこなしていくことで，計画者の思いもよらない都市の姿をつくりだせるのではないだろうか。

参考文献

エヴァンソン，N　2011『ル・コルビュジェの構想——都市デザインと機械の表徴〔新装版〕』酒井孝博訳，井上書店。
海老原城一・中村彰二朗　2019『Smart City 5.0——地方創生を加速する都市OS』インプレス。
オールセン，D・J　1992『芸術作品としての都市——ロンドン・パリ・ウィーン』和田旦訳，芸立出版。
グリーン，B　2022『スマート・イナフ・シティ——テクノロジーは都市の未来を取り戻すために』中村健太郎・酒井康史訳，人文書院。
ド・セルトー，M　2021『日常的実践のポイエティーク』山田登世子訳，筑摩書房。
戸谷洋志　2022『スマートな悪——技術と暴力について』講談社。
ベンヤミン，W　2021『パサージュ論3』今村仁司・三島憲一・大貫敦子・高橋順一・塚原史・細見和之・村岡晋一・山本尤・横張誠・與謝野文子・吉村和明訳，岩波書店。
安岡美佳/ユリアン　森江　原　ニールセン　2022『北欧のスマートシティ——テクノロジーを活用したウェルビーイングな都市づくり』学芸出版社。
若林幹夫　2003『未来都市は今——"都市"という実験』廣済堂出版。
Sepänmaa, Y. 2007. Multi-sensoriness and the City. In A. Berleant & A. Carlson (eds.), *The Aesthetics of Human Environment.* Broadview Press, pp. 92-99.
Speck, J. 2022. *Walkanle City: How Downtown Can Save America, One Step at a Time.* 3rd etidion. Picador.

（ウェブサイト）
国土交通省「（参考）『居心地が良く歩きたくなるまちなか』のイメージ」https://www.mlit.go.jp/toshi/content/001334593.pdf（2023年12月27日閲覧）。
内閣府「スマートシティ」https://www8.cao.go.jp/cstp/society5_0/smartcity/index.html（2023年12月27日閲覧）。
Tsunashima SST Yokohama「コンセプトムービー」https://tsunashimasst.com/JP/（2023年12月27日閲覧）。

Case Study | ケーススタディ 11

都市を住みこなすとは
タクティカル・アーバニズム

歩くことの歴史

　本文では，私たちが都市を歩くことがスキルとなりうる，つまり私たちが都市を住みこなしていくために有効な手法になりうると述べた。しかし，いきなり「歩くこと」がある種特別な力をもつスキルになりうるといわれても，あまりピンとこないかもしれない。しかし，少し歴史を振り返ってみると印象が変わるだろう。

　作家のレベッカ・ソルニットは，人間の歩行という行為の歴史に注目した大著を記している。ソルニットは山や街での歩行，宗教的巡礼から政治的デモまで，さまざまな場面において歩くことが私たちの思考をも深めてきたことを指摘する。ソルニットは都市を，匿名性，多様性，つながりの可能性をもつ場だと考える。都市のなかで私たちは他人に注目されることなく雑踏に紛れながら，さまざまな人々とすれ違い，一時的に共同体の感覚を得ることができる。こうした都市の特徴を味わうために，歩くことは最も有効な方法なのだとソルニットはいう（ソルニット 2020：283）。

フェミニズム地理学からの指摘

　一方，ソルニットは，この街を歩くという行為が，歴史的に見て特定のジェンダー，すなわち女性に対して自由に許されていたものではなかったことも指摘している（同：392）。レスリー・カーンはフェミニズム地理学の立場から，この問題を多角的に検討している。伝統的に，都市は限られたジェンダー・人種の人々，すなわちごく限られた身体を想定してつくられてきた。その検討はさまざまなジェンダーに関して展開されるが，たとえばカーンはベンヤミンのフラヌール＝遊歩者を意味する男性名詞を念頭に，「妊娠したフラヌーズとかベビーカーを押すフラヌーズはいたか」と問いかける（カーン 2022：40；フラヌー

ズは女性名詞)。都市計画において歩行を話題にするときは、いったい誰にとって歩きやすいものになっているのかも考える必要がある。

タクティカル・アーバニズム
　また、生活者が積極的に都市の使い方を提案する手法として、近年、タクティカル・アーバニズムが注目されている。これは「画期的な交通手段、オープンスペース、小規模なまちづくりの取り組みによって、時代に合わない政策と都市計画プロセスに対処」するプロジェクトである(ライドン＆ガルシア 2023：45)。たとえば、もともとは車が通り過ぎるだけであった場所に、仮設のテーブルや椅子を置くことで人々がそこに滞留し、その場所でなんらかの活動を行うことを可能にする。これは、都市を大幅に再開発することなく、生活者にとってこうだったらいいな、という街の姿を、低コストで実験的に実現することができる点で魅力的である。都市は、何も立派な機械やコンピュータのような技術がなければつくれないものではない。少しの工夫も、生活の質を変えることができる大事な「技術」なのである。

参考文献
カーン, L　2022『フェミニスト・シティ』東辻賢治郎訳, 晶文社。
ソルニット, R　2020『ウォークス——歩くことの精神史』東辻賢治郎訳, 左右社。
ライドン, M／A. ガルシア　2023『タクティカル・アーバニズム・ガイド——市民が考える都市デザインの戦術』大野千鶴訳, 泉山塁威・ソトノバ監修, 晶文社。

Active Learning | アクティブラーニング 11

Q.1

映画を観て「技術」のあり方を議論しよう

映画「ジェイン・ジェイコブズ　ニューヨーク都市計画革命」(M・ティルナー監督, 米国, 2016) を観て, 本文で述べた「アート」「テクノロジー」「スキル」のそれぞれの意味での技術がどのように用いられているか, 議論をしてみよう。

Q.2

ル・コルビュジエの「300万人のための現代都市」について調べ, 討論しよう

本文でも紹介したル・コルビュジエの都市計画のうち「300万人のための現代都市」について, より詳しく調べてみよう。そして, この計画の利点と問題点を自分なりにまとめた上で, 周囲の人と討論してみよう。

Q.3

グループに分かれて「理想の都市」を構想してみよう

「理想の都市」をゼロからつくることができるならば, あなたはどのような技術を, 何のために用いるだろうか。目的と手段の関係に注意しながら, 「理想の都市」をグループごとにデザインして発表しよう。

Q.4

あなたにゆかりのある都市に対する提言をまとめてみよう

実際には, 私たちはゼロからではなく, すでに存在している都市を改良しながら住みこなしていく必要がる。あなたにとって身近な都市の未来を想像しながら, どのような「技術」が生活の質の向上に結びつくか, 提言してみよう。

第12章

遺伝子ドライブ
生物と生態系を操作する技術

藤木　篤

本章では遺伝子ドライブを主題に扱う。遺伝子ドライブとは，ゲノム編集技術の応用形態の一つであり，端的にいえば，ある生物種集団全体の遺伝子を書き換えられる可能性を秘めた技術である。たとえば農作物の害虫抵抗性や除草剤抵抗性を向上させることで食料生産の効率を向上させることができるかもしれないし，害虫や害獣の遺伝子を書き換えることでそうした種全体を特定地域内から絶滅させることができるかもしれない。そのような展開可能性から，遺伝子ドライブは現在，多方面での活躍が期待されている。しかしながら，遺伝子ドライブの安全性をめぐって，現在でも多くの議論がある。本章では，こうした特徴を有する遺伝子ドライブ技術について，三つのパートに分けて，技術哲学的に吟味していく。第1節では，害虫防除の歴史と思想的背景の変遷について概観する。第2節では，遺伝子ドライブが，不妊虫放飼法という害虫の防除根絶を目的とした技術の一つとして登場しつつも，従来の不妊虫放飼法とは異なる点があることについて確認する。第3節では，遺伝子ドライブの技術的洗練・改良と，本技術のガバナンス（管理，統治）について，具体的に検討する。

KEYWORDS　#生態系　#IPM　#根絶　#予防原則　#倫理的・法的・社会的諸課題

1 │ 害虫防除をめぐる技術と思想

「害虫」の誕生

　近年，ゲノム編集技術とともに，その応用の一形態としての遺伝子ドライブに注目が集まっている。詳細については第2節にて後述するが，遺伝子ドライブは，「特定の遺伝子の変異等の拡散を促進する技術であり，一定地域に生息する対象となる生物種集団全体の遺伝的性質を改変する潜在的能力」を有する（全国大学等遺伝子研究支援施設連絡協議会 2017: 1）。たとえば，理論的には，雌を生まない，つまり雄のみを産み出すように操作を加えた個体を，環境中に放つことで，最終的に種そのものを絶滅させることも可能になる。

　したがって，重篤な感染症を媒介する衛生昆虫・動物や，深刻な農業被害をもたらす農業害虫，そして生物多様性を脅かすおそれのある侵略的外来種などを制御するための技術として，現在，遺伝子ドライブが有望視されている。しかし同時に，生態系への影響も懸念されており，手放しで迎え入れられるような技術というわけでもない。この技術について検討を進めるにあたって，本節では，遺伝子ドライブ登場以前の害虫対策の技術的・思想的変遷を簡単に振り返ってみたい。

　実は，害虫という概念は普遍的なものではない。何を害虫とみなし，またそれらの害虫に対してどのような対抗手段を講じるかは，その時々の人間の生活形態や思想に大きく左右される。たとえば「江戸時代，虫は自然発生するものだと考えられていた」し，「そのため害虫による農業への被害はたたりとされ，それを防ぐ方法は田圃にお札を立てるという神頼みだけだった」（瀬戸口 2009）。それゆえ神頼み以外に有効な対抗策をもたなかった時代，排除対象としての「害虫」は存在しなかったとされている。つまり人間にとっての有害性のみではなく，有効な対抗手段を手にしているかどうかでも，害虫への向き合い方は変化するのである。最も有望な対抗手段と目され，実際に長年にわたって使用されてきたのが，化学合成農薬（以下「農薬」）である。

農業による害虫防除とその反省

　第二次世界大戦後，化学兵器に用いられた技術をもとにして，廉価な殺虫剤や農薬の生産が可能になった。卓効と効果の安定性，そして比較的安価という特徴により，こうした薬剤は，国内外を問わず広範かつ大量に使用されてきた。その結果，害虫被害の減少と食糧増産が可能になったこと，そしてそれが第一次産業従事者はもちろん，それ以外の人々にも多大な恩恵をもたらしたことに，疑いの余地はない。

　しかしながら，農薬の大量使用は，人間のみならず自然環境へも多大な影響を及ぼしてきた（cf. Carson 1962; Jacobsen 2008）。より具体的には，1970年代半ば以降，「徹底した防除を目的とした過剰な使用によって，抵抗性害虫の出現（Resistance），誘導多発性（Resurgence, 害虫勢力の増大現象），食品残留（Residue）そして野生生物への悪影響（Razing of wild life）という，いわゆる「4Rの弊害」が生じてきた」のである（那波 2001：399）。

　その反省として，農薬の濫用を抑えることを目的に，さまざまな代替技術が考案されてきたのである。こうした代替技術はまた，農業における新たな方向性を生み出すきっかけともなった。たとえば次小節で紹介する，「総合的有害生物管理（Integrated Pest Management: IPM）」などである。

IPMの登場

　前述のとおり，「農薬一辺倒の防除慣行への反省から，「総合防除（Integrated Control）」の考え方が1950年代終わり頃に提唱された」（那波 2001：399）。総合防除とそれに続くIPMは，国際的には60年以上，国内においても40年以上の歴史がある（對馬 2014：188, 195）。IPMには複数の定義があり，かつそれらの間でも差異が認められることがあるが，たとえば国連食糧農業機関（Food and Agriculture Organization of the United Nations: FAO）は，IPMを次のように定義している。

　　Integrated Pest Management（IPM）とは，農作物に対する有害生物制御に応用可能な全ての技術を精緻に考慮し，それらの発生増加を抑制する適切な方法を総合的に組み合わせ，農薬やその他の防除対策の実施は経済的に正当なレベルに保ち

つつ，人や環境へのリスクを軽減または最小限に抑えることを意味する。IPMでは，農業生態系撹乱の可能性をより少なくし，有害生物の発生を抑える自然界の仕組みをうまく活かすことにより健全な農作物を育てることが重要視されている。　　　　　　　（FAOウェブサイト参照，邦訳は農薬工業会ウェブサイトより引用）

　害虫防除には，農薬や殺虫剤を用いた化学的防除をはじめ，物理的防除，耕種的防除，生物的防除などの種類があるが，これらの防除法を総合的に組み合わせて使用するということが，IPMの基本的な考え方となる。つまりIPMは必ずしも農薬の使用禁止を最終目的とするものではなく，あくまで農薬や殺虫剤を使用する際には，経済的コストや人や環境へのリスクを同時に勘案する必要がある，という主張を行っているに過ぎない。

　IPMには複数の定義があるものの，そこに共通して含まれる基本概念とはすなわち，「複数の防除法の合理的統合」「経済的被害許容水準」「害虫個体群管理システム」の3点である（大野・仲井 2009: 17）。そこに見いだせるのは，「殺虫剤の使用の抑制と，多様な防除技術のシステムとしての統合及び経済的最適化」こそが，IPMを支える二本柱だということである（久野 1998: 1）。換言すれば，IPMは，「害虫の根絶を図るのではなく，単一の防除手段のみに依拠せずに，作物の被害を経済的に許容し得るレベル以下に害虫の密度を維持しようとする防除実施の意志決定システム」なのである（那波 2001: 400）。

　ここで興味深く思われるのは，IPMにおいて，実際にそれが可能かどうかは別にして，我々人類社会が，害虫の存在をある程度許容することが前提となっている，ということである。繰り返しになるが，IPMは生物的防除を防除手段の一つとして用いつつも，必ずしも対象害虫の根絶を目的とするものではなかった。それでは逆に，対象生物の根絶を目的とした生物的防除手段があったとしたら，私たちはそれでもなお有害生物との（おそらくさほど愉快とはいえない）共存を選択し続けるだろうか。この問いについて考えるために，次節以降，遺伝子ドライブとその雛形の一つとなった不妊虫放飼法について見ていくことにしよう。

2 | 遺伝子ドライブと不妊虫放飼法

遺伝子ドライブとは――感染症／外来種対策のための強力なツール

　遺伝子ドライブとは，ゲノム編集技術の応用形態の一つであり，「特定の遺伝因子を生物種集団内に優先的に拡散させる現象またはその技術の総称」（全国大学等遺伝子研究支援施設連絡協議会 2017: 3）もしくは「有性生殖をつうじて，ある遺伝要素が，一つの生物からその子孫に継承される能力を強化するという，遺伝的形質を偏らせるシステム」（NASEM 2016: 182; 大庭 2018: 1）である。遺伝子ドライブは，病気の蔓延を防ぎ，昆虫や雑草の農薬や除草剤への抵抗性を減じることで農業を支援し，有害な外来種を制御できる可能性がある（Esvelt et al. 2014: 1）。この「生態学のための新たなツール」の応用範囲は広く，少なくとも人間の健康（公衆衛生），環境，農業と，そしてそれらが重なり合う領域において，将来的に利用される可能性が指摘されている（ibid.: 15, Figure 7, cf. NASEM 2016: 19, Table 1-1）。実例をいくつか紹介しておこう。

　三大感染症の一つ，マラリアは人類を長期にわたって苦しめてきた（cf. シャー 2015）。予防も治療も可能な病気であるにもかかわらず，現在でも多くの人々が犠牲になっている。世界保健機関（World Health Organization: WHO）の「ワールド・マラリア・レポート」の最新版によれば，世界全体では，マラリアによる死亡者数は2000年の86万4,000人から着実に減少傾向を辿っており，2022年の推定死亡者数はおよそ60万人とされている（WHO 2023: xix）。ビル・アンド・メリンダ・ゲイツ財団は，以前から，サハラ以南のアフリカでマラリアを媒介する蚊の数を減らすことを目的としたプロジェクト「ターゲット・マラリア」に多額の資金提供を行っている。同財団はその活動の一環として，遺伝子ドライブに対しても比較的早期から研究開発資金を提供してきた（cf. Regalado 2016; Outreach Network for Gene Drive Research: ONGDRウェブサイト）。遺伝子ドライブはマラリア対策のための強力なツールの一つになりうる（cf. Ledford & Callaway 2016）。

　実際，ブルキナファソのある科学者は，蚊のゲノム編集によりマラリアを一掃可能であると主張している（Princewill 2023）。またマラリア制御技術として

の遺伝子ドライブについて，サブサハラ・アフリカ全49ヵ国中25ヵ国，計180人のステークホルダー（利害関係者）を対象に行われた調査においては，「関係者の「遺伝子ドライブ組み換え蚊」（Gene Drive Modified Mosquitos: GDMM）に対する認知度は高かったものの（76.7％），その主な特性やマラリア対策の可能性についての理解度は比較的低かった（28.3％）」とされている（Finda et al. 2023: 1, 7）。ここで注目すべきは，「回答者の大多数（92.9％）が，それぞれの国でのGDMMの実地試験や実施を支援すると述べた」点である（ibid.: 1, 12）。マラリアへの感染リスクに日常的に晒されている地域と，そうではない地域においては，遺伝子ドライブという技術の捉え方が異なってくる可能性がある。

　疾病のコントロール以外に，外来種対策においても，遺伝子ドライブの利用が検討されている。たとえば，遺伝子ドライブの小型哺乳類への適用については，以前から研究が進められてきている。一例を挙げると，環境保護団体「アイランド・コンザベーション」は，「「遺伝子ドライブによるドーターレス（daughterless：メスを生まない）」ネズミ，つまりオスだけを生む種を作り出す研究を進めて」いる（Regalado 2017）。またそれとは別に，2022年には，遺伝子編集技術を用いてメスを不妊化させるという，ハツカネズミの根絶計画に関して，オーストラリアで屋内実験が行われている（Mannix 2022）。いわば次小節で扱う不妊虫放飼法を哺乳類に適用する，不妊「獣」放飼法といえるだろう。当然のことながら，遺伝子ドライブの適用対象は必ずしも「害虫」に限定されるものではないのである。

　少なくともこれらのようなかたちで，害虫や害獣を根絶するためのテクノロジーとして，遺伝子ドライブの応用が期待されている。そして遺伝子ドライブは，不妊虫放飼法の一つのヴァリエーションとして登場した，という歴史的経緯がある（Macias et al. 2017）。それでは，不妊虫放飼法とは，もともと何を目的とした，どのような技術であったのだろうか。

不妊虫放飼法

　「不妊虫放飼法（sterile insect release method または sterile insect technique: SIT）とは，対象害虫を大量増殖し，それらを「不妊化」して対象地域に放飼し，野生メスの産む卵を孵化できなくして，次世代個体数を減らす技術である」（伊藤

編 2008：1）。バイオテクノロジーが盛んに利用される以前，不妊化には放射線照射が用いられることがほとんどであった。

　国内でも，不妊虫放飼法による害虫根絶の成功例がある。沖縄，奄美，小笠原諸島における，ミバエ類の根絶事業が，それである（cf. 伊藤 1980；小山 1984；小山 1994；小林 1999。また本章ケーススタディも併せて参照せよ）。同地域には，かつてミバエという果実・野菜を食い荒らす害虫がいたので，防疫のため出荷が制限されていた。放射線を用いて，繁殖能力をもたないオスの成虫を大量に飼育，累計530億匹を野に放つことによって根絶を成し遂げたのである。その結果，1993年に沖縄の農産物の本土出荷が認められた。

　総合防除やIPMの思想においては，害虫の根絶は必ずしも最終的な目標となるわけではなかった。一方，不妊虫放飼法は，標的となる害虫の根絶が前提となっている。では，ある程度の個体数を維持する防除と根絶とを分ける分水嶺はどこにあるのだろうか。まず最初に，個体数の多寡ではなく，その有無が問題となる場合が挙げられる。たとえば沖縄県農業試験場病虫部の志賀は，「ミバエ類のような寄主植物の移動制限の対象となる害虫では，害虫の発生量や被害量ではなく，その害虫の存在そのものが産業上の絶対的な制限要因となる」ため，「これらのミバエ類の生息地域における問題を根本的に除去するには両種を根絶する以外にない」と述べている（志賀 1988：62）。次に，コストの問題である。不妊虫放飼法は実際に放飼を開始してから根絶に至るまでの間に，莫大な金銭的，人的，時間的コストがかかる。したがって，「多額のお金を使って増殖施設や不妊化施設を作るのだから，根絶が必要とされる害虫，一匹でもいたら困る害虫でないと」実施が難しいのである（伊藤 1980：16）。

　またそれらとは別に，不妊虫放飼法という技術の適用条件と限界についても，考慮する必要があるだろう。不妊虫放飼法は，どのような条件下でも使用できる，汎用性の高い技術とは言い難い。たとえば，標的となる害虫は「人工飼料で大量に飼えるものでなければならない」し，「放射線などによって生活力に悪影響なしに不妊化できるものでなければならない」（同：16）。さらに実施場所は周辺環境から隔離された場所（島嶼部など）でなければならないし，成虫が害を与える種であってもいけない（同：16）。こうしたさまざまなハードルを乗り越えてはじめて，ようやく不妊虫放飼法が選択肢の一つに挙がるのである。

この技術導入に至るまでのハードルの高さこそが，ある意味で不妊虫放飼法が一般的な防除方法になれなかったことの一因になっている。しかしながら，逆にいえば，最大の障壁である昆虫の不妊化手法に技術的革新が生じれば，こうした状況は一変する可能性がある。沖縄県病害虫防除技術センターの熊野は，「照射技術の革新は従来のような大規模な不妊化施設を必要としません」としており，同時に「害虫管理の一つの手法として不妊虫放飼が加わることで，より適切な手法でコストを抑えた防除を進めることができるようになるでしょう」と述べている（熊野 2013）。そして実際に，不妊虫放飼法における，不妊化手法には，放射線照射以外にも，生殖システムを操作する共生細菌ボルバキアへの感染や優性致死遺伝子の導入など，いくつかの手段が用いられてきた（cf. Mallonee 2016; Mullin 2017; Willyard 2024）。遺伝子ドライブを，そうした技術革新の一つとして理解することは十分に可能である。

安全性に対する懸念

　これまでに検討してきたとおり，遺伝子ドライブには数多くの期待が寄せられている。しかしながら，遺伝子ドライブの安全性をめぐって，現在でも多くの議論がある(e.g. Ledford 2016; Oye et al. 2014)。ジャーナリストのジェニファー・カーンは，遺伝子ドライブ技術について，害虫対策におけるその有効性を認めつつも，「一つの生物種全体を永久に変えてしまう遺伝子編集技術」であるとして，慎重な運用が求められることを強調している（Kahn 2016）。

　ゲノム編集技術を用いた遺伝子ドライブの開発者の一人である，ケヴィン・エスベルトも，本技術が登場してまもない頃から，一貫して安全性に対する懸念と，安全性を向上させるための技術開発の必要性について言及している。遺伝子ドライブによる外来種駆除は，「最終的には新しい非常に侵入的な種を作り出すのと同じこと」であり，生態系を破壊することにつながる，というのである（Esvelt & Gemmell 2017: 3; Condliffe 2017）。一方で，制御不能な状態に陥らないように，遺伝子ドライブを微調整したり，制御性や安全性を高めるような技術開発は可能であるとも述べており，次小節で確認するように，実際にそうした技術の開発も進んでいる。

　これまでに見てきたとおり，遺伝子ドライブは，不妊虫放飼法の発展の歴史

の中に位置づけられるといっても差し支えないだろう。遺伝子ドライブは,「従来技術の効率化」といえる点も多い。それは,虫の不妊化に放射線照射を用いていたものを,ゲノム編集による致死遺伝子の組み込みによって行ったりするなど,不妊化手法の違いにも見られる。また,不妊化個体の大量放飼ではなく,遺伝子工学的手法を用いて野生環境下の集団内に速やかに拡散させるという点では,従来技術の劇的な効率化といえるかもしれない。

　一方で,質的に異なる点も認められる。不妊虫放飼は原則として不妊化個体の大量放飼によって特定種の根絶を目指した。しかしながら,遺伝子ドライブは原理的に有性生殖による継代によってはじめて機能するものであり,遺伝子ドライブ生物は必ずしも不妊化個体である必要はない（e.g. マラリア原虫が体内で生存できないように編集を施されたマラリア耐性蚊）。したがってゲノム編集の痕跡が集団に残り続ける可能性,およびそれらが生態系全体に及ぼすかもしれない影響も考慮しなければならない。

3 │ 遺伝子ドライブの技術的洗練とガバナンス

技術的洗練と制御性の向上

　少なくとも現時点において,遺伝子ドライブは実用化までには至っていない。その大きな理由の一つが,すでに述べた安全性と制御性に対する懸念であり,それらを払拭するために,日進月歩の技術的洗練が行われている。遺伝子ドライブが備えるべき望ましい特徴として「制御性が高く」「遺伝的拡散を抑えることができ」「可逆性があり」「安全で」「効果的」であることが挙げられるが,こうした方針に沿って,複数の方式が開発されている（Akbari 2020）。

　たとえば,遺伝子ドライブの自動拡散という特徴に一定の制限を設けるというアイデアが提唱されており,「自己消滅型 self-exhausting」（Noble et al. 2019）の「安全な」（Esvelt & Gemmell 2017),「デイジー（チェーン）ドライブ」の研究が進められている。また,米国防衛高等研究企画庁（Defense Advanced Research Project Agency: DARPA）がスポンサーとなって,より安全で,よりコントロール性を高めた遺伝子ドライブの開発を目標の一つに組み込んだ,「安全な遺伝子（Safe Genes）」プロジェクトが進められてきた（DARPAウェブサイト, JST 2016;

2017)。しかしながら、ここでも資金源との関係から、デュアル・ユース（軍民両用性もしくは用途両義性）としての側面に対して、懸念を表明する報告書もある（cf. CSS, VDW, ENSSER 2019: 13）。

　技術的に生じた問題は、同じく技術的手法によって解決できるというアイデア、いわば技術的楽観論とでもいうべき立場もある。たとえば、もし想定外あるいは不慮の事態が生じた場合、悪影響を上書きするような第二のドライブ（リバーサルドライブ〔cf. Vella et al. 2017〕）や免疫ドライブを実行すればよい、という意見もある。前者は誤ったドライブの影響を取り除いて、対象となる生物をほぼ元の状態に戻すものであり、後者は不正なドライブが標的とする遺伝子配列を攻撃し、先制的に変化させるものである（Wade 2015）。一方、キイロショウジョウバエを用いた実験で、遺伝子ドライブに対する抵抗性遺伝子の形成が確認されたという報告もあるため（Champer et al. 2017）、こうした手法の有効性については、今後も慎重に検討を続ける必要があるように思われる。

・・・

予防原則に基づくモラトリアムの設定

　こうした諸々の特徴を備えた遺伝子ドライブについて、専門機関は総じて慎重な態度をとることを提案している。国内では、全国大学等遺伝子研究支援施設連絡協議会（現・遺伝子研究安全管理協議会〔2022年4月1日に名称変更〕）は、2017年に「Gene Driveの取り扱いに関する声明」を発表しており、そのなかで「Gene Driveに関する情報を機関内に周知すること」「Gene Driveを用いた遺伝子組換え実験計画の有無を把握すること」、そして「適切な拡散防止措置が執られていることを確認すること」の3点が、注意喚起として記されている（全国大学等遺伝子研究支援施設連絡協議会 2017：1-2）。

　海外でも、複数の報告書において、予防的態度・措置の必要性が強調されている。たとえば米国科学・工学・医学アカデミーは、遺伝子ドライブに関する報告書『近未来の遺伝子ドライブ――科学の進展、不確実な状況でのかじ取り、公共の価値と研究の整合』のなかで、「現時点において遺伝子ドライブによって改変された生物を環境中に放つことを支持するための十分な証拠がない」としつつも、「しかしながら、遺伝子ドライブが持つ可能性は大変に意義深いものであり、施設内での研究あるいは厳格に管理された状況下で野外実験を進めるこ

とは容認する」という態度を示している（NASEM 2016: 177; cf. 大庭 2018）。ただし報告書内では同時に、「遺伝子組み換え生物の野外試験や環境放出を行う前に、対象となる生物、その環境との関係、潜在的な予期せぬ結果について豊富な理解を確立することが極めて重要」であり、（慎重な研究と評価、研究が次の段階に進むべきかどうかを判断するためのチェックポイントといった）「段階的な試験経路を設けることで、遺伝子ドライブに関する研究の予防的かつ段階的なアプローチを促進することができる」という点についても言及されている（NASEM 2016: 6）。

クリティカル・サイエンティスト・スイス（Critical Scientists Switzerland: CSS）、ドイツ科学者連盟（the Federation of German Scientists: VDW）、社会環境責任のための欧州科学者ネットワーク（the European Network of Scientists for Social and Environmental Responsibility: ENSSER）の3団体が2019年5月に公開した、遺伝子ドライブに関する報告書でもまた同様に、「予防原則を適用するという知恵は、この新しく強力な技術に直面する際の最良の指針となるだろう」と述べている（CSS, VDW, ENSSER 2019: 13）。それとは別に、3団体の協力のもと、環境団体セイブ・アワー・シーズ（Save Our Seeds）によって作成されたドキュメンタリーフィルム"Gene Drive Film"においても、特に生態系に対して与える可能性のある不可逆的影響に対して複数の科学者が懸念を示しており、予防原則に基づいた適切な規制を訴えている（Save Our Seeds 2020）。

予防原則とは、「環境影響の発生の仕組みや影響の程度などについて科学的な不確実性が存在する場合の政策決定の考え方」である（環境省総合環境政策局 2005: 1）。1992年のいわゆる「環境と開発に関するリオ宣言」の第15原則で「予防的方策が規定されたことを契機に、様々な国際協定の規定にその考え方が採用され始めた」（同：1）。この予防原則をもとに、先述の3団体は、2018年11月8日、遺伝子ドライブの研究開発について、モラトリアム（一時停止措置）を設けるよう声明を発表している（CSS, VDW, ENSSER 2018）。一方、「生物の多様性に関する条約」（Convention on Biological Diversity: CBD）は2016年に、遺伝子ドライブに関する世界規模でのモラトリアムの導入を否定している（Callaway 2016）。2年後、国連は遺伝子ドライブに制限をかけることについては同意したが、モラトリアムの設定については再び否定した。2018年11月29日、エジプトのエル・

シェイクで開催されたCBD会議において遺伝子ドライブ生物の放出を一時的に禁止する案を受け入れなかったのである（Callaway 2018）。

　これまでに見てきたように，複数の専門機関が，遺伝子ドライブに対しては慎重かつ予防的な態度をとるよう呼びかけている。実のところ，この点については，多くの専門家の見解が一致しているといえるだろう。しかしながら，どの程度まで慎重であればよいのか，予防的な態度とは何を指すのか，リスクと便益のバランスがとれるのか，といったさまざまな問いの捉え方がそれぞれにあり，それらが判断の違いを生んでいるのである。

…

遺伝子ドライブをめぐる倫理的・法的・社会的諸課題

　今後，遺伝子ドライブの実用化を目指すならば，研究開発プロセスにおいて，いずれ野外実験を行わなくてはならない。実験室での研究は，「これらの技術が大規模な使用に適しているかどうかを判断するために必要なデータを提供するには不十分」だからである（ONGDR 2022）。遺伝子ドライブが野外評価のために承認された場合，初期の野外試験は性能と安全性を確保するために小規模で行われ，その後より大規模で複雑な環境へとスケールアップされることになる（ibid.）。こうした段階的アプローチは，先述の米国科学・工学・医学アカデミーによる報告書で示された考え方と軌を一にしている。しかしながら，一部研究グループがすでに野外試験実施についての論考を発表しているものの（cf. Long et al. 2020），実験室内から野外での実験へと段階を進める際に必要とされるような，国際的基準やガイドラインは未だ策定されていない。そのため，野外実験の実現は未だ遠いといわざるをえない。

　たとえ段階的アプローチを採用するとしても，実験・研究規模を拡大するほど，ステークホルダーもそれに伴って増加していくことが予想される。当然のことながら，遺伝子ドライブの研究開発や実験については，一部専門家間での合意だけで進められるようなものではなくなってくるのである。そのため，遺伝子ドライブをめぐる倫理的・法的・社会的諸課題（Ethical, Legal, and Social Issues: ELSI）に関する議論について，できる限り早い段階から，幅広い利害関係者に参加してもらう必要がある。ただし市民参加を呼びかける上での課題もある。たとえば倫理学者をはじめとする「専門家は，入り組んだ，高度に技術

的な領域の研究について，人々に真剣に考えてもらうにはどのようにすればよいか，という悩ましい問題を抱えている」(Kahn 2020)。市民参加は重要であるが，そうした場へと，市民にどうやって参加してもらうか，という点はまた別に考える必要がある。

　遺伝子ドライブをめぐる倫理的・法的・社会的諸課題を通じて，さまざまな問いが立ち上がってくる。私たちは害虫や害獣との共存を目指すべきなのか，それとも根絶するべきなのか。IPMの考え方に基づいて，遺伝子ドライブを用いずに害虫防除の目的を達成することはできないのか。遺伝子ドライブは生態系にどのような影響を及ぼすのだろうか。世界初の野外実験をどこで行うべきか。仮にモラトリアムを設定するとして，その間特定地域の人々が，病害虫が媒介する感染症への罹患リスクに晒され続けることになるが，そこに倫理的問題はないのだろうか。

　これらはまさしく，技術哲学的問いである。遺伝子ドライブという個別具体的な技術を足がかりに，その他の技術についても，同じように技術哲学的に考察してみてほしい。

参考文献

伊藤嘉昭　1980『虫を放して虫を滅ぼす――沖縄・ウリミバエ根絶作戦私記』中央公論社。
伊藤嘉昭編　2008『不妊虫放飼法――侵入害虫根絶の技術』海游舎。
大野和朗・仲井まどか　2009「IPMと害虫防除の現状」仲井まどか・大野和朗・田中利治編『バイオロジカル・コントロール――害虫管理と天敵の生物学』朝倉書店，15-22頁。
大庭弘継　2018「全米科学・工学・医学アカデミー『近未来の遺伝子ドライブ』概要」http://www.cape.bun.kyoto-u.ac.jp/wp-content/uploads/2017/11/a722765bf77a7ba05e83b58f7146ee09.pdf（2024年4月1日閲覧）。
環境省総合環境政策局　2005「環境政策における「予防的な方策」の考え方の位置付けについて」https://www.env.go.jp/council/02policy/y020-31/mat03.pdf（2024年4月1日閲覧）。
久野英二　1988「害虫管理の展望」『植物防疫』42：509-510。
熊野了州　2013「「むしコラ」虫で虫を滅ぼす方法――不妊虫放飼法による害虫の根絶」https://column.odokon.org/2013/1223_100700.php（2024年4月1日閲覧）。

小林照幸　1999『害虫殱滅工場——ミバエ根絶に勝利した沖縄の奇蹟』中央公論新社。
小山重郎　1984『よみがえれ黄金（クガニー）の島——ミカンコミバエ根絶の記録』筑摩書房。
―――　1994『530億匹の闘い——ウリミバエ根絶の歴史』築地書館。
志賀正和　1988「果実害虫ミバエ類の根絶」『熱帯農業』32 (1)：61-65。
シャー, S　2015『人類50万年の闘い——マラリア全史』夏野徹也訳，太田出版。
瀬戸口明久　2009『害虫の誕生——虫からみた日本史』筑摩書房。
全国大学等遺伝子研究支援施設連絡協議会　2017「Gene Driveの取り扱いに関する声明」https://www.idenshikyo.jp/_src/2910470/GeneDrive_JPN_20170920.pdf?v=1689838424500（2024年4月1日閲覧）。
對馬誠也　2014「日本における総合防除とIPM——多様な農業に対応した様々な戦略の必要性」『日本植物病理学会報』80 (100th_Anniversary)：188-196。
那波邦彦　2001「農作物の生産現場における病害虫防除技術」『Journal of Pesticide Science』26 (4)：399-407。
JST　2016「遺伝子編集研究の安全な道筋」『デイリーウォッチャー』研究開発戦略センター，https://crds.jst.go.jp/dw/20161021/201610219872/（2024年4月1日閲覧）。
―――　2017「遺伝子編集技術に関するSafe Genesプログラムの開始」『デイリーウォッチャー』研究開発戦略センター，https://crds.jst.go.jp/dw/20170914/2017091412383/（2024年4月1日閲覧）。
Ledford, H. 2016「遺伝子ドライブの安全対策」『Natureダイジェスト』13 (2), http://www.nature.com/ndigest/journal/v13/n2/pdf/ndigest.2016.160206.pdf（2024年4月1日閲覧）
Ledford, H. & E. Callaway 2016「遺伝子ドライブでマラリアと闘う」『Natureダイジェスト』13 (12), https://www.natureasia.com/ja-jp/ndigest/v13/n2（2024年4月1日閲覧）
Mallonee, L. 2016「毎週200万匹の蚊を放出する中国の「蚊の工場」」画像ギャラリー『WIRED.jp』https://wired.jp/2016/08/22/inside-lab-brewing/（2024年4月1日閲覧）
Mullin, E. 2017「グーグルが蚊の大量飼育ロボットを開発，2000万匹を放出」https://www.technologyreview.jp/s/48531/verily-has-built-a-robot-to-release-20-million-sterile-mosquitoes-in-california/（2024年4月1日閲覧）
Regalado, A. 2016「マラリア蚊——ビル・ゲイツ，遺伝子編集で蚊を根絶する研究への出資を倍増」『MIT Tech Review』https://www.technologyreview.jp/s/8218/bill-gates-doubles-his-bet-on-wiping-out-mosquitoes-with-gene-editing/（2024年4月1日閲覧）
―――　2017「遺伝子ドライブによるネズミの根絶は，自然保護といえるのか？」『MIT

Tech Review』https://www.technologyreview.jp/s/27705/first-gene-drive-in-mammals-could-aid-vast-new-zealand-eradication-plan/（2024年4月1日閲覧）

Willyard, C. 2024「デング熱撲滅へ，ブラジルで「細菌に感染した蚊」を放出中」『MIT Tech Review』https://www.technologyreview.jp/s/331647/（2024年4月15日閲覧）

Akbari, O. 2020. State of the Art Strategies for Gene Drive and Biological Risk Mitigation. https://osp.od.nih.gov/wp-content/uploads/Akbari_NExTRAC_110920.pdf（2024年4月1日閲覧）

Callaway, E. 2016. 'Gene Drive' Moratorium Shot Down at UN Biodiversity Meeting. *Nature News & Comment* (Dec. 21, 2016). https://www.nature.com/news/gene-drive-moratorium-shot-down-at-un-biodiversity-meeting-1.21216（2024年4月1日閲覧）

―― 2018. UN Treaty Agrees to Limit Gene Drives but Rejects a Moratorium. *Nature News* (Nov. 29, 2018). https://www.nature.com/articles/d41586-018-07600-w（2024年4月1日閲覧）

Carson, R. 1962. *Silent Spring*. Penguin Books.

Champer, J. et al. 2017. Novel CRISPR/Cas9 Gene Drive Constructs Reveal Insights into Mechanisms of Resistance Allele Formation and Drive Efficiency in Genetically Diverse Populations. *PLoS Genetics* 13.7: e1006796.

Condliffe, J. 2017「遺伝子ドライブで外来種駆除は生態系破壊の恐れ，研究者が指摘」『MIT Tech Review』https://www.technologyreview.jp/nl/if-unleashed-in-the-wild-gene-drives-could-create-a-highly-invasive-species-researchers-say/（2024年4月1日閲覧）

CSS, VDW, ENSSER 2018. *What is on the Horizon? Biodiversity and Gene Drives: Science, Culture, Ethics, Socio-economics and Governance*. https://genedrives.ch/wp-content/uploads/2018/12/First-statement_Gene-Drive-Project.pdf（2024年4月1日閲覧）

―― 2019. *Gene Drives. A Report on their Science, Applications, Social Aspects, Ethics and Regulations*. https://genedrives.ch/wp-content/uploads/2019/05/Gene-Drives-Report.pdf（2024年4月1日閲覧）

Esvelt, K. M. et al. 2014. Concerning RNA-guided Gene Drives for the Alteration of Wild Populations. *Elife* 3 (2014): e03401.

Esvelt, K. M. & N. J. Gemmell 2017. Conservation Demands Safe Gene Drive. *PLoS Biology* 15.11: e2003850.

Finda, M. F. et al. 2023. Perspectives of African Stakeholders on Gene Drives for Malaria Control and Elimination: A Multi-country Survey. Malar J 22, 384 (2023). https://doi.org/10.1186/s12936-023-04787-w

Jacobsen, R. 2008. *Fruitless Fall: The Collapse of the Honey Bee and the Coming Agricultural Crisis*. Bloomsbury Pub.

Kahn, J. 2016. Gene Editing Can Now Change an Entire Species -- Forever. *TED Talk* https://www.ted.com/talks/jennifer_kahn_gene_editing_can_now_change_an_entire_species_forever/（2024年4月1日閲覧）

――― 2020. The Gene Drive Dilemma: We Can Alter Entire Species, but Should We? *The New York Times*. https://www.nytimes.com/2020/01/08/magazine/gene-drive-mosquitoes.html（2024年4月1日閲覧）

Macias, V. M. et al. 2017. Gene Drive for Mosquito Control: Where did it Come from and Where are We Headed? *International Journal of Environmental Research and Public Health* 14 (9): 1006.

Mannix, I. 2022. World First Trial to Eradicate Mice with Gene Modification. https://cosmosmagazine.com/nature/gene-trial-to-eradicate-mice/（2024年4月1日閲覧）

National Academies of Sciences, Engineering, and Medicine (NASEM) 2016. *Gene Drives on the Horizon: Advancing Science, Navigating Uncertainty, and Aligning Research with Public Values*. National Academies Press. http://nap.edu/23405（2024年4月1日閲覧）

Noble, C. et al. 2019. Daisy-chain Gene Drives for the Alteration of Local Populations. *Proceedings of the National Academy of Sciences* 116 (17): 8275-8282.

ONGDR 2022. Why Do We Need to Do Field Releases of Gene Drive Technologies as Part of the R & D Process. https://genedrivenetwork.org/blog/why-do-we-need-to-do-field-releases-of-gene-drive-technologies-as-part-of-the-r-d-process/（2024年4月1日閲覧）

Oye, K. A. et al. 2014. Regulating Gene Drives. *Science* 345 (6197): 626-628.

Princewill, N. 2023. African Scientist Aims to Eradicate Malaria by Editing Mosquito DNA. CNN. https://edition.cnn.com/2023/12/17/africa/gene-drive-malaria-control-technology-africa-intl/index.html（2024年4月1日閲覧）

Save Our Seeds 2020. Gene Drive Film. YouTube. https://www.youtube.com/watch?v=PLt6ILhQZ7E（2024年4月1日閲覧）

Vella, M. R. et al. 2017. Evaluating Strategies for Reversing CRISPR-Cas9 Gene Drives. *Scientific Reports* 7 (1): 11038.

Wade, N. 2015. Gene Drives Offer New Hope Against Diseases and Crop Pests. *The New York Times*. https://www.nytimes.com/2015/12/22/science/gene-drives-offer-new-hope-against-diseases-and-crop-pests.html（2024年4月1日閲覧）

――― 2023. *World Malaria Report 2023*.

（ウェブサイト）

農薬工業会「IPMとはなんですか。IPMが普及すれば農薬はいらなくなるのですか。」『教えて！農薬Q&A　農薬は本当に必要？』https://www.jcpa.or.jp/qa/a6_05.html（2024年3月20日閲覧）。

DARPA, Safe Genes. https://www.darpa.mil/program/safe-genes（2024年4月1日閲覧）

FAO, Plant Production and Protection Division_Integrated Pest Management. https://www.fao.org/agriculture/crops/thematic-sitemap/theme/pests/ipm/en/（2024年3月20日閲覧）

ONGDR, https://genedrivenetwork.org（2024年4月1日閲覧）

Case Study | ケーススタディ 12

不妊虫放飼法による害虫の根絶
南西諸島におけるミバエ類の根絶事業

南西諸島におけるミバエ類の根絶事業

　沖縄諸島や奄美諸島などを含む，九州南端から台湾北東端の間に弧状に続く諸島を総称して，南西諸島と呼ぶ。これらの地域には，かつてミバエという果実や野菜を食い荒らす害虫がいたため，防疫の観点から，本土への農作物の出荷ができなかった時期が戦後しばらく続いた。

　県産農作物の出荷が制限される状況は，現地の農家の人々にとっては死活問題となりうる。そのため，南西諸島では放射線照射を用いた不妊虫放飼法を1972年より地道に継続し，特に沖縄では累計530億匹を野に放つことによってミバエ類の根絶を成し遂げた (cf. 小林 1999)。1993年10月，農林水産省は南西諸島全域でウリミバエが根絶されたことを発表し，その結果，同年ようやく沖縄の農産物の本土出荷が認められるようになったのである。

　南西諸島において不妊虫放飼法が開始されてから，農林水産省の根絶宣言までおよそ20年がかかった計算になる。根絶防除の経費は，職員の人件費を除き，約204億円にのぼったとされている（小山 1994）。

不妊虫放飼法の費用と便益

　おおよそ20年，200億円，530億匹。それぞれ，ある害虫を特定地域から排除するために要した数字の抜粋である。もちろんここには現れない数多の辛苦があったに違いない。つまり害虫の根絶防除は，簡単に達成できるようなものではない。

　南西諸島におけるミバエ類の根絶防除事業の成功は，人類社会において永く続く害虫制御の歴史において，まず間違いなく，金字塔の一つと見なすことができるだろう。さらに，個別に特筆すべき点がいくつかある。いくつか例を挙げるならば，たとえば本事業において，人間に健康被害を及ぼすような化学合

成農薬の濫用の抑制に貢献した，という点が挙げられる。レイチェル・カーソンは，世界的ベストセラーとなった1962年の著書『沈黙の春』のなかで，化学合成農薬の濫用に代わる方法として，生物学的防除を提案しているが，本事業はその方針にも適うものである。

またミバエ類という害虫の根絶が，環境および生態系に与えた影響は比較的軽微であると見なせるという点にも言及しておきたい。ミバエ類はもともとこれらの島嶼部における固有種ではなく，外来種であった。そのため南西諸島における根絶は，地球全体における種の絶滅と同義ではない。つまり私たちにとって「不都合な存在」であって，選択的に排除された害虫は，今でも「ここではないどこか」に存在するのである。

「不都合な存在」の排除とそれを後押しするテクノロジー

遺伝子ドライブは，従来型の不妊虫放飼法の効率を大きく向上させる可能性がある。すなわち標的とした害虫や害獣を，より短期間のうちに，より安価に，より低い労力で根絶できるようにするかもしれない。

人類社会にとって不都合な種を，環境中から取り除く技術を手に入れたとして，またほかならぬ私たちの手にその引き金が委ねられているとして，誰がいつ，どのような理由をもとに実施の是非を判断するべきなのだろうか。狙い通りにうまくいったときに誰が賞賛されるべきなのだろうか。不測の事態が生じたときの責任は誰がとるべきなのだろうか。そしてそもそも，私たちは，そのようなきわめて大きな力をもつ技術に，どのように向き合っていくべきなのか。読者の皆さんには，ぜひ本事例を手がかりに考えていただきたい。

参考文献

小山重郎　1994「日本におけるウリミバエの根絶」『日本応用動物昆虫学会誌』38（4）：219-229。
小林照幸　1999『害虫殲滅工場——ミバエ根絶に勝利した沖縄の奇蹟』中央公論新社。

Active Learning | アクティブラーニング 12

Q.1

昆虫や動物が媒介する病気を調べてみよう

昆虫や動物が媒介する感染症がある。現代の日本では，そうした感染症の脅威に晒される可能性は，かつてに比べて大きく低下した。ではその「かつて」に当たる，20世紀以前の感染症の流行状況を調べてみよう。

Q.2

「三大感染症」と「NTDs（顧みられない熱帯病）」の語をウェブで検索してみよう

21世紀現在でも，昆虫や動物が媒介する感染症によって，日々，人々の健康や生命が危険に晒されている国や地域が未だ多く残っている。それらの国や地域について，「三大感染症」や「NTDs」という語を手がかりに，調べてみよう。

Q.3

日本の「地方病」と，三大感染症やNTDsとの類似点と相違点を考えよう

日本国内で，かつて「地方病」あるいは「風土病」と呼ばれた感染症と，三大感染症やNTDsとの類似点および相違点について，特に文化的・社会的背景に注目しながら，自分自身で，あるいは身近な人と一緒に考えてみよう。

Q.4

感染症の脅威に対する，強力な対抗手段について，使用の是非を考えてみよう

感染症の脅威を大幅に低減させられるが，同時に不確定なリスクも併せ持つような技術を使うべきか。また使わない場合，特定地域の人々をリスクに晒し続けることは，問題にならないのだろうか。身近な人と話し合ってみよう。

第13章

ゲノム編集作物
自然における突然変異と同じなのか

犬塚　悠

　本章では農業・漁業におけるゲノム編集の応用をめぐる倫理を検討する。はじめに，ゲノム編集という技術の基本をふまえた後，従来の品種改良の方法と比較し，ゲノム編集作物・動物をめぐる規制の現状を概観する。

　続けて，いくつかの主要な論点を取り上げる。まずは人体への安全性，生態系への影響についての懸念がある。ゼロリスクを求める姿勢には批判もあるが，新たな技術には不確実性が伴いうることを前提とし，「予防原則」をとるべきだという考えもある。また，リスクとベネフィットとの分配という社会的公正の問題がある。市民には，技術がおかれた社会システムが抱える根本的問題を指摘し，技術的解決以外の解決法を考える姿勢も求められる。本章では，社会システム自体の問題への気づきをテーマとして映画『キング・コーン』を取り上げる。

　最後に本章では，この映画の監督の言葉を手がかりに，風景という観点から技術の受容の是非について考察する。ゲノム編集による変異体は自然界でも生じうるという主張がしばしばなされるが，それを取り巻く社会の姿，風景は大きく異なる。自然と文化との調和としての美しい風景を求めていくことは，技術を社会システム全体から捉えていくことにもつながるだろう。

KEYWORDS　#リスク　#不確実性　#予防原則　#技術的解決　#風景　#風土

1 | ゲノム編集作物・動物をめぐる現状

ゲノム編集とは

　血圧上昇を抑える成分（GABA）を多く含むトマトや，肉の厚みが増したマダイなど，ゲノム編集作物・動物はすでに食品として日本で流通している。ベネフィットとしては，このような栄養価の向上や，生産性の向上による食料安全保障，環境負荷の低減など，数々の点が挙げられている。たとえばアメリカで開発された褐変しにくいレタスは，食品ロスの改善につながるとされる。

　本章では農業・漁業におけるゲノム編集の応用をめぐる倫理を検討していくが，まずはそもそもゲノム編集とはどのような技術なのかを確認しておこう。「ゲノム」とは生物の遺伝情報のことであるが，植物・動物の場合，細胞の核のなかにDNAという4種の核酸（ATGC）の連なりをもっており，DNA配列の一部が「遺伝子」として，個々のタンパク質のアミノ酸の配列を決定している。タンパク質は筋肉や酵素などを構成し生物を作り上げる物質であり，DNAはその設計図を担っているといえる。ゲノム編集技術とは，このDNA配列を人為的に改変する技術であり，現在はCRISPR-Cas9（クリスパー・キャスナイン）というDNAを切断する酵素（Cas9）と，特定のDNAの配列を探し出すガイドRNAの組み合わせを用いたものが主流となっている。このようなツールを用いたゲノム編集には3タイプあり，一つ目（SDN-1）は，狙った遺伝子を切断した後は生体がもつDNA修復能力に任せ，修復の際に変異が自然に生じて遺伝子の機能が失われるのを待つものであり，現在おもに使用されているのはこのタイプである。二つ目（SDN-2）は，切断後に短いDNA断片（元のDNA配列とほぼ同じだが一部に変異があるもの）を挿入するもの，三つ目（SDN-3）は，狙った箇所を切断した後に長いDNA断片（新たな遺伝子）を挿入するものである。

従来の品種改良の方法との比較

　このゲノム編集と，従来の品種改良の方法とを比べてみよう。人類の歴史において長年用いられてきたのは，自然に生じた突然変異体を選抜する方法である（選抜育種）。この方法では，どのような特徴をもった個体が生じるかは偶然

に頼ることになる。次に、互いに短所を補い合うような品種同士を人為的に交配させる方法（交配育種）があり、これは現在も多く用いられているが、狙った性質をもつ品種を得るまでに数十年かかることもある。また、20世紀になって放射線や化学物質によってDNAに損傷を与え突然変異を起こさせる方法も用いられるようになった（突然変異育種）。そして、1980年代には遺伝子組換え技術が開発された。これは細胞に外から新たな遺伝子を組み込む技術であり、異なる種の遺伝子でも可能なため、自然には生じえない品種を作成可能である。この技術によって生まれた作物には、たとえば、特定の除草剤に耐性をもつ大豆や、害虫に対する毒素をもつトウモロコシ、青いバラなどがある。日本では現在、バラを除き商用栽培はされていないが、家畜の飼料や食用油の原料として遺伝子組換え大豆やトウモロコシなどを多く輸入している。

以上の手法と比べ、ゲノム編集にはより正確に特定の遺伝子を狙って切断することができるというメリットがある。低コスト・短期間で開発が可能であり、遺伝子組換え技術が使えなかった生物種にも使うことができる。ただしゲノム編集では目的としていなかった遺伝子が切断され変異してしまうことがあり、これは「オフターゲット変異」と呼ばれている。

・

ゲノム編集作物・動物をめぐる規制

外来遺伝子を組み込む遺伝子組換え技術と比較して、既存の遺伝子を切断するゲノム編集技術（SDN-1）によって生じる変異は、原理的には自然界でも存在する可能性がある。そのこともあって、遺伝子組換え作物・動物に比べ、ゲノム編集作物・動物は厳しい規制がなされない傾向がある。2023年12月現在、日本では遺伝子組換え生物を食品として利用する場合、自然環境への影響に関するカルタヘナ法と、食品としての安全性に関する食品衛生法、飼料の安全性に関する飼料安全法の三つの法律の下で審査が求められ、表示制度もある。

一方ゲノム編集生物の場合、最終的に外来遺伝子が含まれていないことが確認できればカルタヘナ法による規制の対象外であり、遺伝子の変異が自然界で起こりうる変化の範囲であると認められれば食品衛生法による規制も対象外であるとされている。ゲノム編集生物の開発者は、栽培などを行う前に所管省庁と事前相談を行い、専門家による判断を仰ぐ。遺伝子組換えに該当しないとさ

れた場合は，情報提供（任意）を行った上で規制の対象外として利用ができる。ゲノム編集食品であることの表示も，義務ではなく任意とされている。

2｜ゲノム編集作物・動物をめぐる諸議論
人体への安全性，生態系への影響，社会的公正

　ゲノム編集作物・動物をめぐっては多数の論点があり，その是非の判断を難しくしている。まず，議題に必ず上るといえる，人体への安全性と生態系への影響について見てみよう。

　人体への安全性をめぐっては，特にオフターゲット変異によってアレルギー物質などが生じる可能性を心配する声がある。これに対しては，オフターゲット変異を除去するための対策が開発の段階でとられているという反論，また自然界や従来の品種改良の過程においても同様の変異は起こりうるという反論がなされている（バイオステーション 2019；松永 2020：54）。

　また生態系への影響も懸念されている。先に実用化がなされた遺伝子組換え作物においては，除草剤耐性をもたせたナタネの種子が輸送中にこぼれ落ち自生していたケース（日本）や，遺伝子組換え作物との交配により野生ワタが害虫抵抗性遺伝子をもっていたケース（メキシコ，アメリカ）などが報告された（石井 2017：52）。ゲノム編集作物・動物について，日本では事前相談の段階で農林水産省・環境省が生態系への影響を検討することとなっている。

　しかし，どれだけの対策をしたとしても不測の事態が生じる可能性を指摘し，ゲノム編集作物・動物に反対する声もある。これについてはゼロリスクを求めること自体が誤っているとする批判もある（石井 2017：56；松永 2020：80）。従来の食品でも，最近になって毒性や発がん性が発見されるものがあるように未知の側面があり，また毒性などが判明しても食べ続けられているものも多い。

　それでも，規制をしてトレースできるようにすることが望ましいとする意見はゲノム編集推進派にもある（松永 2020：98；三上・立川 2019：96）。「技術と結果の因果関係や，技術の安全性が不明なとき，科学的確実性がなくても，何らかの被害を予防的に防止する措置を講じる」ことを技術者へ求める原則を「予防原則」という（鬼頭 2018：151）。予防原則は，「リスク」（その内容や発生頻度

がわかっている危害）とは別に「不確実性」（どのような危害が起こるかも，頻度もわかっていないこと）が技術には伴いうることを表してもいる。部分的に無知な状態のまま進められる社会的実験としての工学（Schinzinger & Martin 2002: 103）においては，モニタリングが重要となる。だが，ゲノム編集食品には，遺伝子組換え食品に比べて第三者による科学的検証・監視が難しいという問題がある（松永 2020：105-106）。現在，日本でゲノム編集食品の表示が義務化されていないことをめぐっては，消費者の選択の自由を侵害するという批判もあるが，生産から流通までゲノム編集食品であることを保証し表示するにはコストがかかり，価格を高くせざるをえなくなる。

これらに加えて「社会的公正」という論点もある。北海道大学で市民を集めて行われたグループディスカッションでは，リスク（ここでは不確実性も含む）とベネフィットをめぐる分配の公平さも問題となった（三上・立川 2019: 97-98）。その論点の一つは，現代世代のベネフィットを重視した結果，将来世代にリスクを背負わせるかもしれないという「世代間倫理」に関わるものであった。また，特許により企業がベネフィットを独占するかもしれない，所得格差によってゲノム編集作物を選ばざるをえずリスクを被る層が固定するかもしれない，といった問題も指摘された。

特に，特許による企業への富の集中は，これまでもモンサント社など遺伝子組換え作物を開発する大企業をめぐって大きく問題視されてきた。これに対して，ゲノム編集作物は遺伝子組換え作物と比べて開発コストが低いため，中小企業が参入しやすいという指摘もある（松永 2020：49, 161）。だが，ゲノム編集によって得られた形質・食品の特許数が急増する現在，大企業による種子市場の支配が強化され，小規模育種家は締め出されることになると予想する声もある（Plüss 2022）。

以上，ゲノム編集をめぐる議論からいくつかの論点を紹介した。専門的かつ複数の観点があるため，自分には判断がつかないという人もいるかもしれない。実際，バイオテクノロジーをめぐっては，リスクやベネフィットに関するデータに農業研究や開発支援に関わる内部関係者しかアクセスできないため，部外者は内部関係者の証言とそれを解説するジャーナリストの説明に頼らざるをえない。そこで，内部関係者の道徳的性格，すなわち社会的公正といった懸念に

真摯に向き合っているかが重要になる（トンプソン 2021: 264-265）。内部関係者は，部外者の不安や批判の声に敬意をもって対応することが求められる。

対して，部外者である市民に求められることは，新たな技術についてわからないから危険であると拒絶したり，判断を放棄したりすることではない。まずは内部関係者の証言をもとに社会にとってのベネフィットとリスクを知り，また内部関係者の道徳的性格を厳しく監視し，技術の導入がかえって社会的課題を悪化させていないかを指摘していくことだろう。

技術的解決

「技術的解決（Technological Fix）」（第10章参照）には，得意なこともあれば限界もある。技術は，明確に定義された狭い課題を解決するには有用であるが，根本にある貧困といった問題は曖昧で広い問題であり（Newberry 2012: 1529），技術だけでは解決できない。これまで技術的解決には主に次の3種の批判——①技術的解決は問題を解決しない，②さらなる問題を引き起こす，③放棄されるべき社会システムを固定化してしまう——が向けられてきた（Scott 2011: 215）。

これらの批判は，途上国における食料不足の解決を目的として1960年代から70年代に途上国に近代農業を導入した「緑の革命」への批判にも見いだされる（Scott 2011: 216-219）。緑の革命は，収量を大幅に増加させたという点では大きな成功であった。しかし途上国の人口は増加の一途を辿り，この技術的解決は問題を先送りにしただけだという批判もある。また緑の革命は，環境破壊（土壌劣化，化学汚染，水の枯渇など）や社会的不公正（大規模農家に有利に働き，所得格差が拡大した）という新たな問題を生み出したとも批判されている。新たなバイオテクノロジーは，緑の革命後の問題を解決するためのさらなる手段として期待されているが，技術的解決は代替システムを探すものではないため，その点では保守的である。場合によっては，「現在のシステムは保持する価値があるのか」と社会システム自体を問い直す方が賢明かもしれない。

風景の観点から──映画『キング・コーン』

ゲノム編集作物の受容の可否をめぐっては，特に推進派から「自然界における突然変異や従来の品種改良と変わらない」という点が強調される傾向がある。

これは，もともと，あくまでも安全性をめぐっての言葉であるが，技術的・物理的な側面に注目するこの言葉が独り歩きし，他の違いが見えてこなくなる危険性がある。技術がおかれた社会システムに注目するため，最後に「風景」という観点からこの問題を考えてみたい。

　その手がかりとして取り上げるのは『キング・コーン』（A・ウルフ監督，米国，2007）というアメリカの映画である。これは，トウモロコシ（食用のものとは異なり，飼料や甘味料に用いられる品種）に関心をもったイアンとカートという2人の若者が，アイオワに移り住み農業を試みる1年の物語である。2人はある出来事をきっかけに自分たちでトウモロコシを生産し，流通・消費の流れを追ってみることにするのだが，その実態は彼らが抱いていたイメージとはかけ離れたものであった。トウモロコシは遺伝子組換え品種が一般的であり，除草剤と大型農業機械によって想像よりもはるかに簡単に生産できてしまう。だがその先は，牛肉の大量生産のための飼料（牛の胃は本来トウモロコシの消化に適していない），またアメリカで深刻な問題となっている肥満・糖尿病につながる安価な高果糖コーンシロップとしての消費であった。国からの助成金がないと成り立たず，自分たちは「カス」を育てているんだと開き直る他の農家の言葉も聞いたイアンとカートは，最終的にトウモロコシの栽培をやめる。彼らの畑だけ穴が生じたトウモロコシ畑の様子を映し，映画は締めくくられる（写真13-1）。

　監督アーロン・ウルフは，この映画制作の動機として次のように述べている。

> もし，ソルガムきびや米の過剰生産がこの国の健康危機の背景にあると疑う理由があったなら，私はこの映画を作ることにこれほど興奮しなかっただろうし，それをアメリカで公開することにこれほど葛藤しなかったと思う。しかし，トウモロコシが関係しているかもしれないという考えには痛いところを突かれた（this hit where it hurts）。　　　　　　　　　　　　　　　　　　（Woolf 2023: 4）

　ウルフがトウモロコシ畑に出会ったのは映画を学ぶためにアイオワに移住したときであり，彼は「アイオワの風景を愛していた」という。しかし移住以前からトウモロコシに根本的な変化が加えられていたことを知った彼は，「たしかに今，食料は安くなっているが，私たちはその安さが環境や健康，そして社会

写真13-1　不調和な風景（映画『キング・コーン』より，Cargo Film & Releasing 社提供）

構造に求める代償の全貌を理解し始めたばかりなのだ」（Woolf 2023: 4）と述べる。

　トウモロコシの外見自体は変わっていないものの，ウルフが見る風景はその実態を知る前と知った後では大きく変わってしまった。このような風景の構造，そしてウルフの「痛い」という言葉の意味するところをより深く考えてみたい。

3｜ゲノム編集作物・動物のある風景

風景の喪失による痛み

　ウルフの「痛い」という言葉はあくまでも比喩であると見ることもできるが，自分の愛していた風景を喪失する際の痛みについては，科学ジャーナリストであったデヴィッド・タカーチも次のように記している。

> 郊外にあった家の近くに，小さな（おそらく1エーカーほどの）低木の林があった。そこは私の王国だった。〔中略〕だが，3年生のとき，ある穏やかな日に，スクールバスを降り，丘を越えてその林に向かった私は，すべてが消え失せていることを知った。朝，一瞬のうちにブルドーザーが林をなぎ倒してしまっていたのだ。〔中略〕そのとき，自分の一部が破壊されたように感じたのを覚えている。掘削機が家の周囲を，そしてロングアイランド全域を破壊していくにつれ，自分がいくつもの傷を負ったように感じられた。　　　　　（タカーチ 2006: 281-282）

　彼らの言葉からは，風景というものが人間にとって自己と切り離された外部としてあるのではなく，自己の一部としてあることを見て取ることができる。
　また，風景とはその外面的な見た目だけで成り立っているものではない。ウルフは当初アイオワの風景を愛していたが，トウモロコシが遺伝子組換えであることや，その流通・消費のあり方を知ったことにより，以前と同様に同じ風

景を見ることができず，彼が愛していた風景は崩壊してしまった。風景とは，物質的外見だけではなく，他との関係，その知識の有無によって変化してしまうものなのである。

・・・
風土の倫理と風景

　この自己の一部としての風景，その成り立ちの複雑さをめぐって参考となる理論を提示した論者に，フランスの地理学者・哲学者であるオギュスタン・ベルクがいる。彼は，人間は単に客観的・物理的に捉えられた「環境」ではなく，主観的・文化的な意味ももつ「風土」において生きているという。むしろ風土は，象徴と技術をもつ人間にとって，「動物身体」（皮膚によって包まれた身体）に加えて第二の身体としての「風物身体」としてある（ベルク 2002: 174）。そしてベルクは，人間が人間らしく生きるために地球は美しくかつ生きるのに適したものであるべきだという「風土の倫理」を提唱している（ベルク 1996）。私たちがどのような生を送るかは，私たちがどのような地球を形成するかを反映するためである。

　その際ベルクは，自然と文化との調和についてはまず「風景」において判断すべきであるという（ベルク 2002: 375）。美しい風景が成立しているということは，その地で自然と文化との間に調和がとれているということである。そこで私たちは単なる生物学的生存以上の，文化的にも満たされた人間らしい生活を送ることができる。

・・・
その技術のある風景を愛することができるか

　このような風景の観点に立つと，新たな技術の導入をめぐる問題は次のようになる。私たちはその技術が導入された社会の姿を文化的に愛し，風景画のような芸術の題材とできるだろうか。また逆にそれは文化的にのみ存在するのではなく，現実社会に生態学的・経済的に根づいた形で存在しうるだろうか（美しく整備された公園の裏で汚染や社会的不公正が起こっているような状況にはなっていないだろうか）。個人・社会・自然の間に調和が成立しているだろうか。

　最後の問いは，先ほど紹介した『キング・コーン』の最後の場面を見るとわかりやすい。近隣は依然栽培を続けているため，イアンたちの畑だけ穴が開い

たままとなっている。風景は，個人の規模だけでは成立しえないのだ。個人と社会と自然の調和としての風景の形成のためには，土地を含むあらゆる自然物の私有が経済の基礎としてある現在，何らかの制度が必要である。たとえば，風景の保存のための経済的援助としては「文化的景観」（改正文化財保護法，2005年）という評価項目があり，これは「地域における人々の生活又は生業及び当該地域の風土により形成された景観地で我が国民の生活又は生業の理解のため欠くことのできないもの」を指す。文化的景観として見なされた場合，国や自治体からの補助金を建物などの修理や技術・技能の伝承などに活用することができる。また現在，個人でもできる働きかけとして，ふるさと納税のなかに景観保全の推進という用途を指定できるものがある。これらの延長として，市民が望ましいと考える風景の構成に取り組んでいる農家や企業に政府・自治体・個人が助成金を支払うといった制度があれば，経済的観点では非合理的でも風土的観点においては意味のある営みを残すことができるだろう（因みにゲノム編集トラフグがふるさと納税の返礼品になっており，反対運動が起こっている）。

　魅力的な新技術だからといって急いで使うのではなく，逆に未知のものだからといって危険視するのでもなく，そして安全性だけを議論するのでもなく，自分たちの生きる世界，ひるがえっては自分たち自身のあり方として何が望ましいかという観点から考えてみよう。それは普遍的な答えがあるものではなく，地域ごとの感性に応じ教育・芸術・熟議を通して考えていくべきものである。「風景は共通の尺度をもたないものであり，それぞれの場所で定義し直す必要がある」（ベルク 2002：384）ためだ。ゲノム編集作物・動物をめぐっては今回取り上げた論点以外にも，遺伝子の人為的改変自体が生命の尊厳の侵害に当たるという批判や，不自然であるといった批判もある。科学的視点からは従来の品種改良と変わらないと反批判されてしまうものでも，その主張の文化的背景を改めて考えることは人間が人間として生きる上で重要なことであるといえる。

参考文献

石井哲也　2017『ゲノム編集を問う——作物からヒトまで』岩波書店。
鬼頭葉子　2018『技術の倫理——技術を通して社会がみえる』ナカニシヤ出版。

タカーチ，D 2006『生物多様性という名の革命』岸由二他訳，日経BP．

トンプソン，P・B 2021『食農倫理学の長い旅——〈食べる〉のどこに倫理はあるのか』太田和彦訳，勁草書房．

バイオステーション 2019「ゲノム編集とは——Q&A形式でわかりやすく紹介します」https://bio-sta.jp/faq/（2023年12月30日閲覧）．

ベルク，A 1996『地球と存在の哲学——環境倫理を越えて』篠田勝英訳，筑摩書房．

—— 2002『風土学序説——文化をふたたび自然に，自然をふたたび文化に』中山元訳，筑摩書房．

松永和紀 2020『ゲノム編集食品が変える食の未来』ウェッジ．

三上直之・立川雅司 2019『「ゲノム編集作物」を話し合う』ひつじ書房．

Newberry, B. 2012「テクノロジーによる問題解決」高橋雄造訳，C. Mitcham編『科学・技術・倫理百科事典』科学・技術・倫理百科事典翻訳編集委員会監訳，丸善出版，1529-1530頁．

Plüss, J. D. 2022「ゲノム編集の特許問題，種子市場に影」『SWI swissinfo.ch』https://www.swissinfo.ch/jpn/（2023年12月30日閲覧）．

Schinzinger, R. & M. W. Martin 2002『工学倫理入門』西原英晃監訳，丸善出版．

Scott, D. 2011. The Technological Fix Criticisms and the Agricultural Biotechnology Debate. *Journal of Agricultural & Environmental Ethics* 24 (3): 207-226.

Woolf, A. 2023. Director's Statement. Verein Filme für die Erde. https://filmsfortheearth.org/wp-content/uploads/transferred-images/filmsdb/attachments/King_Corn-Presseheft-EN.pdf（2023年12月30日閲覧）

Case Study | ケーススタディ 13

ゲノム編集マダイはサステナブル?
技術的解決の力と限界

ゴールデンライス,角のない牛,病気に強い豚,肉厚のマダイ

　本章で紹介した技術的解決への批判は,農業におけるバイオテクノロジーの応用にも向けられてきた。たとえばゴールデンライスは,発展途上国におけるビタミンA欠乏症対策として,ビタミンAの素となるベータカロテンを合成する遺伝子を組み込むことで作られたイネである。だがこの技術的解決では,真の問題である貧困,品数の貧しい食生活などは変わらない (Altieri 2000: xv, 9)。

　また,ゲノム編集によって角のない牛や病気に強い豚も生み出されている。前者は,角で他の牛や飼育者を傷つけることがなく,傷の予防目的の角の切断で牛にストレスを与えることもないため,牛や人の福祉につながるとされた。後者は,豚繁殖・呼吸障害症候群(PRRS)ウイルスが侵入する際に利用する豚の細胞側の受容体を失わせたものであり,この病気による豚の損失をなくすことができる。だが,これらも真の原因である工場畜産にいっそう加担してしまうとの批判がなされている。そもそも角が触れ合い病気が感染するほどの密度で牛や豚を畜舎に押し込む状況に問題があるというのだ (Devolder 2021)。

　日本でゲノム編集技術を用いて開発されている肉厚なマダイなども,食料・資源問題対策になり,持続可能な開発に寄与すると謳われている。しかしその一方で,このような技術的解決への過剰な期待は,国内で生じている大量の食品廃棄問題から私たちの目をそらせてしまうとも考えられる。

技術的解決の力と限界

　ゴールデンライスは,現時点での具体的対策としては最善策かもしれない。2016年にはノーベル賞受賞者100人以上からなるグループが,遺伝子組換え生物,特にゴールデンライスへの反対運動を非難する声明を出した (Support Precision Agriculture 2016)。倫理学者のポール・B・トンプソンも,予防原則に

基づく倫理的懸念や，相対的に裕福な人が文化的価値観に合った食品を選択する権利よりも，貧困状態にある人々を救う可能性があれば遺伝子組換え作物の供給を優先するべきであると主張している（トンプソン 2021: 259-262）。

　しかしそれでも，技術開発が技術以外の解決法の検討を怠る思考習慣によって進められていないかと問うことは重要である（Scott 2011: 225）。技術的解決は万能ではなく，時には欠陥をもった社会システムをより強固なものにしてしまう可能性がある。社会システムの全体に目を向け，その技術のある風景は保持するに値するかを意識する姿勢が，私たちに求められている。

参考文献

トンプソン，P・B　2021『食農倫理学の長い旅──〈食べる〉のどこに倫理はあるのか』太田和彦訳，勁草書房．
Altieri, M. A. 2000. *Genetic Engineering in Agriculture: The Myths, Environmental Risks, and Alternatives*. Food First.
Devolder, K. 2021. Genome Editing in Livestock, Complicity, and the Technological Fix Objection. *Journal of Agricultural & Environmental Ethics* 34（3）: 16.
Scott, D. 2011. The Technological Fix Criticisms and the Agricultural Biotechnology Debate. *Journal of Agricultural & Environmental Ethics* 24（3）: 207-226.
Support Precision Agriculture 2016. Laureates Letter Supporting Precision Agriculture (GMOs). https://supportprecisionagriculture.org/nobel-laureate-gmo-letter_rjr.html（2023年12月30日閲覧）

Active Learning | アクティブラーニング 13

Q.1

現在あるゲノム編集の実用例について調べてみよう

今，ゲノム編集によってどのような作物・動物が生み出されているのだろうか。調べたら他の人と共有し，自分が抱く期待・不安など，些細なことも含めて話し合ってみよう。

Q.2

遺伝子の改変について，技術の種類ごとに検討してみよう

品種改良の方法には，選抜育種，交配育種，突然変異育種，遺伝子組換え，遺伝子を切断するだけのゲノム編集技術，新たな遺伝子を挿入するゲノム編集技術がある。どれなら受け入れられるか検討し，話し合ってみよう。

Q.3

映画『キング・コーン』を視聴し，他の人と考えを共有してみよう

視聴の前後で，あなたの考えに何か変化はあっただろうか。映画を観て考えたことを話し合ってみよう。映画で扱われた事例をめぐって，「技術的解決」の力と限界についても考えてみよう。

Q.4

「ゲノム編集作物・動物」をテーマに，絵または小説を作成してみよう

世の中には，バイオテクノロジーを好意的に取り上げた作品も，批判的に取り上げたものもあるが，あなただったらどのような作品にするだろうか。そのような内容になった理由を説明してみよう。

第14章

原子力発電
どのように発電すべきか

―――

寺本　剛

　現代社会において電気は人々の生活全般を可能にする基本財であり，基本的ニーズを満たすために必要となる電力をすべての人が利用できるよう，電力を安定して供給することが求められる。その一方で，現状の発電システムでは，電力を潤沢に供給するために大量の化石燃料が消費されており，それが気候変動やそれに起因する環境問題の主要因の一つと見なされている。こうしたことから，気候変動の緩和と安定した電力供給を両立するために，発電時に温室効果ガスの排出が少ないとされる原子力発電の利用に期待をかける傾向がある。しかし，原子力発電は，被曝労働を前提とし，事故が起こったときに取り返しのつかない被害をもたらし，高レベル放射性廃棄物のリスクと負担を将来世代に残すなどの深刻な難点がある。

　「電力不足」や「気候変動」といった問題に対処するためとはいえ，数々の難点をもつ発電方式が容認されるのはなぜだろうか。その一つの要因は，大規模の設備で集中的に発電して分配するという既存のシステムのなかで，消費者が電気を消費するだけの存在となり，発電プロセスにほとんど関与していないことにあると考えられる。発電について責任ある選択がなされるようになるためにも，従来の大規模集中型の発電方式から小規模分散型の発電方式へ移行し，自分たちの電気を自分たちで作るというあり方が求められる。

KEYWORDS　#エネルギー正義　#気候正義　#環境正義　#放射性廃棄物　#小規模分散

1 | 社会正義

エネルギー正義

　現代社会における私たちの生活は，数々のテクノロジーに支えられ，それに深く依存している。たとえば，食べ物のことを考えてみよう。今の世の中で自給自足の生活をしている人はほとんどいない。食料は，フードチェーンと呼ばれる生産・加工・流通のシステムによって供給されており，そのすべての過程で多種多様なテクノロジーが機能している。このプロセスのどこかに不具合が生じれば，通常の食生活が脅かされ，人々が生存の危機に陥る可能性も出てくる。同様の構図が衣食住医をはじめとする生活のあらゆる領域に及ぶことは，想像に難くない。現代において，一人一人の人間は独力では生きられない弱い存在であり，それぞれの個人は，テクノロジーと一体となった社会システムのなかに居場所を確保することで，初めて人間らしい生活（健康と安全，社会的・経済的に最小限の品位が維持された生活）を送ることができる。

　もっとも，テクノロジーを機能させるには，相応のエネルギーが必要となる。この点で，電力を含む各種のエネルギーは，テクノロジーに依存した脆弱な存在である現代人にとって不可欠の基本財だといえよう。こうした前提に立つとき，エネルギーの公正な分配やエネルギーに関する意思決定に参加する権利の保障が，社会正義の問題として浮かび上がってくる。すべての人に人間らしい生活を送る権利がある以上，その基本的ニーズを満たすのに十分な質と量のエネルギーが，適切な仕方で生産され，公平に分配されなければならない。こうした考え方は「エネルギー正義」と呼ばれている。

　エネルギー正義の一つの問題として，「エネルギー貧困」がある。たとえば，エネルギー価格が高騰し，冷暖房，給湯，調理，家電利用などのコストが増大した場合，富裕層はそれに耐えられるかもしれないが，貧困層はそれを十分に賄えず，基本的ニーズを満たせなくなってしまうかもしれない。あるいは，寒冷地に住む人々は暖房費に多大なコストがかかるため，温暖な地域の人々に比べて生活コストが高まり，両地域間で生活水準に差が生じることも考えられる。また，グローバルに見れば，先進国の人々が経済力を背景にエネルギーを浪費

する一方で，開発途上国には必要最低限のニーズを満たすためのエネルギーすら十分に享受できない人々が多く存在する。このように，エネルギー貧困とは，生活に必要なエネルギーサービスを十分に享受できない状態のことである。それは，エネルギーサービスが公平に分配されていないことの表れであり，エネルギー正義の観点から見て是正されるべき状態である。

・

気候正義との齟齬

　とはいえ，エネルギー正義の実現は，気候変動対策と対立する可能性がある。エネルギーを安定して安価に供給できれば，多くの人が十分なエネルギーサービスを享受できるようになり，エネルギー正義の実現に近づく。しかし，そのために，化石燃料をさらに多く利用するとなれば，温室効果ガス排出量は増加し，気候変動を深刻化させかねない。

　しかも，気候変動の影響は，公平に分配されてはおらず，別の形で社会正義の問題をもたらしている。先進国はこれまでに多くの化石燃料を消費し，温室効果ガスを排出することで経済的に発展してきた。その優位性を背景に，気候変動に起因する自然災害などに適応するための社会的・経済的基盤を整えている。これに対して開発途上国の多くは，先進国と比べて温室効果ガスの排出が少ないにもかかわらず，気候変動に適応する社会的・経済的基盤は整っていないことが多い。また，開発途上国では，農業や漁業といった自然と密着した生産活動によって生計を立てている人も多く，気候変動の影響を被りやすい。このように，気候変動に対して負うべき責任の度合いや，気候変動による影響の偏りの点で，不公平な状況があり，それは是正されるべきである。こうした考え方やそれを実現しようとする運動は「気候正義」と呼ばれる。

　先に述べたように，エネルギー正義の実現が温室効果ガスの排出量増加につながるのであれば，それは気候正義の実現の障害となりうる。逆に，気候変動の緩和を重視して，化石燃料から再生可能エネルギーなどの代替エネルギー源への転換を大胆に行い，脱炭素化を加速させた場合，エネルギー正義の実現が妨げられる可能性がある。エネルギー転換の過程で各種エネルギー価格が上昇し，社会的・経済的に弱い立場におかれている人々がエネルギー貧困に陥る可能性が出てくるのである。

宇佐美誠と奥島真一郎によれば，エネルギー正義と気候正義のこうした齟齬を解消するためには，「すべての人々が少なくとも基本的ニーズを享受できる仕方で，二酸化炭素排出量を削減してゆく必要がある」（宇佐美・奥島 2021: 148）。こうした発想に基づいて，宇佐美と奥島は，「各家計または各個人が基本的エネルギーニーズを満たすために必要な二酸化炭素排出量」を「基本的炭素ニーズ」と定義し，エネルギー転換の負担を一律に課すのではなく，各家計・各個人の基本的炭素ニーズに十分に配慮することで，エネルギー転換を公平なものにするよう提案している（同: 146-149）。具体的には，エネルギーの価格に差をつける，補助金を出すなどの方法で貧困層の負担を軽減したり，冷暖房費の負担が少なくなるよう住宅性能の水準を高める政策を実施したりするなどの社会的・政治的対応が求められることになる（奥島 2017: 1025-1026）。

環境正義

　その一方で，気候変動対策とエネルギーの安定供給を両立し，エネルギー正義と気候正義の両方を実現する手段として，原子力発電に期待をかける傾向がある。原子力発電は，発電のための燃料として化石燃料を利用せず，相対的に温室効果ガスの排出が少ないとされる。原子力発電を利用すれば，主要なエネルギー源の一つである電力を安定供給し，同時に脱炭素化に貢献できるため，それがエネルギー正義と気候正義の両立につながると考えられている。

　しかし，こうした発想は，原子力発電が「環境正義」の観点から問題視されてきたことを見過ごしている。環境正義とは，環境問題のリスクや被害が不当に偏在していることを批判し，その是正を求める思想ないし運動であり，広義には気候正義をも包括する概念である。原子力発電所は，放射能のリスク，被害，負担を特定の人々に不当に集中させる傾向があり，その点で，環境不正義の要因となる技術の一事例と見なすことができる。

　たとえば，原子力発電は，運転や維持管理のプロセスで被曝労働を必要とする（堀江 2011；樋口 2011；日本弁護士連合会 2012；高橋 2012）。労働者の被曝線量は法令で規制されているが，実際の労働環境において線量管理の厳格さが揺らげば，労働者は発電のために過度なリスクを被ることになる。あるいは，燃料となるウランの採掘においても労働者は被曝するリスクが高く，採掘後の残土

などが適切に処分されないことによって地域に汚染が広がり，住民に被害が及んだ例もある（内田 2020）。また，いったん事故が起これば，それに対応する過程で，多くの作業員が被曝を余儀なくされる。

　加えて，原子力発電所は経済的・社会的に不利な立場にある地域に立地される傾向があり，それが地域間の不公平性を生み出す。立地地域の住民は事故のリスクを負い，実際に事故が起きれば，被曝による健康被害や避難の負担を強いられる。なかでも，経済的に不遇な状況にある人々は，そうした状況を回避する経済的余裕がないため，リスクや負担がそこに集中しかねない。

　さらに，原子力発電は放射性廃棄物を生じさせ，その処分をめぐって不正義を引き起こす。たとえば，高レベル放射性廃棄物の中間貯蔵施設や最終処分施設の立地は，原子力発電所の立地の場合と同様，社会的・経済的に不利な立場にある過疎地域において問題となることが多く，そこに地域間の不正義がある。また，高レベル放射性廃棄物は10万年ものあいだ危険であり続け，最終処分するにしても，貯蔵するにしても，将来世代にリスクや負担を強いる。現在世代が電気を利用するために，原子力発電から直接的な恩恵を受けていない将来世代に負の遺産を残すことは，世代間不正義である。

　このように，原子力発電には環境正義の観点から見ていくつもの難点がある。エネルギー正義と気候正義を実現するために，こうした難点をもつ発電方式を利用することは，結局のところ，特定の正義のために別の正義を犠牲にすることであり，発電をめぐる倫理的問題の本質的な解決にはならない。

2 | 賢慮

コスト

　原子力発電には，社会正義の観点から見て数々の問題があるが，それに加えて，「賢慮（prudence）」の観点から見ても，いくつかの問題がある。賢慮とは，「思慮分別」「用心深さ」「慎重さ」を意味する言葉であり，周囲の状況を勘案しつつ長期的な利害を見極めて行為のあり方を判断する実践知のことを指す（吉永 2023）。もし私たちが賢慮を働かせ，社会全体の長期的な利益を考慮するなら，原子力発電に依存することは優れた選択とはいえないかもしれないのである。

そのことを示す一つの観点として，コストの問題がある。一般に，原子力発電は他の発電方式と比べて発電コストが安いと考えられてきたが，大島堅一が明らかにしているように，それは理想的な条件を想定して算出された値をベースに比較した場合だけであり（大島 2012: 74-76），現実の稼働実績に基づく実測値で見ると原子力発電のコストは必ずしも安いわけではない。大島が1970年から2010年までのデータで算出した実測値では，原子力発電の平均の発電コストは8.53円であり，火力発電（石炭，石油，天然ガスをまとめた）の9.87円は下回るものの，水力発電の3.86円と比べるとかなり高くなっている（同: 94-95）。

　「それでも火力発電よりは安い」と思うかもしれないが，原子力発電のコストはこれだけではない。まず，原子力発電には，発電後に発生する放射性廃棄物を処分するための「バックエンド費用」がかかる（同: 79-83）。他の発電方式ではこの費用はかからないため，その分だけ原子力発電の発電コストは高まることになる。放射性廃棄物を処分するための費用がどれほどになるのかはまだ不透明であり，それが高まれば高まるほど原子力発電は高コストになる。

　また，原子力発電には，発電コストだけでなく，社会的コストもかかっている。たとえば，原子力発電には「研究開発費用」や「立地対策費用」として，その他の発電方式と比べて10倍から40倍の税金が使われている。大島によると，こうした費用を発電コストに加えて計算した場合，原子力発電は10.25円となり，火力発電の9.91円を超えて最も高い発電方式となる（同: 104-106）。

　さらに，事故が起きた場合には，収束作業や損害賠償のために多額の費用が発生し，それに応じて原子力発電のコストはさらに高くなる。福島第一原子力発電所の事故は未だ収束しておらず，事故に関連する費用の総額が最終的にいくらになるかもまだわからない。それ次第では（あるいは現時点ですでに），原子力発電のコストは，他の発電方式とは比較にならないほど高くなるだろう。

柔軟性

　原子力発電が，賢慮の観点から見て好ましくないと考えられるもう一つの理由は，柔軟性の低さにある。デイヴィッド・コリングリッジが指摘するように（Collingridge 1980），規模が大きく，資本集約的な（最初の設備投資が大きい）技術は，いったん社会に導入すると，それを取りやめて引き返すことも，計画を

速やかに修正することも難しく，周囲の状況の変化に臨機応変に対応できない。そのような技術は社会の運営において大きな足枷となりうる。原子力発電は，こうした意味で柔軟性の低い技術の一つだといわなければならない。

たとえば，原子力発電に関連する設備は規模が大きく，建設や維持管理のために多額の投資が不可欠である。多額の初期投資を回収するためには，発電設備をなるべく長期間利用すると同時に，設備の稼働率を高めて，多くの収益を上げなければならない。また，初期投資をどれだけ回収できるかによって，原子力発電の平均的な発電コストが決まるため，原子力発電が「安い電源」であるためには，高い設備利用率と設備の長期利用が必須となる。こうした性質はメガソーラーを含めたすべての大規模発電に共通のものかもしれないが，原子力発電においては，これに加えて，ウランの採掘，ウラン燃料の製造，ウラン濃縮のための施設，使用済み放射性燃料の処理，再処理，放射性廃棄物処分のための施設といったインフラストラクチャーが，原子力発電のためだけに整備されなければならない。それが技術の規模をさらに大きくし，原子力発電から離脱しにくい状況を作り出す。

このように，原子力発電を一度導入してしまうと，抜き差しならない状況にはまり込み，その技術と長期的に付き合わざるをえなくなる。このような性質は，エネルギー政策において時宜にかなった対応の可能性を狭めることにつながる。たとえば，仮に原油価格が安くなって，火力発電のコストが下がったり，新たな技術開発によって安価で安全な発電方式が開発されたりした場合には，原子力発電のコストは相対的に高くなるが，それでも，初期投資の回収のために原子力発電を使い続けなければならない。社会全体の長期的な利益につながらず，むしろ損をすることがわかっている場合でも，原子力発電から離脱して別の発電方式に転換することが難しくなるのである。

大きな組織

コリングリッジによれば，柔軟でない技術の導入と維持には，大きな組織が関与することが多い（Collingridge 1980）。大きな組織には技術力，資金力，政治力があるため，計画や運営の失敗が明白でも，それをカバーし，計画を継続できてしまう。その結果，社会全体の長期的な利益に反する技術政策が，既定

路線として維持され，自己目的化することにもなる。

　たとえば，日本では1970年代に年平均2基のペースで発電用原子炉が建設され，80年代から90年代半ばまででも年平均1.5基のペースで増えていった。吉岡斉の言葉を借りれば，これは「社会主義計画経済を彷彿とさせる」「直線的成長」の様相を呈している（吉岡 2011: 143-148）。国という大きな組織からの数々のサポートによって自由競争を免れていたからこそ，こうした事態が可能だったといえよう。

　大きな組織とそれが構築したシステムが社会のなかに持続することで，多様な意見は取り入れられず，特定の利害や価値観だけを考慮したプロジェクトが温存される。それはエネルギー政策の柔軟性を失わせ，技術の強引な導入と維持により社会のなかに軋轢をもたらし，エネルギー政策全般への不審や社会的受容性の低下を招く可能性もある。何より，そうした非民主的な傾向は，それ自体として見ても，社会のあり方として望ましいものではないだろう。

3 | 民主化

電力自由化

　このように数々の問題をもつ原子力発電に社会が依存する傾向が生じる一つの要因は，消費者が発電のあり方に十分に関与できておらず，いわば「エネルギーの主権」を行使できていないことにあるかもしれない。現状のシステムでは，ほとんどの電力は大規模な設備で集中的に発電されて消費者に分配される。そのなかで，消費者の多くは，国や電力会社のような大きな組織に電力という基本財の供給をまかせっきりにし，発電方法や電力の分配のあり方について当事者意識を十分にもてていないと考えられるのである。

　もっとも，消費者が，電力政策に影響を与えるチャンネルがないわけではない。日本では2016年から電力の小売が全面自由化され，一般の消費者は利用する電力会社を自由に選択できるようになっている。たとえば，電気の地産地消に価値をおく消費者は自分の住んでいる地域の電力会社を選ぶこともできるし，気候変動に危機感をもつ消費者は再生可能エネルギーによる電力を選ぶことも可能である。原子力発電に対して危機感をもつ消費者は原発フリーの電力会社

から電気を買うこともできる。

　もちろん，電力の購入において以上のような価値に着目する人々は少数にとどまり，安い電気に消費者の需要が集まることは十分に考えられる。また，実情をよく見極めずに，自らの優先する価値に反する電気を買ってしまうこともあるだろう。たとえば，自然環境の保護に価値をおく人が，気候変動対策として再生可能エネルギーによる電気を選択しても，そこには地域の自然環境を損ねているメガソーラーの電気が入っているかもしれない。とはいえ，電力の小売り自由化によって倫理的消費の可能性は格段に広がった。この機会を十分に利用できるかどうかは，消費者がシチズンシップを発揮して，正義と賢慮に基づく選択と行動ができるかどうかにかかっているといえよう。

小型分散型のエネルギーシステム

　問題のある発電方式への依存から脱却するためには，小水力，風力，太陽光，木質バイオマスなど，小型分散型の再生可能エネルギーを利用し，地域や個人のエネルギー自給の度合いを高めていくという方法もある。これによって電力を自律的に確保できれば，国際エネルギー市場の価格変動から地域や個人を守り，エネルギー正義の実現につなげることができる。また，エネルギーの自律の度合いが高まれば，エネルギーに対する当事者意識も高まり，電力を他の事業者から購入する際にも，正義や賢慮に基づく判断が促されるかもしれない。自分たちの使うエネルギーを自分たちで生み出すことで，エネルギーシステムのあり方がより民主的になるといえるだろう。

　小型分散型の発電による社会は，すでに1979年にエイモリー・ロビンスが構想していたものだ。ロビンスは消費者から離れた場所にある巨大設備で集中的に発電・供給する従来の路線を「ハードエネルギーパス」と呼んで批判し，消費者に近い場所で小規模で発電する「ソフトエネルギーパス」への路線変更を提唱した（ロビンス1979）。これによりシンプルで，効率的で，柔軟で，消費者のニーズと環境に配慮したエネルギーシステムが実現できるというのがロビンスの見立てである。この発想が提唱されてすでに半世紀がたとうとしているが，それは決して廃れていない。エネルギーシステムの変革は，現代社会の根幹に関わる問題であり，長い期間を要する。私たちはまだこの変革のプロセスのな

かにいて，それを少しずつ前へ進めようとしているところなのかもしれない。

・・・
小型分散型ならよいのか

　では，小型分散型で，地域のエネルギー自律を実現できるなら，どんな発電方式でもよいのだろうか。たとえば，近年では，小型モジュール炉（Small Modular Reactor: SMR）と呼ばれる原子炉が注目されている（原子力産業新聞編集部 2023）。従来の原子力発電プロジェクトは大規模であったため，工期が長く，多額の投資が必要だった。SMRはこうした難点を回避しようとするアイデアであり，原子炉を小型にし，機器やシステムを工場で製造，モジュール化して現地で組み立てることで，工期短縮，コスト削減を実現しようとしている。このコンセプトのもとで，従来の原子炉と比べて出力が3分の1程度（30万kW以下）のものや1万kW以下のマイクロ炉と呼ばれる超小型の原子炉も構想されているようだ。

　SMRが実用化されるかどうかはまだわからないが，たしかに原子力発電を小型化すれば，地域や個人がエネルギーを自律的に確保する際の手段の一候補となるかもしれない。地域の人々がSMRのリスク，コスト，ベネフィットを考慮し，十分に納得して導入するならば，それはそれで民主的なプロセスだともいえる。

　しかし，SMRにはやはり放射性物質の問題がつきまとう。多くの地域がSMRを導入した場合，国内に放射性物質が分散し，リスクが拡散する。また，小型とはいえ，SMRは放射性廃棄物を排出するため，将来世代へのリスクと負担を増やすことになる。導入地域が自律的に導入を決めたのだとしたら，廃棄物の処分も地域で行うべきだということになるが，仮にそうなった場合に適切な管理や処分ができるのかどうか不安も残る。さらに，SMRを導入した地域が放射性物質のリスクを自律的に引き受けるとしても，導入していない周辺地域にとってそのリスクは不当に押し付けられたものであり，導入をめぐって地域間で対立が生じることも考えられる。このように放射性物質が社会にとって厄介な存在である限り，SMRの導入については，正義と賢慮に基づいた慎重な熟慮と熟議が必要となるだろう。

参考文献

宇佐美誠・奥島真一郎　2021「公平なエネルギー転換――気候正義とエネルギー正義の観点から」国立環境研究所・小端拓郎編『都市の脱炭素化』大河出版，139-150頁。
内田綾子　2020「アメリカ南西部の資源開発と先住民――ナヴァホとウラン」『名古屋大学人文学研究論集』3：251-269。
大島堅一　2012『原発はやっぱり割に合わない――国民から見た本当のコスト』東洋経済新報社。
奥島真一郎　2017「「エネルギー貧困」・「エネルギー脆弱性」・「エネルギー正義」――日本における現状と課題」『科学』87（11）：1019-1027。
原子力産業新聞編集部　2023「SMRって何？　米国で進むSMR開発の最新状況」https://www.jaif.or.jp/journal/study/smr/top.html（2024年1月4日閲覧）。
高橋哲哉　2012『犠牲のシステム　福島・沖縄』集英社。
日本弁護士連合会　2012『検証原発労働』岩波ブックレットNo.827，岩波書店。
樋口健二　2011『闇に消される原発被曝者』八月書館。
堀江邦夫　2011『原発ジプシー　増補改訂版――被曝下請け労働者の記録』現代書館。
吉岡斉　2011『新版　原子力の社会史』朝日新聞出版。
吉永明弘　2023「都市の緑地開発問題を「倫理学」で斬る――公正，分配的正義，賢慮の観点から」『シノドス』https://synodos.jp/opinion/society/28731/（2024年2月22閲覧）。
ロビンス，A　1979『ソフト・エネルギー・パス――永続的平和への道』室田泰弘・槌屋治紀訳，時事通信社。
Collingridge, D. 1980. *The Social Control of Technology*. St Martin, Palgrave Macmillan.

Case Study | ケーススタディ 14

高レベル放射性廃棄物の厄介さ
処分政策の再検討の必要性

地層処分という技術

　日本において，高レベル放射性廃棄物（High Level Waste: HLW）とは，原子力発電によって生じる使用済み核燃料を再処理し，ウランやプルトニウムを取り出した後に残る廃液をガラスで固めたガラス固化体のことである。これはきわめて高いレベルの放射能をもち，10万年以上ものあいだ危険であり続ける。

　HLWは，2000年に制定された「特定放射性廃棄物の最終処分に関する法律」により，地層処分されることが決まっている。地層処分とは，HLWをキャニスターやオーバーパックと呼ばれる「人工バリア」で覆い，地中深くにある地層に埋設することで放射性物質の漏洩を防ぎ，地下水を通じて地表に到達するのを遅らせるという技術である。しかし，漏洩を防ぐといっても，この技術はHLWを完全に封じ込めることを想定してはおらず，地下水を通じてHLWが地表に達する頃には，放射能が十分に減衰しているという見込みに基づいて計画が立てられている。変動帯に位置し，活発な地殻変動や火山活動が見られる日本において，その見込みを信用してよいのかどうか，疑念は拭い去れない。実際，日本の地層処分計画は，新たな断層が発生するシナリオを除外しており，OECDの原子力機関の専門家によっても，その計画の甘さが指摘されている。

世代間倫理と世代内倫理の問題

　地層処分計画では，世代間の公平性の原理に基づいて，将来世代をHLWのリスクから守ると同時に，後世に管理の負担を残さないことが優先される。しかし，甘い見込みによってHLWが早期に漏洩すれば，リスクや負担を将来世代に残すことになるため，計画の前提自体が覆ることになる。その一方で，地上で管理を続けると，将来世代に管理の負担を残し，地上に特有のリスク（テロや自然災害など）も残る。どちらにしても将来世代に何らかのリスクや負担を強い

ることになるため，世代間の不正義を払拭できない。

　また，地層処分場の立地をめぐっては，世代内の不正義も生じる。現在，原子力発電環境整備機構（NUMO）は地層処分場の建設地選定に向けた文献調査を受け入れる地域を公募しており，それを受け入れた自治体には，2年で最大20億円の交付金が与えられることになっている。経済的なインセンティブに訴える手法により，社会的・経済的に不利な立場にある地域に処分場の立地問題が集中するとすれば，それは地域間の不正義の温床となる。また，経済的なメリットを重視して受け入れを支持する人々と，処分場建設につながる文献調査に反対する人々とが対立して，地域内に修復困難な対立を生じさせる可能性もある。

　原子力発電を利用することはHLWを排出して発電するということである。それは電力と引き換えに厄介な倫理的問題を引き受けることを意味する。私たちはそのことをもっと深刻に受け止めるべきだろう。日本学術会議が提言しているように，処分政策を今一度抜本的に見直し，今後HLWの総量をどこまで認めるのか，また処分や管理をどのように行うべきなのかということを，多様なステークホルダーによる対話を通じて改めて検討する必要がある。

参考文献

原子力資料情報室・原水爆禁止日本国民会議・反原発運動全国連絡会　2021『新版　どうする？　原発のごみ1』原子力資料情報室。
日本学術会議高レベル放射性廃棄物の処分に関するフォローアップ検討委員会　2015「提言　高レベル放射性廃棄物の処分に関する政策提言——国民的合意形成に向けた暫定保管」。

Active Learning | アクティブラーニング 14

Q.1

柔軟でない技術の事例を挙げてみよう

原子力発電のように，規模が大きく，初期投資の大きい技術は，その時々の社会状況に臨機応変に対応する柔軟性が低い。これと同じような性質をもつ技術を挙げ，それが社会にどのような影響をもたらしているのか考えてみよう。

Q.2

どんな電気を購入しているか，確認してみよう

あなたは電気を購入する電力会社を意識して選んでいるだろうか。選ぶとしたら，何を基準に選ぶか。また，なぜそのような基準で選ぶのか。背景にある倫理観や賢慮の内容も含めて，他の人と意見交換してみよう。

Q.3

映画『第四の革命──エネルギー・デモクラシー』を見てみよう

本作（K-A・フェヒナー監督，ドイツ，2010）では，ドイツをはじめとして世界各地で進むソフトエネルギー・パスの具体的な動きが描かれている。これを見て，今後のエネルギー政策のあり方について考え，議論してみよう。

Q.4

高レベル放射廃棄物にどう対処すべきだろうか

高レベル放射性廃棄物は地中深くに埋設して最終処分する方針が法律で決まっているが，それには問題も多い。ケーススタディを参考にして，この問題にどう対処すべきか，考え，議論し，文章にまとめてみよう。

事項索引

あ行

アースリング　139, 146
アブダクション　66
アポロ計画　141, 143
アメリカ　39, 45-46, 53, 84, 86-87, 94, 101, 105-106, 158, 169, 175, 178, 208, 210, 213
アルゴリズム　2, 39, 94, 101-102, 175
アルテミス計画　142-145, 149
安全性　33, 35, 44-45, 53, 55, 87-88, 112, 127, 132, 185, 192-193, 196, 207, 209-210, 213, 216

意地の悪い問題　69
遺伝子組換え　157, 194, 209-211, 213-214, 218-220
遺伝子ドライブ　185-186, 188-190, 192-197, 203
インターネット　14, 23-24, 28, 81-83, 109, 115, 125, 130, 136, 148, 170
インフォームドコンセント　99-100

ウォーカビリティ　171, 178-179
宇宙安全保障　141, 148
宇宙ゴミ　145
宇宙資源法　144, 152
宇宙条約　144
宇宙大航海時代　139, 144, 147-148

エコモダニズム　i, 7, 155-159, 166, 168
エネルギー正義　221-225, 229
エネルギー転換　223-224
エネルギー貧困　222-223
演繹　65-66
延長　4, 72, 75-76

応用科学としての技術　16
お月見　147-148
温室効果ガス　159-160, 163, 221, 223-224

か行

外化　72, 75-76
解釈学的関係　20, 72
階層性　61
害虫　185-188, 190-192, 197, 202-203, 209-210
科学技術新体制確立要綱　50
科学技術庁　15, 43, 49, 51-55
拡張　18, 69-70, 72, 75, 77, 113, 145, 147
化石燃料　164, 221, 223-224
価値中立性テーゼ　17-18, 28
ガバナンス　87, 89, 158, 162-163, 185, 193
環境正義　155, 158-159, 163, 221, 224-225

機械学習　81, 83-85, 123
気候工学　ii, 7, 155, 157-166, 168-170
気候正義　221, 223-225
気候変動　157, 159-160, 162-164, 169-170, 175, 221, 223-224, 228-229
技術院　43, 49, 51-52, 54
技術官僚　49-52, 54, 56
技術決定論　3, 5, 111, 115
技術的解決　31, 155-156, 159, 166, 170,

207, 212, 218-220
技術に同行する倫理学　21, 125, 128-129, 135
機能　2, 4, 20-21, 25, 27, 31-35, 61-62, 66-67, 71, 75-77, 82, 85, 136-138, 193, 208, 222
帰納　66
基本的ニーズ　221-222, 224

偶然的機能　20, 25

芸術　14, 62-63, 171-174, 215-216
ゲシュテル　5
ゲノム編集　157, 185-186, 189, 192-193, 207-212, 214, 216, 218, 220
原子力損害賠償法　57-58
原子力発電（原発）　7, 13, 43-45, 49, 52-55, 58, 60, 112, 157-159, 221, 224-228, 230, 232-234
減退　75
賢慮　225-226, 229-230, 234
権力　18, 29, 33, 39-40, 165, 180
言論の自由　40

工学的な技術哲学　4, 6
公衆衛生　189
公正　29, 36, 39-40, 88, 90, 222
ゴールデンライス　218
小型モジュール炉　230
国際宇宙ステーション　140
国立社会保障・人口問題研究所　98
個人情報保護法　99
コスト　63, 106, 117-118, 145, 164-165, 183, 188, 191-192, 209, 211, 222, 225-227, 230
国家総動員体制　50-51, 57

固有機能　20, 25, 66-67
混在交通　102-103
根絶　185, 188, 190-191, 193, 197, 202-203
コンテンツ・モデレーション　40

さ行

再生可能エネルギー　223, 228-229
サイバネティック・アバター　113
殺虫剤　187-188
差別　30, 40, 47, 49, 85, 89-90, 94, 158-159

ジェンダー・ステレオタイプ　122-123
シチズンシップ　229
自動運転（車）　97, 100-104, 130-131, 176
社会的公正（社会的不公正）　207, 210-212, 215
自由主義的な科学技術マネジメント　52, 55, 60
柔軟性　134, 226-228, 234
熟練知　130-132, 134-137
将来世代　159, 163, 211, 221, 225, 230, 232
人工知能（AI）　i, 5, 7, 23, 28, 39-40, 75, 81-90, 93-95, 97-98, 101, 103, 105-106, 108-109, 112, 122, 125, 130-132, 134-135
人工物　2, 7, 11, 13, 19-20, 27-35, 37-38, 42, 61-62, 66, 69, 75, 133
　技術的——　6, 11, 19, 34
人新世　161, 170
深層学習　83
身体（性）　23, 68, 71-72, 75-77, 97-98, 111-115, 117, 119, 122-123, 130, 182, 215
身体化関係　20, 72
人文学的な技術哲学　4-5

水位計　125, 131, 136
推論　39, 51, 61, 65-66
ステークホルダー　69, 71, 190, 196, 233
スプートニク・ショック　141
スペース・デブリ　145
スペースシャトル　144
スマートシティ　72, 171, 174-177, 181
スマート農業　7, 125, 130-136, 138
　──物語　130
スマートフォン　2, 12, 25, 81, 100

生活の質　171-172, 174-175, 178, 183-184
政治（性）　1, 3, 7-8, 18, 27-31, 33, 35, 37-40, 42, 55, 89, 106, 126, 139, 140-142, 144-145, 147, 150, 152, 175, 182, 224, 227
　技術の──性　7, 18, 27
責任あるイノベーション　38
世代間不正義　225
世代間倫理（正義）　155, 159, 163, 211, 232
設計者の誤謬　33-34, 37

ソーシャルメディア　83, 89, 115, 121
ソフトエネルギーパス　234
ソマトダイバーシティ　115

た行

対衛星破壊兵器　141
対面神話　114-115, 120
タクティカル・アーバニズム　183
匠の知　131-132, 134
他者関係　21, 72
多様性　40, 125, 127-128, 133, 135, 168, 182, 186, 195

地球人　146

月協定　144

データ経済　82-83, 95
テクネー　14, 63
テクノクラシー　155, 164-166
デザイン　7, 27, 33-36, 42, 61-72, 75-76, 173, 184
　価値に配慮した──　27, 35, 42, 71
　参加型──　70
デジタルディバイド　111, 116, 124
デュアル・ユース　194
テレビ会議　112-118, 124
テレプレゼンス　7, 111-120, 122

統制的な科学技術マネジメント　52-55, 57-58, 60
道徳的運　104
都市計画　71, 171-173, 178-180, 183-184
トップダウン型の技術倫理　129
トマト収穫機　126-127
トラクター　125, 131
ドローン　105-106

な行

ナッジ　36-37

人間に代わって判断する技術　130, 137-138

農薬　132, 186-189, 203
農林水産省　130-131, 137, 202, 210

は行

ハードエネルギーパス　229

バイアス　37-40, 95, 116
バイオテクノロジー　191, 211-212, 218, 220
媒介　3, 6, 11, 20-21, 72, 76, 109, 119
　技術的——　3
背景関係　21, 72
排除　29-30, 33, 36, 40, 116, 177, 180, 186, 202-203
パターナリズム　164
バリアフリー　30-31, 42
判断を補助する技術　125, 131-133, 136-138
反復　61, 64, 66, 70-71

非決定性　61, 66-68, 72
ビッグデータ　81, 84, 90-91
ヒューマン・ライツ・ウォッチ　106

風景　173, 207, 212-216, 219
風土　205, 207, 215-216
フェミニズム地理学　182
不確実性　61, 66-67, 158, 195, 207, 211
福島（第一）原発事故　43-45, 49, 52-55, 58, 60, 157
複数安定性　68
不妊虫放飼法　185, 188-192, 202-203
プライバシー　3, 25, 36, 81, 84, 88, 90, 99, 118, 177
フレーム　71
プロファイリング　81, 83-84, 86, 95
文化的景観　216
文明社会の野蛮人　12-13

放射性廃棄物　221, 225-227, 230, 232-234
防除　185-188, 191-192, 197, 202-203
ポスト現象学　6, 20

ボトムアップ型の技術倫理　129

ま行

マラリア　189-190, 193, 198
ミサイル・ギャップ　141
水管理システム　136
緑の革命　212
メガソーラー　227, 229
メタバース　111-112, 114, 122-124
メディア選択効果のメタメッセージ理論　119
モニタリング　25, 211
モビリティ　175
モラルハザード　158, 162-163
文部科学省　49-50, 52, 54-55

や行

有害生物　187-188
ユーザー　35, 70, 81, 83-84, 95, 99, 113, 116, 118, 122-123
予防原則　185, 194-195, 207, 210, 218
理化学研究所（理研）　43-48, 52

ら行

リスク　45, 49, 69, 84, 87-89, 93-94, 103-104, 130, 161, 175, 188, 190, 196-197, 205, 207, 210-212, 221, 224-225, 230, 232
立法　29, 37
ルナリアン　146
ロボット　i, 7, 21, 75, 77, 97-100, 105-110, 113, 118, 122, 125, 130
　遠隔操作型——　112-113, 124

略語

AI → 人工知能

生成── 39, 81, 85-87, 95
COMPAS 39
ELSI 149-150, 196
EU 88-90, 94, 99
FAO 187-188
GDPR 88, 99
IPM 185, 187-188, 191, 197

ISS 140-145, 148
JAXA 141-145
LAWS 105-106
MaaS 175
NASA 141-142, 145, 149-150
VR 112-113, 118
WHO 189

人名索引

あ行

アーサー，W・ブライアン 68
アイディ，ドン 6, 20-21, 34, 68, 76
石黒浩 113
稲見昌彦 113-114
ウィナー，ラングドン 18, 27, 29-31, 126
宇佐美誠 224
ウルフ，アーロン 213-214
エスベルト，ケヴィン 192
エリュール，ジャック 4
大河内正敏 46-48
オールセン，ドナルド・J 172
奥島真一郎 224
オスマン，ジョルジュ＝ウジェーヌ 172
オルテガ，イ・ガセット 11-13

か行

カーソン，レイチェル 203
ガーディナー，スティーヴン 164
カーン，レスリー 182
カップ，エルンスト 4
加藤尚武 5, 155-156
カント，イマヌエル 4, 146
キース，デイヴィッド 161, 164-165, 170

グリーン，ベン 175-176
クルッツェン，パウル 161, 170
クロース，ピーター 34
クロス，ナイジェル 64
桑田学 160-163
ゲイツ，ビル 161
ケネディ，ジョン・F 141
ゴダード，ロバート 139
コリングリッジ，デイヴィッド 226-227

さ行

三枝博音 5
坂田昌一 44-45, 48, 53
柴田崇 72, 75-76
渋沢栄一 46
セパンマー，ユルヨー 173-174
ソルニット，レベッカ 182

た行

タークル，シェリー 108-109, 115
タカーチ，デヴィッド 214
高峰譲吉 46
武谷三男 48
ツィオルコフスキー，コンスタンチン 139
ディパート，ランドール・R 19

デッサウアー, フリードリッヒ　4
ド・セルトー, ミシェル　179-180
朝永振一郎　45, 47
戸谷洋志　177
ドルスト, キーズ　71
ドレイファス, ヒューバート・L　5, 23, 82, 108, 114
トンプソン, ポール・B　212, 218-219

な行

ナイホルム, スヴェン　102-103
直江清隆　33, 62, 66
ナポレオン3世　172
仁科芳雄　45, 47, 52
ネーゲル, トマス　104

は行

パース, チャールズ・S　65
ハーディケン, マリオン　164-165
ハイデガー, マルティン　4-5, 20
ハラウェイ, ダナ　6
ヒックマン, ラリー　6
ピット, ジョセフ・C　6, 17
フィーンバーグ, アンドリュー　6, 28, 115
フェルベーク, ピーター・P　17-18, 21, 31, 128
フォースター, E・M　114
フォン・ブラウン, ヴェルナー　141
フォン・リンネ, カール　146
ブキャナン, アレン　165
ブキャナン, リチャード　62
藤井英二郎　168-169
プラトン　4, 64, 75
フラニエール, オギュスタン　164
ブランド, スチュアート　157, 168
プレストン, クリストファー　158, 160-163
ベルク, オギュスタン　215-216
ベルクソン, アンリ　146
ホイジンガ, ヨハン　146
ホートン, ジョシュア　164-165
ホワイト, カイル・P　165

ま行

マズレン, ハンナ　117
マリス, エマ　168
マルクーゼ, ヘルベルト　4
マンフォード, ルイス　4
三木清　5
ミッチャム, カール　2
宮本武之輔　49-52, 54
ミンスキー, マーヴィン　112
モーゼス, ロバート　29-30, 35

や行

湯川秀樹　45
吉岡斉　228
吉藤健太朗　113

ら行

ラトゥール, ブルーノ　6, 17-18, 72, 76
リッテル, ホルスト　69
ル・コルビュジエ　173, 184
ルキアノス　139
ロビンス, エイモリー　229
ワインバーグ, アルヴィン　155-156, 166, 170
若林幹夫　173

■編者・執筆者紹介（執筆順，＊編者）

＊金光秀和（かねみつ ひでかず）
　法政大学人間環境学部教授。博士（文学）。専門は技術哲学，技術倫理。おもな著作に『技術の倫理への問い──実践から理論的基盤へ』（勁草書房，2023），*The Future of Engineering: Philosophical Foundations, Ethical Problems and Application Cases*（Philosophy of Engineering and Technology 31）（分担執筆，Springer, 2018）など。

直江清隆（なおえ きよたか）
　東北大学大学院文学研究科教授。博士（文学）。専門は哲学，技術哲学。おもな著作に『ポスト冷戦時代の科学／技術』（共著，岩波書店，2017），『科学・技術と社会倫理』（共著，東京大学出版会，2015）など。

本田康二郎（ほんだ こうじろう）
　金沢医科大学一般教育機構教授。修士（文学および学術）。専門は技術哲学，医療倫理学。おもな著作に "From Engineering Ethics to Robot Ethics"（*Memoirs on Liberal Arts And Sciences Kanazawa Medical University* 49, 2022），「軍事研究と基礎研究──戦前の理化学研究所の科学技術政策」（『同志社商学』72（6），2021）など。

上杉　繁（うえすぎ しげる）
　早稲田大学理工学術院教授。博士（工学）。専門は人間－技術関係のデザイン。おもな著作に『人工知能とどうつきあうか──哲学から考える』（分担執筆，勁草書房，2023），「道具の身体化・身体の道具化──経験の可能性を拡げる道具のデザイン」（『バイオフィードバック研究』50（1），2023）など。

久木田水生（くきた みなお）
　名古屋大学大学院情報学研究科准教授。博士（文学）。専門は哲学，倫理学。おもな著作に『人工知能と人間・社会』（共編，勁草書房，2020），『ロボットからの倫理学入門』（共著，名古屋大学出版会，2017）など。

岡本慎平（おかもと しんぺい）
　広島大学大学院人間社会科学研究科助教。博士（文学）。専門は倫理学。おもな著作に『3STEPシリーズ　応用哲学』（分担執筆，昭和堂，2023），『3STEPシリーズ　倫理学』（分担執筆，昭和堂，2023）など。

呉羽　真（くれは まこと）
　山口大学国際総合科学部講師。博士（文学）。専門は心の哲学，技術哲学，科学技術倫理。おもな著作に "On the Moral Permissibility of Robot Apologies"（*AI & Society*, 2023），『宇宙開発をみんなで議論しよう』（共編，名古屋大学出版会，2022）など。

鈴木俊洋（すずき としひろ）
　崇城大学総合教育センター教授。博士（学術）。専門は技術哲学，現象学，科学技術社会論。おもな著作に『我々みんなが科学の専門家なのか？〈新装版〉』（訳書，H・コリンズ著，法政大学出版局，2024），『数学の現象学〈新装版〉』（法政大学出版局，2018）など。

立花幸司（たちばな こうじ）
　千葉大学人文科学研究院准教授。博士（学術）。専門は哲学（特に徳倫理学），応用倫理学。おもな著作に「宇宙開発の倫理——これからの宇宙開発のための宇宙倫理学」（『日本航空宇宙学会誌』72（9），2024），*The Oxford Handbook of Space Security*（分担執筆，Oxford University Press, 2024）など。

＊吉永明弘（よしなが あきひろ）
　法政大学人間環境学部教授。博士（学術）。専門は環境倫理学。おもな著作に『はじめて学ぶ環境倫理——未来のために「しくみ」を問う』（筑摩書房，2021），『都市の環境倫理——持続可能性，都市における自然，アメニティ』（勁草書房，2014）など。

青田麻未（あおた まみ）
　群馬県立女子大学文学部専任講師。博士（文学）。専門は環境美学，日常美学。おもな著作に「都市のモビリティによる『セレンディピティ』の美的経験——ネットワークベースの都市的発見」（『Contemporary and Aplied Philosophy』15，2024），『環境を批評する——英米系環境美学の展開』（春風社，2020）など。

藤木　篤（ふじき あつし）
　関西大学社会学部准教授。博士（学術）。専門は工学倫理（技術者倫理），技術哲学，科学技術社会論。おもな著作に『3STEPシリーズ　応用哲学』（共編，昭和堂，2023），「ジーンドライブの倫理問題」（『ゲノム編集技術——最前線で生じつつある課題と展望（令和3年度「科学技術に関する調査プロジェクト」シンポジウム）』国立国会図書館調査及び立法考査局，2021）など。

犬塚　悠（いぬつか ゆう）
　名古屋工業大学大学院工学研究科准教授。博士（学際情報学）。専門は環境倫理学，技術哲学，近代日本哲学。おもな著作に『工科系学生のための〈リベラルアーツ〉』（分担執筆，知泉書館，2023），『3STEPシリーズ　環境倫理学』（分担執筆，昭和堂，2020）など。

寺本　剛（てらもと つよし）
　中央大学理工学部教授。博士（哲学）。専門は環境倫理学，現象学。おもな著作に『リアリティの哲学』（編著，中央大学出版部，2023），『未来へ繋ぐ災害対策——科学と政治と社会の協働のために』（共著，有斐閣，2022）など。

3STEPシリーズ 7　技術哲学
2024年9月10日　初版第1刷発行

編　者　金　光　秀　和
　　　　吉　永　明　弘

発行者　杉　田　啓　三

〒607-8494　京都市山科区日ノ岡堤谷町3-1
発行所　株式会社　昭和堂
TEL（075）502-7500／FAX（075）502-7501
ホームページ　http://www.showado-kyoto.jp

© 金光・吉永他　2024　　　　　　　印刷　亜細亜印刷
ISBN978-4-8122-2320-8
＊乱丁・落丁本はお取り替えいたします。
Printed in Japan

> 本書のコピー、スキャン、デジタル化等の無断複製は著作権法上での例外を除き禁じられています。本書を代行業者等の第三者に依頼してスキャンやデジタル化することは、たとえ個人や家庭内での利用でも著作権法違反です。

第1巻 社会学	第2巻 環境倫理学	第3巻 論理学	第4巻 宗教学	第5巻 倫理学	第6巻 応用哲学
油井清光・白鳥義彦・梅村麦生 編	吉永明弘・寺本剛 編	大西琢朗 著	伊原木大祐・竹内綱史・古荘匡義 編	神崎宣次・佐藤静・寺本剛 編	松田毅・藤木篤・新川拓哉 編
定価2530円	定価2530円	定価2530円	定価2530円	定価2420円	定価2420円

――― 3 STEP シリーズ ―――
（表示価格は税込）